W0172280

Reiseroute von Lady Sophia Raffles
und Susanne Knecht

EVROPA

SUSANNE KNECHT

Lady Sophia Raffles auf Sumatra

Ein wagemutiges Leben –
wiederentdeckt und aufgeschrieben
in Sumatra, London, Berlin

EUROPÄISCHE VERLAGSANSTALT

Die Deutsche Bibliothek – CIP-Einheitsaufnahme

Ein Titeldatensatz für diese Publikation ist bei
der Deutschen Bibliothek erhältlich

2. Auflage 2000
© Europäische Verlagsanstalt/Rotbuch Verlag, Hamburg 2000
Umschlaggestaltung: +malsy, Bremen
Signet: Dorothee Wallner nach Caspar Neher »Europa« (1945)
Herstellung: Das Herstellungsbüro, Hamburg
Satz: Greiner & Reichel, Köln
Druck und Bindung: Clausen & Bosse, Leck
Alle Rechte vorbehalten
Printed in Germany
ISBN 3-434-50488-5

Inhalt

Aufbruch

Am 6. Februar 1819 hißte Sir Thomas Stamford Raffles nahe dem Fischernest Singapur die englische Flagge und sicherte damit den Briten ihren hochwertigen Freihandelshafen auf dem Weg nach China. Die koloniale Karriere des aufmüpfigen Spitzenbeamten der *East India Company*, seine Ruhmestaten und seine Niederlagen sind heute noch Anlaß für hitzig geführte Debatten und kontroverse Beurteilungen. Raffles' 1817 gemaltes Porträt in herrscherlicher Pose gehörte ursprünglich der Londoner *National Portrait Gallery* und hängt heute im Parlamentsgebäude des einstigen Weltreichs: ein Beweis nationaler Wertschätzung. Der einstige Gouverneur steht für vergangenen Glanz.

Lady Sophia Raffles hingegen, die Ehefrau des prominenten ostindischen Managers, bleibt ohne Beachtung, obwohl sie es war, die ihrem Mann den Ehrenplatz in der Geschichte garantierte.

Bücher, die vor 1940 publiziert wurden, sind in der ehrwürdigen Basler Universitätsbibliothek nicht in der Computerdatei gespeichert, sondern auf muffig riechenden, handgeschriebenen

Karten registriert. Bei der Vorbereitung eines Südostasien-Aufenthalts stieß ich in einem Schubladenfach zufällig auf den Namen Sophia Raffles und ihr zweibändiges Werk *Memoir of the Life and Public Services of Sir Thomas Stamford Raffles, by his Widow*, zweite Ausgabe, Erscheinungsjahr 1835. Die Lektüre dieser *Memoiren* gewährte nicht nur Einblick in das tragische Leben einer gescheiten, waghalsigen Frau, sondern veränderte auch Zweck und Ziele meiner Reise.

Wer war diese Sophia Raffles, die sich ein Leben lang in den Dienst ihres selbstsüchtigen Ehemannes stellte und die eigene Person in seinem Schatten verborgen hielt? Woher nahm sie den Mut zu halsbrecherischen Expeditionen ins Innere Sumatras? Was bewog sie, naturwissenschaftliche, historische und wirtschaftspolitische Interessen der Sorge für die eigenen Kinder voranzustellen? Und das zu einer Zeit, als Frauen – auch in den Kolonien – in erster Linie auf den häuslichen Radius fixiert blieben.

In den vergangenen einhundert Jahren sind insgesamt fünf Biographien des Helden Raffles erschienen, die alle Sophia totschweigen oder sie – wie im jüngsten Fall geschehen – zur »biologischen Notwendigkeit« im Leben der Zentralfigur herabwürdigen. Der englische Kolonialhistoriker John Bastin, Verfasser einer Skizze über Sophias Eheleben, bedauert: »In sämtlichen Raffles-Biographien steht praktisch nichts über Sophia Raffles.« Allen fünf Biographen – vier Männern und einer Frau – war aber klar, daß keine Lebensbeschreibung ihres Forschungsobjekts denkbar ist ohne Sophias *Memoiren* als Ausgangspunkt und Fundgrube. Nur dank ihres Gespürs für geschichtliche Abläufe, für handelspolitische Machtstrukturen und psychologische Empfindlichkeiten wird die Vita des maßlos ehrgeizigen Raffles durchschaubar.

Lady Sophia handelte beherzt, als sie sich nach dem frühen Tod ihres Mannes der schwierigen Editionsaufgabe stellte. Die heute verwaschene Bezeichnung *Memoiren* wird ihrem Buchprojekt nämlich wenig gerecht. Es gelang ihr eine äußerst vielschichtige und für jene Zeit ungewöhnliche Dokumentation – nicht nur der asiatischen Aktivitäten ihres Mannes, sondern gleichzeitig auch der fernöstlich operierenden Monopolhandelsgesellschaft *East India Company*, in deren Dienst er gestanden hat. Raffles' Person ist der Brennpunkt ihres Werks. Rund um die Hauptfigur komponierte sie verschiedene Zeitbilder, Erlebnisse und Reportagen geschichtlicher Ereignisse aus der Sicht unterschiedlichster Augenzeugen: ausführliche Insider-Informationen über die Kolonialsituation Englands während der Zeit der napoleonischen Kriege, Nachrichten über die Gründung und den frühen Erfolg Singapurs, zoologische, botanische und ethnologische Beobachtungen in Sumatra, Schilderungen von Gebirgsexpeditionen in die schwer zugängliche sumatranische Vulkankette sowie Darstellungen des Europäerdaseins in einer abgelegenen Randkolonie. Die *Memoiren* enthalten Briefe von und an Raffles, Lageberichte, Anweisungen aus der Londoner Zentrale der *Company*, Kriegsberichterstattungen, Expeditionstagebücher und – als roten Faden – Sophias eigene, die Auswahl verbindenden oder erläuternden Kommentare.

Sie hat den Text nicht aus Freude an der nostalgischen Rückschau verfaßt, sondern aus Zorn und mit dem Ziel, ihren Mann nach seinem Tod öffentlich zu rechtfertigen. Zeit seines Berufslebens auf verschiedenen Posten im Fernen Osten stand Raffles mit dem *Company*-Direktorium auf Kriegsfuß. Seine Visionen kolonialer Verwaltung stießen selten auf ein positives Echo, und oft fühlte er sich genötigt, seine Ziele auf dem Weg aktiven Widerstands zu erreichen. Raffles trug schwer an der mangelnden Anerkennung und bezahlte seine Widerborstigkeit mit Krankheit und zunehmender seelischer Düsterheit. Als er kurz nach der Heimkehr in England starb und die Witwe von den Direktoren der Handelsgesellschaft eine Liste seiner angeblichen Schulden zur sofortigen Begleichung präsentiert bekam, war Sophias Schmerzgrenze überschritten. Sie beschloß, Raffles' Leben in hellstem Licht zu zeigen und gleichzeitig die Politik der *Company*-Zentrale vor aller Welt anzuprangern.

Wer sich in die beiden Bände vergräbt, ist bald überzeugt, daß diese Frau endlich selbst ins Rampenlicht gehört. Für mich hieß das: Koffer packen und Lady Sophia nachreisen – mit ihrem Text im Gepäck als Routenorientierung. Zwei längere Aufenthalte in Sumatra und Malaysia waren notwendig, ihr koloniales Umfeld kennenzulernen, ihren abenteuerlichen Exkursionen zu folgen, ihr nachzuspüren, wie sie selbst die vielerorts kaum veränderten Landstriche erlebte.

Sophias *Memoiren* allein reichen aber nicht aus, die Verflechtungen des englischen Ostindienhandels zu durchschauen, die letztlich auch das Leben der Gouverneursfrau prägten. Es braucht den Blick dreitausend Jahre rückwärts: mit überraschendem Resultat. Längst vor den Engländern waren ja schon die Portugiesen und die Holländer in jenen fernen Zonen aufgetaucht, um ihren Teil am Gewürzgewinn zu sichern. Und alle diese Europäer, gleich welcher Herkunft, hatten die einheimischen Malaien entweder mit Mißachtung gestraft oder sie gönnerhaft als noch unentwickelte Kinder betrachtet, die man mit Strenge zur Vernunft bringen müsse. Keine der Kolonialnationen war sich bewußt, daß der Handel von Sumatra nach Ostafrika, von China zum Roten Meer bereits ins zweite Jahrtausend vor Christus zurückreicht, und zwar dank der Hochseeflotten sumatranischer Küstenbewohner. Diese geschichtlichen Strukturen gilt es zu bedenken. Denn als Vertreterin der Kolonialmacht England war Sophia Raffles auch Nutznießerin eines Geflechts von uralten Handelswegen, aufgebaut von malaiischen Stämmen, über die ihr Mann Jahrhunderte später regierte.

Sophia, kühne Entdeckerin, Kolonistin, Mutter und – allem voran – Ehefrau des unberechenbaren Eiferers Raffles steht im Zentrum dieses Buchs. Gleich nach der Heirat in London 1817 begleitete sie ihren Mann als seine zweite Frau in die Strafversetzung nach Bengkulu, dem klimatisch verrufenen Hinterwäldler-Gouvernement in Südwestsumatra. Dort stand sie ihm als anfeuernde Partnerin zu Seite und plante die Singapur-Gründung aktiv mit. Ihren Charakter zu entschlüsseln ist allerdings nicht leicht, weil sie sich schützt hinter demonstrativ gelebter eiserner Disziplin und der Weigerung, neben ihrem Mann auf die Bühne zu treten. Sie scheint sich jede Annäherung zu verbitten. Dennoch gibt es verschiedene Möglichkeiten, ihr näherzukommen und sie festzuhalten: in ihren *Memoiren*, in den spärlich erhaltenen Briefen und in den Landschaften, die sie liebte.

Sophias Geschichte läßt sich nicht freihändig erzählen, es braucht ihren Text und ihre Briefe als Orientierungshilfe. Eine Reihe von Passagen aus den *Memoiren* findet sich in diesem Buch zusammengestellt, informative Teile des Werks werden erstmals auf Deutsch vorgelegt (alle Übersetzungen aus dem Englischen: Susanne Knecht). Die Auswahl geschah in dreifacher Absicht: Einmal sollten die verschiedenen Abenteuer und Expeditionen Sophias nachgezeichnet werden, die sie als erste Europäerin in abgelegene Gebiete der Insel Sumatra führten. Wir, das heißt: mein Mann und ich, versuchten, ihr auf diesen Wegen zu folgen, und stellten fest, daß sich vielerorts nur wenig verändert hat in den beinahe 200 Jahren. Zum zweiten wurden Textstellen ausgesucht, die an Aktualität nichts eingebüßt haben: zum Beispiel Analysen marktwirtschaftlicher Pokerspiele vor dem Hintergrund kolonialer Machtansprüche, die Darstellung der Startphase Singapurs oder Schilderungen damaliger (und noch heute unveränderter) europäischer Beurteilungen der eingeborenen Bevölkerung. Die dritte Textkategorie dient als

Beweismaterial, daß sich Sophias Persönlichkeit aus den *Memoiren* sehr wohl herauslesen läßt. An vielen Stellen geben die Aufzeichnungen Auskunft über ihre seelischen Konturen, dort nämlich, wo sie ihre Befindlichkeit in eigenen Worten ausdrückt. Es stimmt eben nicht, was alle Raffles-Biographen behaupten: Niemand könne sich ein Bild von Sophia machen, sie sei sozusagen inexistent.

Privat und unverstellt gibt sie sich in ihren Briefen. Dort scheint ihr kauziger Humor auf, wenn sie Menschen beurteilt oder Situationen begutachtet. Dort gestattet sie sich, ihren Schmerz auszudrücken über den Verlust ihrer fünf Kinder. Vier starben in den Tropen, die letzte überlebende Tochter in England. Sophias Botschaften beweisen, daß sie im späteren Leben mit den ihr auferlegten Bürden nicht mehr zurechtkam und im seelischen Dunkel verzweifelte. Ihre letzten Briefe an die beiden Freunde, das Diplomatenpaar Carl und Frances von Bunsen, werden hier in Ausschnitten zum ersten Mal veröffentlicht. Denn niemand hat sich bisher dafür interessiert, wie und wo Sophia ihre 32 Witwenjahre zubrachte. Dank detektivischer Sucharbeit konnte das Briefbündel im *Geheimen Staatsarchiv Preußischer Kulturbesitz* ausfindig gemacht und genutzt werden.

Die Beharrlichkeit, mit der die Nachwelt bis heute Lady Raffles fast jede Beachtung verweigerte, behinderte alle meine Ermittlungen. Dennoch honorierte Sophia die Mühen beschwerlicher Dschungelfahrten, die Knochenarbeit aufwendiger lokaler Suchaktionen in Bengkulu und im Hochland Zentralsumatras sowie langwierige Streifzüge durch die Bibliotheken in Penang, London und Berlin. Zuletzt lichtete sich der Nebel, und die Sicht wurde frei auf die Existenz einer Frau, deren Verhalten und Wißbegierde schon bei ihren Zeitgenossen Kopfschütteln provozierten und noch bei heutigen Raffles-Interpreten auf Unverständnis stoßen.

Sophia wurde 1786 geboren und starb 1858. Ihr Vater hatte in Indien zwar einiges Geld verdient, aber gemäß den strikten Regeln der englischen Gesellschaft lag ihm der Gedanke fern, seine vielen Kinder nach der Rückkehr in die Heimat sorgfältig schulen zu lassen. Die Brüder gingen früh zum Militär oder lernten von der Pike auf den Kapitänsberuf. Die Mädchen der Familie bekamen ihre Grundausbildung, versuchten sich im Harfenspiel, schmökerten in der zeitgenössischen Literatur, empörten sich über den herzlosen Byron, tanzten auf Provinzbällen. Mehr nicht. Und plötzlich trat eine der Geschwister heraus aus dem Einerlei und erwies sich nicht nur als außergewöhnlich sprachgewandt, sondern zudem als unerwartet kreativ: Sophia hat auf dem ihr fremden Feld der Geschichtsschreibung Neuland betreten und eine bis dahin unbekannte Form der wissenschaftlichen Dokumentation erfunden. Anlaß genug, diese Frau endlich zur Kenntnis zu nehmen.

Aus einem weiteren Grund ist Sophia Raffles' Text gerade heute spannende Lektüre. Wer derzeit in Südostasien reist und sich bemüht, die schwierigen politischen und ökonomischen Verhältnisse dort besser zu verstehen, ist gut beraten, sich mit Sophias Schilderung der kolonialen Vergangenheit vertraut zu machen. Noch immer sind nämlich die alten, von den Europäern errichteten Herrschaftsstrukturen unter den unabhängig gewordenen Staatsorganisationen erkennbar: als erzwungene Einheiten, die jetzt zunehmend brüchig werden.

Sumatra-Reisenden stellt die einstige Gouverneursfrau abseits der gängigen Touristenpfade Routenbeschreibungen zur Verfügung und ermöglicht Entdeckungen in fast unverändert gebliebenen Landstrichen.

Die Geschichte von Lady Sophia wäre nie geschrieben worden ohne die vielen Ratschläge und Routenhilfen unserer Freunde in

Sumatra und Malaysia. Ohne ihre Unterstützung hätten wir oft ziemlich ratlos dagestanden. Unerläßlich für die spätere Suche nach der scheinbar vom Erdboden verschwundenen Witwe Raffles' war die kompetente Hilfestellung seitens der Mitarbeiterinnen und Mitarbeiter der *Oriental and India Office Collections (OIOC)* in der *British Library*, und von großem Wert war der unbürokratische Beistand durch die Bibliotheksverantwortlichen im *Geheimen Staatsarchiv Preußischer Kulturbesitz*, Berlin. Madame Martine Piguet, *Archives d'Etat* des Kantons Genf, danke ich dafür, daß sie sich die Mühe nahm, mir sämtliche fremdenpolizeilichen Eintragungen der Jahre 1831–1833 herauszusuchen. Sie geben Aufschluß über die verschiedenen Aufenthalte von Lady Raffles in Genf. Froh war ich über die spontane Bereitschaft von Prof. Dr. theol. Ernst Jenni, Universität Basel, mir über das offensichtlich dem Malaiischen entliehene Wort ›kinnamon‹ im Alten Testament Auskunft zu geben. Das Lehnwort im AT wäre damit ein früher Beweis malaiischen Seehandels.

Mein Mann begleitete mich auf Sumatra und in Malaysia. Zu zweit ließen sich die teilweise mühsamen Exkursionen leichter bewältigen, und ich danke ihm für die zur Verfügung gestellte Zeit. Während des Schreibens war ich angewiesen auf seine Ermutigung und die kritische Durchsicht des Manuskripts.

Sumatra: von Südost nach Südwest

Nur wenige Passagiere sitzen in der kleinen Maschine, die dreimal wöchentlich von Kuala Lumpur, der Hauptstadt Malaysias, nach Palembang, dem früheren Machtzentrum der Srivijaya-Fürsten im Südosten Sumatras fliegt. Ein Dutzend Indonesier reisen zu ihren Familien. Auf der malaiischen Halbinsel verdingen sie sich als billigste Gastarbeiter. Die zwei Europäer sind die einzigen Exoten im Flugzeug. Nach drei Stunden landen wir in der Jahrtausende alten Handelsmetropole, flüchten uns vor Feuchtigkeit und Hitze in die hölzerne Flughafenbaracke, werden dort kurzerhand aussortiert und ins stickige Büro des Zollchefs komplimentiert. »Sind Sie Bewohner eines *ASEAN*-Staats?« fragt der Beamte streng. Nein, das sind wir nicht und lesen in seinem Gesicht, daß dies für ihn und uns ungünstig ist. Er kramt in einer Schublade und legt die Photokopie eines kürzlich erlassenen Regierungsdekrets aus Jakarta auf den Tisch. Darin steht, daß Palembang zu den wenigen indonesischen Kleinflughäfen gehört, wo taxfrei einzig Bürger einreisen dürfen, die dem »Verband der südostasiatischen Staaten« angehören. Der Rest der Welt benötigt ein Spezialvisum und muß dafür Eintrittsgeld bezahlen:

55 US-Dollars pro Kopf. Der Zollchef setzt sich an einem wackligen Tisch in Positur und kämpft mit Formularen, vergilbten Blättern, die offensichtlich zum ersten Mal gebraucht werden. »Warum eigentlich sind Sie nicht in Medan eingereist? Dort landen üblicherweise die Ausländer auf Sumatra, und zwar gratis.« Wir erklären dem Entnervten, daß wir nach Bengkulu weiter wollen und Palembang dazu die beste Ausgangsstation sei. »Bengkulu?« er zieht die Augenbrauen hoch, »das ist doch nicht Ihr Ernst! Das ist nichts für Touristen. Nichts zu sehen. Nichts zu erleben. Viel zu heiß.« Wir verzichten auf die Rechtfertigung, daß wir den Spuren einer längst verstorbenen englischen Gouverneursfrau folgen wollen, und warten gereizt darauf, daß er sich endlich dazu bequemt, uns das Visum in den Paß zu stempeln.

Zunächst aber muß noch die finanzielle Hürde genommen werden, die Bezahlung der US-Dollars. Echte Greenbacks sind verlangt, keine Reiseschecks und schon gar keine malaiischen Ringgits oder indonesischen Rupiahs. Wir werden zur Wechselstube des Flughafens gewiesen, stehen dort, bis der Schalterbeamte einen längeren Telephondisput beendet hat, und wähnen uns nah am Ziel. Weit gefehlt. Dollars haben sie hier keine vorrätig. Achselzucken. Die ganze Prozedur dauert nun schon zwei Stunden. Falls der Geldwechsel in die gelobte amerikanische Währung nicht wunderbarerweise doch noch klappen sollte, müssen wir zurück nach Malaysia. Neidvoll betrachten wir die lächelnd einschwebende *ASEAN*-Bevölkerung. Plötzlich die Erinnerung, daß sich doch irgendwo im Gepäck noch 80 Dollars befinden müssen, rasch vor Abreise eingesteckt, ein alter Restbestand. Acht US-Zehnernoten fördern wir zutage, ermattet, stolz und sorgenvoll, weil 30 Dollars fehlen. Ernste Gesichter rundherum. Gemurmelte Diskussionen. Schließlich holt jemand eine Flasche Wasser, sie macht die Runde, und der Chef befindet, daß wir den Rest in Rupiahs zahlen können. Der Weg ist frei.

Frei die 13 Kilometer lange Straße, die vom Flughafen in die einstige Handels- und Hauptstadt der Srivijaya-Fürsten führt, der »Könige aller Meerländer«, wie einer dieser Herrscher seinen Titel anno 1017 dem chinesischen Kaiser stolz verkünden ließ.

MALAIEN HANDELN MIT DEN PHARAONEN

Portugiesen, Holländer, Franzosen und Engländer hielten große Gebiete des Fernen Ostens teils nacheinander, teils gleichzeitig oder gegeneinander vom frühen 16. Jahrhundert bis nach dem Zweiten Weltkrieg besetzt. Die koloniale Geschichte Südostasiens – und damit speziell auch das koloniale Leben der Lady Sophia Raffles – läßt sich jedoch nur durchschauen, wenn deutlich wird, daß sich die Europäer vor bald fünf Jahrhunderten als Nutznießer einnisten konnten in längst vor ihnen von malaiischen Seefahrern aufgebaute Handelsstrukturen. Der Güterverkehr reichte von Kleinasien bis China, von Ostafrika bis Indonesien.

Der Handel von West nach Ost und umgekehrt – über die Seidenstraßen, entlang den Flußläufen und zur See – blühte seit der Antike. Heutige Fachleute sind überzeugt, daß schon zur Regierungszeit der Pharaonin Hatschepsut um die Mitte des zweiten Jahrtausends ein ausbalanciertes, multilaterales, internationales Warentauschsystem zwischen Ostafrika, der Insel Madagaskar, dem indischen Ozean und dem südchinesischen Meer bestens funktionierte.

Hoch im Kauf- oder Tauschwert standen Sklaven, Gewürze, Kampfer, Textilien, Sandelholz, Edel- und Halbedelsteine, Edelmetalle, Schildpatt, Kupferblech, Zinn, Porzellan, Asbestfasern, Duftstoffe für Parfums, Wein, Getreide. Mit Pfeffer würzte man die Speisen schon zur Zeit Alexanders des Großen. Ein früher Kaiser der chinesischen Han-Dynastie befahl seinen Höflingen 150 Jahre vor der Zeitenwende, in seiner Gegenwart stets Gewürznelken im Mund zu halten, um ihn vor üblen Gerüchen zu bewahren. Die Nelken stammten damals von den Molukken. In griechischen Gräbern Südrußlands wurden Darstellungen indischer Papageien gefunden, weitgereister Luxustiere.

Eine der vielgenutzten alten Seehandelsrouten führte durchs Rote Meer zum Golf von Aden, dann über das arabische Meer zur indischen Malabarküste und schließlich nach Ceylon. Von dort steuerten die Schiffe Richtung Andamanen und weiter nach Osten zur malaiischen Halbinsel. Nach der Meerenge von Malakka umrundeten sie die Insel Singapur und gelangten in den Golf von Thailand. Die Reisezeit war fest an die Monsunwinde gebunden und dauerte im Altertum vom persischen Golf bis ins chinesische Kanton durchschnittlich drei Jahre. Solche Langzeitfahrten setzten Trinkwasser- und Lebensmittelstationen entlang den Wegstrecken voraus, es brauchte Güterumschlagplätze sowie Lagerhäuser. Dies speziell für die fernöstlichen Etappen, die wegen der Unwägbarkeiten von Riffen und Piraten als besonders gefährlich galten. »Fernöstlich« aus Blickrichtung der Europäer hieß das Gebiet rund um das südchinesische Meer, den Golf von Thailand und das javanische Meer – von heutigen Asienforschern kurz das »Mittelmeer Südostasiens« genannt. Dieses Gebiet spielte früh eine Sonderrolle im Seetransportwesen, weil in seinem Ostteil die großen Gewürzproduktionszonen lagen. Bereits im Altertum entstand in den Küstenregionen Chinas, Vietnams, Kambodschas, der Molukken, Borneos, Westjavas und Ostsumatras eine Kette von Handelshäfen, kontrolliert durch lokale Fürsten, die sich untereinander verpflichtet hatten oder als Vasallen in Abhängigkeit standen.

MARITIME GROSSMACHT IN PALEMBANG

Palembang, die Hauptstadt des Malaienkönigreichs Srivijaya in Südostsumatra, galt für lange Jahrhunderte als der bedeutendste und größte dieser Seehandelsplätze, die Fürsten dort als die mächtigsten Herren im »Mittelmeer Südostasiens«. Der arabische Reisende Ibn al-Fakih berichtet um 900 unserer Zeitrechnung über die kosmopolite Händlerbevölkerung in der Stadt und spricht von papageienartigem Sprachgeschnatter in Griechisch, Arabisch, Persisch und Hindu. Chinesisch erwähnt er nicht, und das zu Recht. Vor den Ming-Kaisern – der erste kam 1368 auf den Thron – versuchten sich die Chinesen kaum in Hochseeschiffahrt, sondern bedienten sich für ihre Transporte vor allem der Seefahrer von Palembang. Händler aus dem persischen Golf bezeichneten die Stadt schon um 650 als den »China zugewandten Hafen«. Die Schiffe des malaiischen Fürstentums übernahmen in Südostsumatra die für China bestimmten Westgüter oder die für den Westen vorgesehenen chinesischen Erzeugnisse. Die kaiserlich-chinesische und königlich-Palembangsche Freundschaft schien über lange Zeit unverbrüchlich. Fürsten von Srivijaya führten chinesische Ehrentitel und pflegten noch im elften Jahrhundert mit großem Aufwand einen taoistischen Tempel in Kanton.

Die Malaien waren begabte Schiffbauer und gewiefte Hochseespezialisten. Die Verbindung zwischen Sumatra und Ostafrika hatten sie bereits zur Zeit des Neuen Reichs in Ägypten entdeckt und ausgebaut. Es war die Route des Zimthandels, der Transportweg eines Gewürzes, das damals als besonders kostbar galt. Zimt wurde für die Balsamierung angesehener Toter gebraucht, das Zimtöl zur Parfümierung kostbarer Salben oder zur Würzung von Speisen und Wein verwendet. Auf Geheiß der Pharaonen gelangte die luftgetrocknete Rinde des Zimtbaums von Indonesien über Ceylon zum Golf von Oman und dann an der arabischen Halbinsel entlang zur Küste Somalias. Von da nahmen die sumatranischen Segler Kurs auf Madagaskar, ihr »Kolonialgebiet«, wo sie den günstigen Passatwind für die Rückkehr abwarteten. Zimt findet als Duftstoff des heiligen Tempelsalböls schon im Exodus Erwähnung (2. Mose 30,23). Die hebräische Bezeichnung lautet qinnamon, ein nicht-semitisches Lehnwort. Zimt auf malaiisch heißt *kulit manis* (Süßrinde) oder *kayu manis* (Süßholz). Der malaiische Ausdruck fand den Weg ins Alte Testament und ebenso in die griechische (kinnamon) und die lateinische (cinnamum) Küche.

Malaiische Niederlassungen auf Madagaskar sind seit der Zeitenwende gesichert, lassen sich aber viel früher schon vermuten, und zwar aufgrund von sprachlichen Zusammenhängen. Malagassi, die Sprache Madagaskars, ist dem Malaiischen stammverwandt. Dies allein besagt aber noch nichts über den Zeitpunkt der ersten Landnahmen. Annähernde Daten verraten die aus dem Indischen entliehenen Sanskritfremdwörter im Malaiischen. Sanskritbezeichnungen für Alltagsgegenstände – Haushaltartikel etwa oder Maßeinheiten – wurden früh durch indische Händler in die malaiische Sprache übernommen. Erst viel später jedoch – etwa zu Beginn unserer Zeitrechnung – fanden mit den festen indischen Siedlungen in malaiischen Stammgebieten auch philosophische, hinduistisch-religiöse oder den Rang bezeichnende Sanskritausdrücke Eingang ins Malaiische. In Madagaskar sind einzig Überreste des frühen Alltagssanskrits feststellbar, die Malaien dort also lange vor Christi Geburt heimisch geworden.

Chinesische Quellen beschreiben die größeren sumatranischen Hochseeschiffe als über 200 Fuß lang, sie faßten 600 Mann Besatzung und bis zu 900 Tonnen Fracht. Noch wenn diese hochgegriffenen Zahlen als Ausdruck großen Respekts interpretiert werden müssen, handelte es sich bei den imposanten malaiischen Zweimastern mit ihren Segeln aus geflochtenen und zusammengenähten Palmblattstreifen um Schiffe, die äußerst wendig und rasch gegen den Monsun kreuzen konnten. Zeitgenossen berichten, daß der Fürst von Palembang zur Zeit der Hochblüte der Stadt über mindestens 400 dieser Frachter verfügte und so mächtig war, daß er zwei Jahre brauchte, um alle seine Vasallen zu besuchen. In Palembangs Diensten standen auch die Khmer, im nordwestlichen Teil des »südostasiatischen Mittelmeers« ansässig. Um so erstaunlicher ist der Dünkel späterer Kolonisatoren, die ihre malaiischen Untertanen als noch »unentwickelte Kinder« betrachteten, die man mit strenger Zucht zum Erwachsensein führen müsse. Diese Ansicht vertrat auch Sir Stamford Raffles: »Die Malaien«, so schreibt er an den Naturwissenschaftler und Sumatraforscher William Marsden, »sind keineswegs fortgeschritten in ihrer Zivilisation. Sie sind so träge, daß nichts sie zum Arbeiten bewegen kann, vorausgesetzt sie haben ihr bißchen Reis.«

Palembang, die überfeinerte, hochkultivierte Handelsstadt, zerfiel, als die Chinesen unter den Ming-Kaisern im 14. Jahrhundert ihre eigene Hochseeflotte bauten und nach Westen schickten. Der Niedergang wurde begünstigt durch früh islamisierte Fürstentümer in Nordsumatra, die den arabischen Händlern als Niederlassungen besser zusagten als die immer noch hinduistisch-buddhistisch geprägte Stadt im Südosten der Insel. Nach Kriegswirren mit den javanischen Königen von Majapahit flohen die Srivijayafürsten schließlich aus Sumatra und gründeten jenseits der Meerenge, am Südende der malaiischen Halbinsel, die Handelsstation Malakka. 1436 konvertierte der dritte Herrscher von Malakka zum Islam, wohl weniger aus religiöser Überzeugung denn aus handelspolitischen Erwägungen. Die Übernahme religiöser Kulthandlungen diente in Südostasien häufig dem politischen Kalkül. Muslimische Geschäftsleute sollten sich in Malakka ansiedeln, den Hafen bekannt machen und dem Fürsten dazu verhelfen, erneut ein großzügiges, gut funktionierendes Vasallensystem aufzubauen. Malakka wurde 1511 von den Portugiesen überwältigt und großenteils zerstört.

Sophia Raffles erzählt in den *Memoiren* aus malaiischen Quellen die einheimische Version des portugiesischen Übergriffs auf Malakka:

Zehn portugiesische Schiffe erschienen von Manila her in Malakka. Sie gaben vor, mit dem Sultan Ahmed Shah Handel treiben zu wollen. Zu jener Zeit verfügte das Sultanat über weite Handelsbeziehungen, besaß Waren im Überfluß, und die Regierung war glänzend organisiert. Vierzig Tage lang verhandelten die Portugiesen. Ihr Kommandant blieb an Land und lockte mit Truhen voller Gold. Und wie viele prächtige Gewänder präsentierte er dem glorreichen Sultan! Der freute sich sehr.

All die Kostbarkeiten vor Augen, sagte der Sultan zum Kommandanten: »Was außer Handel wollt Ihr mit diesen reichen Geschenken erwirken?« Der Kommandant antwortete: »Nur eines erbitten wir, falls der Herrscher den weißen Menschen gnädig gesinnt ist.« Der Sultan erwiderte: »Sagt, was es ist, und falls es in meiner Macht liegt, will ich es gestatten.« Darauf der Portugiese: »Wir wünschen uns einzig ein Stück Land so groß wie eine Tierhaut.« Diese Bitte zu erfüllen, war der Sultan sofort bereit. »Nehmt das gewünschte Land, wo immer Ihr wollt.« Da zeigten sich die Kapitäne hocherfreut. Sie kamen mit vielen Leuten an Land und brachten Ziegelsteine, Schaufeln und Mörtel mit. Der Kommandant zerschnitt eine Tierhaut in lange dünne Streifen, knüpfte sie zusammen und maß damit ein großes Stück Land aus. Darauf bauten die Fremden ein steinernes

Haus mit Löchern drin. Auf die Frage der Malaien, was dies zu bedeuten habe, sagten die Portugiesen: »Wir Weiße brauchen diese Öffnungen als Fenster.« Des Nachts aber schleppten sie Kanonen und Kisten gefüllt mit kleineren Waffen ins Haus. Als alles bereit war, warteten die Eindringlinge, bis alle Einwohner Malakkas schliefen, und begannen um Mitternacht, die Stadt vom Fort her zu beschießen. Sie zerstörten alle Häuser. Sie attackierten aber auch die Menschen und töteten viele. Die Bevölkerung floh in alle Richtungen, denn niemand wagte es, dem Feind entgegenzutreten.

PALEMBANG HEUTE

Dreizehn Kilometer vom Flughafen zur Stadt. Im Jeep, der uns fährt, baumeln über dem Steuer elektrisch blinkende, hinduistische Plastiktempelchen sowie die Hand der Fatima, Tochter des Propheten Mohammed, ebenfalls aus Plastik. Dazwischen pendelt Donald Duck im Motorentakt hin und her. Der Fahrer, ein Flugzeugmechaniker, war Zeuge unserer Einreiseschwierigkeiten und will nun den Fremden beweisen, daß Zuwendung und nicht Zurückweisung malaiisches Gebot ist. Er führt uns zur Stadt, zuerst durch die dichtbevölkerten Vororte, dann ins Zentrum rund um den alten Königssitz am Musi-Fluß. Wie eh und je stehen kleine Wohnhütten auf Stelzen im lehmigen Wasser. Die 1740 erbaute, kreideweiße Hauptmoschee beherrscht den Stadtkern. Menschentrauben allenthalben, nackte Kinder spielen gellend in den braunen, stehenden Wasserläufen, fauliger Gestank wetteifert mit Schwaden von Gewürzdüften, tropische Früchte überall ausgebreitet, Wasserträger, Lastträger, Fahrradrikschas, verstümmelte Bettler, Schreien, Ulk mit den fremden Europäern, die es in Palembang heute kaum mehr zu sehen gibt. Kein Tourismus weit und breit. In den engen Gassen entlang der

Kanäle Handwerksbuden. Gearbeitet wird draußen, auf dem festgestampften Erdboden. Die Spezialität Palembangs ist von alters her die Herstellung von Lackwaren, schwarz und burgunderrot, eine von den Chinesen erlernte Fertigkeit. Kaum anders als heute wird das Bild des Stadtzentrums früher, vor vielen Jahrhunderten gewesen sein: Der Ausblick von der Palastterrasse über den Fluß, auf dem die kleinen, zur Hälfte von Strohdächern geschützten Transportschiffe sich durcheinanderschlängeln. Die Sicht auf den Markt, direkt am Wasser gelegen, mit den engen, glitschigen Durchgängen zwischen den Buden, den Bergen von Bananen, Papayas, Mangos, Kokosnüssen, den winzigen Garküchen mit ihrem Angebot an scharfgewürzten sumatranischen Reisspeisen.

Palembang hat derzeit anderthalb Millionen Einwohner und ist – nach Medan – die zweitgrößte Stadt Sumatras. Die Bevölkerung lebt von Kohleförderung, Ölvorkommen, Düngemittelherstellung, Handel und Landwirtschaft. Die Fürsten, noch während der holländischen und zeitweiligen englischen Kolonisation stets auf ihre Unabhängigkeit bedacht, sind verschwunden. Sie waren seinerzeit für Sir Stamford Raffles ein besonderes Ärgernis, weil sie sich nur schwer gängeln ließen. Er bezeichnete sie als »gemein, verräterisch und barbarisch«. In einer gut geplanten militärischen Strafaktion gegen die »frevelhaften Monster mit ihren tierischen Neigungen« ging er 1812 als Gouverneur von Java mit äußerster Härte gegen Palembang vor, letztlich zum Zweck, die von Palembang kontrollierten Zinn-Inseln südlich der Malakka-Straße für die Engländer zu sichern. Dank Sophias *Memoiren* sind die kriegerischen Vorkommnisse genau dokumentiert. Zwar hat sie die Feindseligkeiten nicht selbst miterlebt, ihre Zeit in Südostasien begann erst 1818. Sie wußte vom Vorgehen der englischen Truppen lediglich durch Erzählungen und Dokumente ihres Mannes. Um so mehr erstaunen das Vergnügen an der blutrünstigen Darstellung sowie die gründlichen Kenntnisse der Expedition, die sie in ihren eigenen Worten auf vollen dreizehn Seiten schildert. Zum Beispiel beschreibt sie die grausame englische Attacke gegen den Sultanspalast, als die englischen Kanonenboote das Zentrum vom Fluß her angriffen:

Unerschrocken trotz den vielen Leichen bewaffneter Einheimischer, die überall lagen, trat Oberst Gillespie um acht abends kühn an Land, und zusammen mit den sieben Grenadieren seines Boots schritt er festen Ganges durch die Menge von Arabern und hinterhältigen Malaien, deren in Gift getauchte Speere im Fackellicht schimmerten. Große Tore in den hohen Festungsmauern führten zu den verschiedenen Abschnitten der Burg. Allenthalben bot sich der schreckliche Anblick von Blut auf dem Pflaster, noch dampfend und fließend. Die blutverschmierten Innenhöfe, durch die die Party schreiten mußte, sahen aus wie der Weg zum Schlachthof. Da drückte sich plötzlich ein Malaie durch die Menge und näherte sich dem Oberst. Ein Messer wurde ihm von einem Landsmann in die Hand geschoben. Es war eine dunkle, stürmische Nacht. Gillespie nahm die Waffe dank der Helle eines Blitzes wahr, entrang sie dem Mann, drehte sich um und ließ ihn packen ohne Rücksicht auf die umstehende Menge. Auf diese Weise wurde die Absicht jedem klar. Leider gelang es dem Meuchelmörder dann doch, in der Masse unterzutauchen. Der Palast bot ein Bild der Verwüstung. Im Innern wurde geplündert, und die Steine waren bedeckt mit geronnenem Blut. In jeder Richtung spielten sich Dramen des Jammers ab, die im Licht der Blitze bei Donnergrollen besonderes Grauen erweckten. Überall Flammen, die Zerstörung verbreiteten trotz dem Regen, der wasserfallartig niederstürzte. Bambusdächer krachten durch das Feuer ein und knallten wie Musketensalven. Die kleine englische Truppe war zur Rettung des eigenen Lebens gezwungen, das Fort rasch zu erobern. [...] Kurz nach Mitternacht konnten sie Major Trench vom 89. Regiment zujubeln, der mit sechzig Mann zu Hilfe kam. So endete eine mutige Unternehmung, die mit Urteilsvermögen geplant und mit Unerschrockenheit durchgeführt wurde, ohne Verlust eines einzigen englischen Soldaten.

1861 ließ sich der Naturwissenschaftler und Forschungsreisende Alfred Russel Wallace, ein Freund von Charles Darwin, von Singapur herkommend auf einem Boot den Musi-Fluß hinauf nach Palembang rudern. Er schreibt in seinen Reiseerlebnissen: »Die Stadt ist groß und erstreckt sich drei bis vier Meilen einer hübschen Biegung des Flusses entlang. Der Strom wird durch die Häuser eingeengt, welche auf Pfählen mittendrin stehen, und innerhalb dieser kommt wieder eine Reihe von Behausungen auf Bambusflößen, welche mit Rattan-Tauen am Ufer oder an Pfählen befestigt sind. Die ganze Flußfront ist beidseits mit solchen Häusern besetzt. Es sind meist Läden, die mit ihrer offenen Front dem Wasser zugewandt nur einen Fuß über demselben liegen, so daß man in einem kleinen Boot leicht zum Markt fahren und alles, was in Palembang zu haben ist, kaufen kann. Die Eingeborenen sind echte Malaien; sie bauen nie ein Haus auf dem Trockenen, wenn sie Wasser finden. Einen beträchtlichen Teil der Bevölkerung bilden Chinesen und Araber, welche den ganzen Handel innehaben. Die einzigen Europäer sind die Zivil- und Militärbehörden der holländischen Regierung.«

Wohnweise und ethnische Struktur haben sich bis heute erhalten. Fortgezogen sind einzig die Holländer.

ROUTEN NACH BENGKULU

Bengkulu, die dampfend heiße Provinz im Südwesten Sumatras, Wahlheimat von Lady Sophia Raffles während der Jahre 1818–1824, ist auf drei Wegen erreichbar: zu Land via Palembang, zu Wasser vom indischen Ozean her und in jüngster Zeit mit dem Flugzeug.

Den Landweg von Palembang quer über die Insel durch das 300 Kilometer weite, teils sumpfige Flußgebiet bis zum Fuß der steil ansteigenden Vulkankette, die auch jetzt noch nur mit Mühe passierbar ist, wählte vor knapp 150 Jahren der Reisende Wallace: »Nach vielen Erkundigungen fand ich, daß etwa eine Tagreise oberhalb Palembangs eine Militärstraße anfing, welche sich die Berge hinauf und selbst bis hinüber nach Bankahulu erstreckte, und ich entschloß mich, diese Route zu wählen. Die Straße ist in regelmäßige Stationen von zehn bis zwölf Meilen geteilt. An jeder Station stehen Häuser zur Bequemlichkeit der Passagiere mit Küche und Ställen und stets sechs oder acht Mann als Wache.« Was Wallace nicht wußte: Dieser Bergweg wurde von Sir Stamford Raffles geplant. Einerseits als Gewürzhandelsroute vom Inneren der Insel zur Straße von Malakka, andererseits als Möglichkeit, die später von ihm gegründete Stadt Singapur auch von seiner Hinterwäldlerstation Bengkulu aus rasch zu erreichen. Benutzt wurde die Route zu Raffles' Zeit allerdings selten, Schiffe waren schneller und bequemer.

Vom indischen Ozean her landete im April 1818 an der Küste Bengkulus die von der *East India Company* zu Ehren der neuen Gouverneursfrau auf den Namen *Lady Raffles* getaufte Fregatte. Fast fünf Monate lang hatte die Reise von England in den Südwesten Sumatras gedauert. An Bord befand sich die Familie Raffles mit Anhang: Sir Stamford in seiner Eigenschaft als künftiger Chef der kleinen englischen Kolonie, seine zweite Frau, Lady Sophia, ihre kleine, auf hoher See südlich des Kaps geborene Tochter Charlotte, die Kinderfrau, der Botaniker Dr. Joseph Arnold, der Arzt Sir Thomas Sevestre, der Freund Travers und schließlich der Kapitän, ein Schwager von Sophia. Der erste Eindruck der Neuankömmlinge war verheerend:

Dieser Ort ist ganz ohne jeden Zweifel das Erbärmlichste, was ich je erblickte. Ich finde keine Worte, Ihnen zu schildern, welcher Zerfall uns hier umgibt. Ganz abgesehen von der miserablen bisherigen Administration und furchtbarem Walten der Vorsehung in Form von Erdbeben, haben wir kein Dach über dem Kopf noch sonst einen Ort, wo wir unsere natürlichen Bedürfnisse ausleben können. Die Wege sind unpassierbar, die Straßen in der Stadt überwachsen mit hohem Gras, das Gouverneurshaus eine Scheune voller raubgieriger Hunde und rasender Iltisse. Die Eingeborenen nennen Bencoolen ›tanah mati‹, das heißt: totes Land. Wir haben uns alles halb so schlimm vorgestellt.

In großer Verzweiflung schreibt Raffles dies ein paar Tage nach der Ankunft an den Freund William Marsden, der wenige Jahrzehnte zuvor selbst im »toten Land« gelebt hatte.

Vom Flugzeug aus präsentiert sich Bengkulu, die kleinste der acht sumatranischen Provinzen, dramatisch. Die Vulkankette überflogen wir geschüttelt von Gewitterböen. Plötzlich weggeblasen die Wolken, rot-blauer Himmel über der Küste, steil abfallend zum Meer die heute noch dicht bewachsenen Urwaldtäler, davor die endlose Weite des indischen Ozeans. Unter uns, näher kommend, die lehmfarbene Streusiedlung des Provinzhauptorts, in Strandnähe und an derselben Stelle gelegen wie der einstige englische Gouverneurssitz. Die kleine Propellermaschine landet. Wenige Taxifahrer reißen sich um die einzigen

Fremden. Die lange Fahrt vom winzigen Landeplatz zur Stadt führt streckenweise am Meer entlang. Kleine Fischrestaurants säumen das Sandufer. Einer der Wirte hat neben seinen Tischen werbewirksam einen buntgeschmückten Elefanten angebunden. Immer dichter reihen sich die einstöckigen Häuser hinter den Palmen ihrer Vorgärten. Dazwischengebaut die kleinen Quartiersmoscheen. 60 000 Einwohner etwa zählt das moderne Bengkulu. Die Straßen sind sauber. Droschken, von kleinwüchsigen, temperamentvollen, glockenbehangenen Pferden gezogen, klappern als begehrte Transportmittel durch den Ort. Im Stadtzentrum, unter ausladenden, schattigen Bäumen stehen noch einige wenige Holländergebäude aus dem letzten Jahrhundert. Die Post zum Beispiel, mit hohem Giebel aus Holz gebaut, immer noch genutzt. Der saalartige, mit kunstvoll geschnitzten Schalterwänden unterteilte Innenraum erinnert an Beschreibungen Joseph Conrads von Handelskontoren in fernen Häfen. Anders als Raffles, fühlen wir uns wohl hier.

DIE ENGLÄNDER IN BENGKULU

Die englische Kolonie in Südwestsumatra verdankt ihre Existenz den fortwährenden Streitereien zwischen den Holländern und den Briten um günstig gelegene Handelsplätze und Gewürzproduktionsgebiete. 1683 hatten die Engländer mit Bantam an der Westspitze Javas ihren einzigen Standort im indonesischen Archipel an die Niederländer verloren. Sie suchten an der Südwestküste Sumatras nach Ersatz, verhandelten mit den dortigen Rajas, sicherten sich einige hundert Quadratmeilen Land für die Pflege von Pfefferplantagen sowie den günstig und geschützt liegenden Ankerplatz Bengkulu. Die Siedlung stand von Anfang an unter einem schlechten Stern.

Wichtige Voraussetzung für das Blühen jedes frühkolonialen Handelshafens war die Befestigung zum Schutz der Schiffe und der Bevölkerung. In Bengkulu jedoch gehörte die Wehrstruktur seit Gründung der Niederlassung zu den Schwachstellen des Orts, sowohl was die Beschaffenheit der Festungsbauten wie auch die Qualität der Soldaten betrifft. Ein sofort nach der Landnahme errichtetes Fort erwies sich bald als Stümperbau und ungenügender Schutz. Vom Briten William Dampier, der 1695 als Kanonier in Bengkulu diente, sind kernige Bemerkungen über die Bastion erhalten: »Dies ist das lausigste Bauwerk, das ich je sah. In der Regenzeit rutschen die Mauern weg, und die Kanonen fallen in die Gräben. Die beste Reparatur wären Zerstörung und die Neuplanung des Ganzen, und zwar in der Form eines Festungspentagons.« Dampiers Vorschlag wurde offensichtlich beherzigt, und schon 1714 begann man mit dem Bau des heute noch auffällig und imposant die Hafeneinfahrt dominierenden Fort Marlborough. Aber auch dieses Bauwerk erwies sich als unzulänglich. Zweimal wurden die Engländer von den Malaien vom Meer her in die Flucht gejagt und konnten den Posten nur mit Mühe wieder zurückgewinnen. Verantwortlich für die Untauglichkeit des Forts waren in erster Linie aber die dort plazierten, schlecht ausgebildeten Soldaten, meist portugiesisch-asiatische Mischlinge oder blutjunge Engländer, halbe Kinder noch, die ohne jede Tropenerfahrung frisch aus der Heimat importiert wurden. Nur Ahnungslose konnten zum Dienst in jener unwirtlichen Abgeschiedenheit überredet werden. Um Geld zu sparen, trainierte man in Bengkulu auch Sklaven aus Madagaskar. In einer Londoner Instruktion an den Gouverneur heißt es: »Wenn die Schwarzen Englisch sprechen, können sie als Hilfstruppen der Briten sogar bewaffnet werden mit Schwertern, Lanzen oder Pfeilen, nie jedoch mit Gewehren. Auf dreißig englische Soldaten sollen höchstens zehn Madegassen kommen. Verlaß auf sie ist aber nicht, und wir empfehlen, ihnen keinen Brandy oder Arrak auszuschenken.«

Die größte Bedrohung für die militärische und die zivile europäische Bevölkerung waren jedoch die Tropenkrankheiten, allen voran Malaria, Cholera und Dysenterie. Sie mähten die Weißen reihenweise weg. Das im frühkolonialen Bombay häufig zitierte Sprichwort, daß in Tropenzonen zwei Monsunperioden die Lebenserwartung eines Europäers ausmachen, schien für die Verhältnisse in Bengkulu noch hoch gerechnet. Das Klima in Südwestsumatra war gefürchtet. Hitze und täglich niederprasselnde Regengüsse das ganze Jahr hindurch begünstigten die Ausbreitung der Leiden. Ende des 17. Jahrhunderts klagte ein englischer Verwaltungsbeamter: »Die Fiebernden liegen vernachlässigt herum, einige schreien nach Medikamenten, die wir nicht zur Verfügung haben. Wer noch gehen kann, würdigt die Kranken keines Blicks, um nicht angesteckt zu werden. Besser, es stirbt einer als zwei, sagen die Leute. Es fehlt an Lebenden, die Toten zu begraben.«

Bengkulu galt bei den englischen Administratoren früh schon als eine Art Strafversetzung. Es waren deshalb nicht die besten Verwaltungsleute, die dorthin geschickt wurden. Ignoranz, Unverschämtheit und Grausamkeit galten als herausragende Qualifikationen der Gouverneure. Die einheimische Bevölkerung wurde mit allen Mitteln und unter massiven Drohungen zur Pfefferabgabe gezwungen. Wer zu wenig lieferte, mußte Gefängnisstrafen befürchten. Die Folge waren häufige Meutereien in der kleinen Kolonie.

Das britische Bengkulu hatte in der Bewertung noch einen weiteren Negativpunkt zu verzeichnen: Langeweile. Die ohnehin nicht gerade herausragend geistvollen oder kreativen Europäer, die dort lebten, fanden außer gegenseitiger Befehdung keinerlei Möglichkeit der Zerstreuung. Das war noch zu Raffles' Gouverneurszeit nicht anders. Einer seiner Freunde schreibt 1819 nach Hause: »Was die hiesige Gesellschaft angeht, ist sie ausnahmslos das Schlimmste, was ich bisher in Asien sah. In eng beschränkten Zirkeln entstehen notwendigerweise Feindseligkeiten. Aber hier intrigiert jeder gegen jeden.« Hinterhältigkeit und Ränkespiele waren allerdings in allen kolonialen Gesellschaften an der Tagesordnung. 1870 urteilte eine junge Engländerin in Sarawak auf der Insel Borneo über ihre Kompatrioten: »Es ist amüsant, wenn auch etwas verwirrend, festzustellen, daß sämtliche Gemeinschaften von englischen Männern und Frauen in abgelegenen Gebieten es genießen, miteinander zu streiten. Dies vor allem dann, wenn sie von der wahren *Society*, mit einem großen S geschrieben, keine Ahnung haben und sich dennoch plötzlich im weit von England entfernten Land eine gewisse soziale Wichtigkeit zumessen.«

Was die europäischen Damen betrifft, so war ihre Zahl in Bengkulu stets klein. 1712 wagt ein neu angekommener Gouverneur diesbezüglich einige Bemerkungen: »Im Hinblick auf Frauen sage ich klar, wie die Umstände hier sind. Es gibt fünf weiße Dinger in Unterröcken entlang der Küste. Eine schickte ich zusammen mit ihrem Ehemann zum Teufel, damit ihre Kuppeleien aufhören. Eine zweite wurde von ihrem Ehemann verjagt, weil ihn ihre Zunge die Ruhe kostete. Die dritte sitzt im Gefängnis. Die vierte kann man als gute und bescheidene Frau bezeichnen, aber die Maliziösen behaupten, daß sie diese Eigenschaften nie unter Beweis stellen mußte. Und die fünfte ist eine arme Witwe vom Habitus einer madegassischen Kuh.« Viel später, nämlich 1801, bemerkt ein amerikanischer Reisender: »Bencoolen rühmt sich einer einzigen europäischen Lady, Mrs. Waters, und noch wenn der Atem der Verleumdung ihr in ungehöriger Weise unrecht täte, hebt sie Moral und Achtbarkeit des Ortes nicht im geringsten.«

Reisen, Entdeckungsfahrten konnten im kolonialen Abseits Zerstreuung bedeuten. Bengkulu, zwischen Meer und Gebirgsketten eingeklemmt und vom Urwald bedrängt, war jedoch unwegsam, das Hinterland gleichsam abgeschnitten. Es brauchte Mut und Abenteuerlust, diese Grenzen zu sprengen. Anders als ihre Vorgänger zeigten Thomas Stamford Raffles und seine Frau Sophia als englisches Gouverneurspaar sogar noch in der südsumatranischen Verbannung den Erfolgswillen und die notwendige wissenschaftliche Unruhe, die sie zu beachtlichen Taten führten: zur Gründung Singapurs zum Beispiel oder zu botanischen, zoologischen und ethnologischen Entdeckungen.

Die East India Company

Als Britisch-Indien Ende des 19. Jahrhunderts noch ohne Anfechtungen seine imperiale Autorität auskostete, fanden sich an den Türen der exklusiven Clubs in Calcutta oder Bombay nicht selten Aufschriften folgenden Inhalts: »Händler, Bediente, Damen, Eingeborene und Hunde sind nicht zugelassen.« – Die oberste Klasse im Land waren jetzt Militärs und Verwaltungsleute, nicht mehr wie früher die Handelsherren. Die *Honourable Company*, ursprünglich eine Gruppe von Londoner Schiffseignern, Bankiers und Import-Export-Kaufleuten, hatte zwar in Eigenregie große Teile des Subkontinents Indien und noch einige Landstriche dazu Stück für Stück mit einer Privatarmee erobert, mußte aber schließlich aus Geld- und Führungsnöten ihr Eigentum an die Krone abgeben.

Ehrgeiz, Wissensdurst, politisches Kalkül, Ränkespiele, Erfolge und Niederlagen von Thomas Stamford Raffles sind eng mit jener Institution verflochten, die ihn steil aufsteigen und später um so tiefer fallen ließ: der *Honourable Company* oder auch *English East India Company*. Diese Organisation brauchte und förderte in den mehr als zwei Jahrhunderten ihres Bestehens

Tollkühne und Verwegene. Die Waghalsigen ihrerseits waren auf die Strukturen der *Company* angewiesen, um unter deren finanziellem und militärischem Schutz Taten zu vollbringen, die ihnen persönlichen Ruhm einbrachten. Das Leben von Sir Thomas Stamford Raffles und vor allem auch die Existenz von Lady Sophia Raffles sind nicht aufzuschlüsseln, ohne einen Blick zu werfen hinter die geschichtlichen Kulissen des komplizierten Handels-, Intrigen- und Machtsystems.

DAS RENNEN UM DEN GEWÜRZGEWINN

Handel war die Antriebskraft für die Entdeckung des Seewegs von Europa nach Indien und weiter ins »südöstliche Mittelmeer«. Daß auf den gut bewaffneten europäischen Fregatten ein großes Quantum kriegslustiger und kriegserfahrener Abenteurer diente, war stets erwünscht. Ebenfalls im Kielwasser der Handelsflotten segelte eine Vielzahl christlicher Missionare, die den Heiden die Frohe Botschaft bringen sollten. Krieg und die Verbreitung des Christentums waren den Handel stützende Maßnahmen.

Als erster hatte der Portugiese Vasco da Gama 1498 den Weg rund ums Kap der Guten Hoffnung an die Westküste Südindiens gefunden. Der portugiesische Dichter Luiz Vaz de Camões, selbst ein verwegener Asienfahrer, überhöhte später diese Leistung in seinem Epos *Die Lusiaden* und feierte mit dem poetischen Werbetext portugiesische Handelsträume und christliche Mission als Heil der Zukunft. Die Portugiesen suchten mit den in Europa gefragten Gewürzen Pfeffer, Muskat und Nelken ihr finanzielles Glück zu finden. In Hormuz am persischen Golf sowie an verschiedenen Stellen der west- und ostindischen Küste errichteten sie ihre Etappen und besetzten 1511 Malakka, das damalige Zentrum des Gewürzhandels im südlichen Teil der malaiischen Halbinsel. Der Sieg war leicht, denn die Eroberer waren im Besitz von Feuerwaffen. Ihrer listigen Kriegführung und den mächtigen gepanzerten Schiffen waren die Malaien wehrlos ausgeliefert. Der General Alfonso de Albuquerque führte den Malakka-Feldzug im Namen Gottes und seines Königs. Auch die begangenen Grausamkeiten konnte er an die Vorsehung delegieren. Ein junger Toskaner, der Albuquerque begleitete, sagte über den Feldherrn: »Er gehört zu jenen Männern, die ihren Ruhm auf Herzlosigkeit gründen.« Der König im fernen Lissabon hatte wenig Kontrolle über seine Soldaten und mußte deren Gesetzlosigkeit aus Ruhmsucht in Kauf nehmen. Ruchlosigkeit sowie der Mangel an fähigen Offizieren und Verwaltungspersonal wurden der portugiesischen Soldateska schließlich zum Verhängnis: 130 Jahre später wurde Malakka zur leichten Beute der Holländer.

Die Niederländer gewannen auf äußerst clevere Weise, quasi durch Spionage, Einblick in südostasiatische Handelsrouten, Kenntnis der Navigation, Geographie und des Kartenmaterials. Solches Spezialwissen wurde im damaligen Europa von den Seefahrern als kostbarer Besitz gehütet und keinesfalls preisgegeben. Ein Holländer, Jan Huyghen van Linschoten, diente während fünf Jahren beim portugiesischen Erzbischof in Goa als Sekretär. In dieser Funktion verschaffte er sich Zutritt zu den Archiven, kopierte emsig Dokumente und schmuggelte sie in die Heimat. Versehen mit dem neuen Kartenmaterial, machten sich 1595 auch holländische Schiffe auf den Weg, um im Auftrag privater Investoren das Kap der Guten Hoffnung zu umsegeln. Innerhalb von drei Jahren hatten die handelstüchtigen niederländischen Seefahrer bereits Stationen in Westjava, den Molukken und den Banda-Inseln aufgebaut, knüpften Geschäftsbeziehungen zu Sri Lanka, Sumatra und China und nahmen den Portugiesen schließlich 1641 den wichtigen Umschlagplatz Malakka ab.

Portugiesische und holländische Erfolge ließen die Seefahrernation England aufhorchen. Die britischen Handelsherren wurden unruhig. Auch sie wollten teilhaben am Gewürzekuchen und schickten ihre Schiffe nun auf die Suche nach jenen mythischen Zonen, wo der Pfeffer wächst. Der Londoner Befehl lautete, eine spezifisch englische Route in die Paradieseswelt auszumachen, von der jedoch niemand so recht wußte, wo genau sie lag. Die englischen Kapitäne verfehlten entweder die Umfahrung Südafrikas, oder sie setzten auf die Nordost-Passage und hofften vergeblich, das märchenhafte Indien über Norwegen und die Umfahrung Rußlands oder sogar von Kanada aus zu erreichen. Der Blick auf den Globus war während der Regierungszeit Elisabeths der Ersten trotz Francis Drakes Weltumseglung im Jahr 1580 noch sehr ungenau, kartographisches Material in England kaum existent. Was aber 1598 in London sehr genau wahrgenommen wurde: Die Holländer brachten kostbare Frachten aus Ostindien – wie sie das Gebiet nannten – in die Heimat zurück, und sie machten erstaunliche Gewinne.

Schon im folgenden Jahr entschloß sich die Geschäftswelt an der Themse zu handeln. Es war ruchbar geworden, daß die holländische Konkurrenz zur Erhöhung ihrer ostindischen Ausbeute noch englische Schiffe dazukaufen wollte. Das war zuviel für den britischen Nationalstolz. 218 Londoner Handelsleute beschlossen, der Konkurrenz entgegenzutreten, und gründeten die *Company of Merchants of London trading into the Eastindies.* An ihre Königin Elisabeth richteten sie eine Petition, diese Unternehmung seitens der Krone zu sanktionieren. Gewürzimport war das eine Ziel. Von Beginn an hatte die *Company* aber auch den Export im Sinn. Die englische Textilindustrie brauchte neue Absatzmärkte, vor allem für Wollstoffe, die – so die Hoffnung – im kühlen China, vielleicht sogar in Japan einen großen Kundenkreis anlocken sollten. Als Firmenstruktur der *Company* war eine Art Aktiengesellschaft vorgesehen mit einem Direktorium als verantwortlichem Verwaltungsrat. Die Devise hieß: Handelsfreiheit auf allen Meeren; eine frühe Form von Manchesterliberalismus. Dieser Schachzug richtete sich in erster Linie gegen die Portugiesen, die Exklusivrechte beanspruchten. Jeder englische Kapitän führte fortan ein Zirkular des Königshauses mit sich, in dem die Empfänger – eingeborene Fürsten in strategisch wichtigen Hafenstädten – gewarnt wurden, nicht auf exklusive Handelsverträge zu pochen, ansonsten sie nicht nur die mächtige britische Krone beleidigten, sondern auch Gottes unerforschliche Weisheit mißachteten.

START INS ENGLISCHE INDIENABENTEUER

Am 31. Dezember 1599 war es soweit. Die Königin hatte ihr Plazet gegeben, die Londoner Händler feierten ausgiebig die für sie ruhmversprechende Silvesternacht und gleichzeitig den Start ins 17. Jahrhundert. Unter den Zechern befand sich auch James Lancaster, ein in portugiesischen Diensten reich gewordener Haudegen. Bereits früher, nämlich 1591, hatte er einen englischen Schiffskonvoi auf dem Weg nach Süden zum Kap befehligt – diese Fahrt endete allerdings in der Katastrophe. Die Navigationsprobleme begannen schon im Atlantik, als Lancaster die Fährnisse dieses Meers grob fahrlässig unterschätzte. Am Kap angekommen, erkrankte ein Großteil der Mannschaft an Skorbut und mußte zurückgeschickt werden. Das Flaggschiff erlitt vor Mozambique Schiffbruch. Lancaster schaffte es dennoch zu den Komoren, wo viele seiner Leute in einen Hinterhalt der Eingeborenen gerieten und massakriert wurden. Schließlich gelangte er im dritten Jahr der Reise mit großer Mühe zur Meerenge von Malakka. Bedrängt vom Wunsch der übriggebliebenen Crew nach schnellen Gewinnen, verlegte er sich auf Piraterie, vor allem aufs Kapern portugiesischer Schiffe, und entschloß sich schließlich zur Rückkehr. Von 198 Leuten, die mit ihm gestartet waren, betraten insgesamt 25 wieder englischen Boden. Diesem unberechenbaren Glücksjäger James Lancaster legte das Direktorium der neugegründeten Firma – gegen den erklärten Widerspruch einiger Skeptiker – zu Beginn des Unternehmens die Zügel in die Hand, er befehligte die erste Flotte, bestehend aus vier Schiffen. Sie stachen im Februar 1601 im englischen Woolwich in See.

Das Flaggschiff, die *Dragon*, war bestückt mit 38 Kanonen, konnte 600 Tonnen laden und bot 200 Mann Besatzung Platz. Klug geworden aus dem früheren Skorbut-Desaster, ließ Lancaster jeden Mann täglich drei Löffel Zitronensaft einnehmen, und die Crew gelangte nach sechs Monaten Reise einigermaßen wohlbehalten ans Kap. Dort wurde eine Erholungspause eingelegt, bevor der Konvoi, frisch beladen mit 1000 Schafen, 42 Ochsen, Wein und Olivenöl – letzteres ohne Umstände von einem kleinen portugiesischen Frachter gestohlen – an der Ostküste Madagaskars entlang weitersegelte. Am 5. Juni 1602, nach einer Fahrt von fünfzehn Monaten, landeten die Fregatten im islamischen Fürstentum Aceh an der Nordspitze Sumatras. »Hier fanden wir 16 bis 18 Schiffe verschiedenster Nationen vor«, schreibt Lancaster, »indische, bengalische, solche aus Pegu [Burma] und aus Patani [Thailand].« Der Sultan von Aceh nahm die Engländer wohlwollend auf und sandte zu ihrem Empfang sechzehn Elefanten zum Hafen. Das Leittier, ganz in Gold und Silber, brachte den Freihandelsbrief der Königin würdig auf seinem Rücken befestigt in die Stadt. Hahnen-, Tiger- und Elefantenkämpfe, Gamelanspiel und Tänze der königlichen *damosels* erfreuten die Ankömmlinge. Besonderen Spaß machte eine von Sultansdienern organisierte Trinkrunde. Die Gäste saßen am Flußufer auf Stühlen bis zu den Schultern im Wasser, während die Bedienten mit Tabletts voller Köstlichkeiten und

Arrak um sie herumpaddelten. Lancaster berichtet, daß sieben seiner Leute die Festivitäten wegen Alkoholvergiftung mit dem Tod bezahlten.

Von Aceh aus segelten die Schiffe durch die Straße von Malakka nach Java und den Molukken weiter. Sowohl am Westrand Javas, in Bantam, wie auch weiter östlich fand Lancaster wohlbestallte holländische Faktoreien vor. Der Kapitän hatte sein Ziel erreicht, der Londoner Befehl, holländische Niederlassungen auszukundschaften und auch Gewürze zurückzubringen, konnte ausgeführt und die Rückfahrt angetreten werden. Landnahmen waren bei dieser ersten Fahrt noch nicht vorgesehen. Unterwegs hatte Lancaster wiederum Glück. Die Engländer stießen vor der indischen Westküste auf einen portugiesischen Frachter, diesmal beladen mit feinster indischer Baumwolle, die sie kurzerhand in ihren Besitz brachten. Mit dem kostbaren, damals in England unbekannten Musselin, einem Stoff, der noch wertvoller war als Pfeffer, Muskat und Nelken, ankerte der Konvoi am 11. September 1603 in der Heimat. Ohne Schiffsverlust hatte Lancaster genaue Kenntnis gewonnen von Routen sowie Handelsstrukturen. Die Fracht wurde in den Londoner Docks von der *Company* zu Höchstpreisen versteigert.

Das Wort »Indien« entsprach im Elisabethanischen Zeitalter noch keiner genauen geographischen Vorstellung. »Indien« hieß alles östlich des Kaps und westlich der Azoren. Was Asien betrifft, wurden nicht nur die westliche Malabar- und die östliche Koromandelküste der indischen Südspitze, sondern auch Bengal und ebenso Sumatra oder Java als »Indien« bzw. »Ostindien« bezeichnet. Erst als der Osthandel stetig wuchs und die *Company* gegen Ende des 17. Jahrhunderts ihre großen Niederlassungen in Surat, Bombay, Madras und Calcutta errichtete und später von diesen Küstenstützpunkten her langsam und stetig auch das jeweilige Hinterland besetzte, wurde der Begriff »Indien« in erster Linie für den Subkontinent verwendet.

BOMBAY, MADRAS, CALCUTTA

Dr. John Fryer, Arzt in den Diensten der *Company*, erblickte anno 1673 im Gewirr der Inselchen, die der indischen Westküste vorgelagert sind, ein »schönes, gut gelegenes, aber schlecht befestigtes Gouverneurshaus inmitten von palmbedeckten Hütten«. Was er sah, war die Urzelle des späteren Bombay. Seit 1661 im Besitz des englischen Königs als Morgengabe seiner portugiesischen Braut, Katharina von Braganza, waren die zwanzig Quadratmeilen Mangroven- und Sumpfgebiet 1668 von Charles II. an die *Company* verschachert worden, und zwar für zehn Pfund Pachtzins pro Jahr, bezahlbar in Gold jeweils am 30. September – in alle Ewigkeit. Die Siedlung wuchs rasch. Englische Frauen wurden zur unerläßlichen Importware: *gentlewomen* für die Offiziere und Händler, *other women* für die Truppen. Seit der Restrukturierung der *Company* 1657 war das Direktorium befugt, künftig alle seine Niederlassungen zu befestigen, sie mit Militär und Waffen auszustatten und mit britischen Zivilpersonen zu besiedeln.

Madras hingegen verdankt seine Existenz einem Privatmann namens Francis Day. 1639 war er die Koromandel-Küste entlanggesegelt und stieß drei Meilen nördlich der portugiesischen Festung St. Thomé auf ein kleines Fischerdorf namens Madraspatnam. Er verhandelte mit dem lokalen Oberhaupt, kaufte eine Quadratmeile Land direkt am Meer und begann auf eigene Kosten mit dem Bau eines Forts. Warum er gerade diese – zu Landungszwecken äußerst ungünstige – Stelle wählte, wird einer Geliebten im nahen St. Thomé zugeschrieben. Day verhandelte um den Besitz mit der *Company* und versprach, Baumwollstoffe 15 Prozent billiger als die Konkurrenz zu fabrizieren. 1650 war das Fort mit Unterstützung der *Company* fertiggestellt. Sogleich prosperierte die Siedlung und zählte bereits im ersten Jahr 400 Baumwollfärber und -weber, eine Schar Händler, Geldverleiher, Soldaten, Gastwirte und Prostituierte. Klimatisch galt Madras wegen der frischen Seebrise als der gesündeste Ort im frühen Indien.

Auch Calcutta wurde um 1690 von einem Einzelgänger gegründet, jedenfalls der Legende nach: von Job Charnock, einem Angestellten der *Company*. Zusammen mit anderen Händlern und in Begleitung von Soldaten hatte er von der Küste her den Ganges erkundet, bis die Gruppe von der Armee des Moguls von Dhaka gestellt und den Fluß hinunter zurückgetrieben wurde. Eingekesselt von eingeborenen Truppen, fanden die Engländer auf einer Insel in der Flußmündung einen letzten Halt. Sie versuchten den Ausbruch und bezwangen ihre Gegner. Es kam zu Friedensverhandlungen, und Charnock sicherte sich vom Mogul Calcutta am Hooghli-Fluß als Ausgangspunkt einer neuen englischen Station. Dies die Erfolgsstory. Die Kehrseite der Medaille: Lange zuvor schon hatte die *Company* den Mogul von Dhaka hofiert und ihn mit allerlei Tricks zu ködern gesucht. Bengal war wegen Salpetervorkommen und seiner billigen Rohseide den Londoner Händlern besonders ins Auge gestochen. Sie wünschten in Calcutta eine Basis, ein Fort – vergleichbar den Festungen in Bombay und Madras. Als der Mogul das Machtspiel der Europäer um einen neuen Siedlungspunkt durchschaute, kam es zu jenem Kampf mit Charnocks Bande, den dieser schließlich für die Engländer entschied. Calcutta wurde später zum Zentrum der Company-Aktivitäten in ganz Südostasien, zur luxuriösen Hauptstadt und zum Sitz des mächtigen Generalgouverneurs.

EROBERUNGEN DER COMPANY

Die ersten einhundert Jahre konzentrierte sich die *Company* ausschließlich auf ihre Handelsinteressen. Territorien, die für das Geschäft nutzbringend waren, wurden zumeist gekauft, nicht erobert, und dienten der Errichtung von befestigten Lagerstationen und Warenumschlagplätzen. Die Londoner Befehlszentrale hielt sich streng ans Prinzip der bezahlten Landnahme. Kleinkrämerisch wurde um jeden zusätzlichen Penny gefeilscht, der für Soldaten und Fortifikationen ausgegeben werden mußte, noch wenn die Investition dem Betrieb dienlich war. Dieses mehr oder weniger friedlich funktionierende Handelsimperium geriet in den ersten Jahrzehnten des 18. Jahrhunderts unter militärischen Druck.

Zahlreiche europäische Mächte hatten zu jener Zeit ihre Handelsbeziehungen immer weiter ausgedehnt, und entsprechend trugen sie ihre fortwährenden Kriege auch in stets weiter entfernten Gebieten aus. Dynastische Reibereien und nationale Geschäftsinteressen waren dabei kaum mehr auseinanderzuhalten. Engländer, Franzosen, Holländer, Spanier, Russen, Dänen, Schweden kämpften nicht nur in Europa gegeneinander, sondern auch an fernöstlichen Meeresufern. Noch 30 Jahre nach Friedensschluß im spanischen Erbfolgekrieg um den Nachlaß des letzten spanischen Habsburgers betrachteten sich Engländer und Franzosen in Übersee als Todfeinde und gerieten an der südindischen Koromandelküste aneinander. 1746 stürmten die Franzosen Madras, und während der folgenden fünfzehn Jahre lieferten sich die beiden Nationen unter den Fahnen ihrer respektiven Handelskompanien einen erbitterten Krieg um die Vorherrschaft an den indischen Gestaden. Die unseligen blutigen Streitereien um territoriale Ansprüche in Europa – zum Beispiel der 1756 begonnene Siebenjährige Krieg oder die späteren napoleonischen Gefechte – und ihr Widerhall in den

Kolonien waren das Ende des verträglichen Handelns in Südostasien. Es begann die schonungslose militärische Expansion.

Die *East India Company* trachtete vornehmlich in Indien stets nach Erweiterung der Einflußnahme ins Innere des Subkontinents und ging bei der Eroberung meist nach demselben Prinzip vor: Unter den eingeborenen Herrschern suchte man sich seine Vasallen aus, verbrämt »Verbündete« geheißen. Die *Company* leistete sich eine gut ausgebildete Privatarmee, die schließlich die Herrschaftsgebiete dieser sogenannten Verbündeten gewaltsam annektierte. Die kriegsfreudige Firmenpolitik hatte zur Folge, daß die von den Londoner Direktoren in Fernost eingesetzten Gouverneure Aufgaben bewältigen mußten, die mit Handelstransaktionen nichts mehr zu tun hatten, nämlich: Territorialverwaltung, Armeerekrutierung, Verhandlungen auf Staatsebene, Steuereinzug. In einer 1822 in Göttingen erschienenen *Geschichte des Colonialwesens 1740–1786* heißt es lapidar: »Die Handelsherren wurden Eroberer und gründeten ein Reich, an Umfang und Bevölkerung dem Mutterland bald überlegen. So erschien die Compagnie in einer doppelten Gestalt; als Herrscher und als Händler, und England ward zugleich der Markt der indischen Waren und der Schlund der indischen Schätze.«

Das ganze kompliziert gegliederte Kolonialgefüge wurde de jure von London aus kontrolliert. Jedoch de facto gebärdeten sich die Gouverneure recht selbstherrlich und erlangten eine von der Londoner Zentrale immer unabhängigere Befehlsgewalt, dies allein schon wegen der langen Distanzen. Entscheidungen konnten nicht warten, bis eine Depesche aus Indien nach fünf oder sechs Monaten schließlich in London angesegelt kam und die Rückantwort ebenso lange brauchte. Ein Herd der Zügellosigkeit war die Armee mit ihren auf Kriegsschauplätzen verwegenen und in ruhigeren Zeiten schwer zu bändigenden Offizieren. Raubzüge ohne Absprache mit der Kolonialregierung waren an der Tagesordnung, Intrigen gegen zivile Beamte ein gesuchter Zeitvertreib. Letztere befanden sich angesichts des aufgeblähten kolonialen Verwaltungsapparats auch untereinander im Dauerstreit, entweder um die Gunst der Vorgesetzten oder um ein besser bezahltes Pöstchen. Man kann sich leicht ausmalen, wie in den tropischen englischen Provinznestern Soldaten, Händler und Beamte die Messer wetzten, um sich bei Gelegenheit von Lieder- oder Theaterabenden, Banketten und Gartenpartys möglichst tieftreffend zu verletzen. Eine bunt gewürfelte Gesellschaft, meist ohne Aufstiegschancen in der Heimat, fand sich weit weg von Englands aristokratischen Spielregeln im Fernen Osten zusammen und baute sich dort ihre eigenen Hierarchien auf. Es waren Hasardeure und Glücksritter, Seefahrer, Forschungsreisende, Geschäftsleute, Schreiberlinge, Flüchtige, mißratene Söhne, Handwerker aller Sparten, Damen jeder Zweifelhaftigkeit – alle jene, denen Erfolg und Abenteuer mehr bedeuteten als die Furcht vor einem frühen Tod.

Rasch und übersteigert wachsende Militär- und Administrationsausgaben raubten aber den Londoner Direktoren zunehmend den Schlaf. Die Expansion hatte ihren Geldpreis, und so zwang der Schuldenberg die Verwaltungsräte schließlich im Jahr 1773 zum Bittgang nach Westminster: Die Regierung mußte Hand bieten zur Rettung der Handelsunternehmung und eine Anleihe zeichnen. Damit erkaufte sich das Parlament Supervisionsfunktion, und der Generalgouverneur in Calcutta wurde künftig vom englischen König ernannt. Trotz solchen Einschränkungen gelang es der *Company* aber noch einmal, die rein merkantilen Entscheidungen vorläufig in der Hand zu behalten. Deshalb sprach auch noch zur Zeit von Thomas Stamford Raffles' Asienaufenthalt nicht etwa die englische Regierung in den Handelsbelangen Ostindiens das Machtwort, sondern eine Privatfirma führte das Zepter.

RAFFLES' KARRIERESPRUNG IN PENANG

Thomas Stamford Raffles paßte vom Typ her gut in den Kreis der kolonialen Erfolgssucher, als er 1805 im Alter von 24 Jahren – direkt von London kommend – in der noch jungen Kolonie »Prince of Wales Island«, heute Penang, eintraf. Als Sohn eines verschuldeten Kapitäns auf hoher See vor Jamaica geboren, hatte er nie die Möglichkeit gehabt, sich angemessen schulen zu lassen. Längst erwachsen, klagte er noch: »Die Lücken in meiner frühen Erziehung konnte ich nie wettmachen.« Um so ungestümer waren sein Ehrgeiz und sein Drang nach Ruhm, sein erklärter Wille, dazuzugehören zu den Einflußreichen.

Erst 1786 hatten die Engländer ihre Flagge gehißt auf der kleinen Insel Penang im nördlichen Teil der Straße von Malakka. Ziel war ein günstig gelegener Hafen als Depotstation für Tee und Opium an der Route Calcutta-Kanton. Beide, Tee und Opium, hatten im 18. Jahrhundert den Handel von West nach Ost und umgekehrt völlig umgekrempelt. Noch 1685 orderten die *Company*-Direktoren Tee nur in kleinsten Päckchen als kostbare Geschenke für ihre Gönner bei Hofe, doch bereits 1720 wurden eine Million Pfund, 1770 neun Millionen und 1784 bereits zwanzig Millionen Pfund jährlich nach England importiert. Zusammen mit dem Tee erschienen große Mengen chinesischen Porzellans auf dem europäischen Markt. Das Geschirr diente zweierlei Zwecken: erstens als Schiffsballast, zweitens als Gefäß für das neue Modegetränk. Etwas später, Anfang des 19. Jahrhunderts, erreichte der stetig wachsende Handel mit indischem Opium nach China einen ersten Höhepunkt und brachte damals schon Gewinne, »die jeden britischen Skrupel im Keim erstickten und die häufigen chinesischen Proteste schlichtweg überhören ließen« – wie es ein Händler ausdrückte. Singapur, der von Raffles gegründete Freihandelshafen, wurde zum wichtigen Umschlagplatz für Opium.

Als Raffles im September 1805 in Penang landete, sah er vom Schiff her »die roten Dächer der Stadt auf einer kleinen Landzunge ausgebreitet, umgeben von dichtem Dschungel«. Georgetown, der Hauptort, zählte zu jener Zeit kaum mehr als 300 britische Frauen und Männer, die nach jedem Neuankömmling begierig Ausschau hielten. Die Spannung erreichte bei der Ankunft von Raffles und seiner ersten Ehefrau, Olivia Mariamne, einen Höhepunkt, war doch dem Paar einiges an übler Nachrede vorausgegangen. Die Legendenbildung um Raffles' erste Heirat, die bis heute genaue Fakten dieser Beziehung verschleiert, verdankt die Nachwelt der zweiten Frau von Raffles, Sophia. Sie hat in ihrer sonst exakten und die spätere Forschung prägenden historischen Würdigung von Raffles' Leistungen die schöne Olivia ganz einfach ausgeklammert. Kein Fleck sollte das hochglanzpolierte Bild des Helden trüben. Die späteren Biographen von Raffles zürnten jedoch Sophia wegen der Verheimlichung und wählten den Weg der Heldinnenverehrung in die Gegenrichtung: Raffles' erste Ehe mit der begehrenswerten Olivia wurde zum Idealbündnis stilisiert. Wer jedoch versucht, die wenigen erhaltenen Zeugnisse als Signale zu deuten, kommt bald zur Überzeugung, daß diese Heirat ein früher Beweis ist für Raffles' Eifer, den beruflichen Erfolg mit allen Mitteln durchzusetzen.

Olivia Mariamne Raffles, verwitwete Fancourt, geborene Devenish, kam 1771, zehn Jahre früher als Raffles, zur Welt, vermutlich in Indien, und wurde als Kind zu Verwandten nach England gebracht. Ihrer Mutter, einer Tscherkessin, verdankte sie die gerühmte und aparte Schönheit. Mit 22 Jahren dann fand sie sich als Passagierin auf einem Schiff von England nach Indien, um dort einen Ehemann aufzugabeln. Die Überfahrt verdiente sie sich als Gespielin des Kapitäns, damals kein ungewöhnliches Zahlungsmittel. Nach der Ankunft in Madras wurde sie sofort mit dem jungen Hilfsarzt Jacob Fancourt vermählt, der aber schon 1800 im Punjab starb. Als Witwe wieder zurück in London, erreichte sie als Muse des Poeten Thomas Moore, des späteren Vertrauten Lord Byrons, einen gewissen Bekanntheitsgrad. Berühmt und der Londoner Gesellschaft suspekt wurde sie als Begleiterin eines Direktors der *East India Company*. Raffles' unverhoffter Aufstieg vom kleinen Angestellten der *Company* zum stellvertretenden Sekretär in Penang wird gerüchtweise seiner Bereitwilligkeit zugeschrieben, Olivia zu heiraten und sie auf plausible Art aus London zu entfernen. Raffles selbst widersprach dieser Fama viele Jahre später in einem Brief an seinen Vetter: »Mein Vorankommen im Leben hat nichts mit dieser Heirat zu tun. Meine Ehe brachte mir keine Verbindungen, keinen Reichtum, sondern im Gegenteil einen Schuldenberg, den ich abtragen mußte.« Ein harscher Rückblick.

Wie auch immer Raffles' Verhältnis zu Olivia gewesen sein mag, beider Start in Penang wurde durch die Gerüchte erschwert. Von anfänglicher »Ächtung« ist die Rede. Freunde loben allerdings Olivias Charme und Intelligenz. Lord Minto, damals Generalgouverneur der *Company* in Calcutta, teilt nach einer Begegnung mit Olivia in Malakka seiner Frau brieflich mit: »Mrs. Raffles ist eine große Dame mit schwarzen Augen, lebendig im Wesen, gebildet und gescheit. Sie war früher in Indien verheiratet und eine große Schönheit, an welche der anakreontische Poet Thomas Moore viele seiner Liebesgedichte richtete.« Ein klareres Licht auf die Beziehung zwischen Raffles und Olivia wirft das Urteil ihres malaiischen Dieners Abdullah Munshi, der Jahre später als alter Mann seine Lebenserinnerungen diktierte: »Sie war keine gewöhnliche Frau, sondern ihrem Mann in jeder Beziehung ebenbürtig. Er verließ sich immer auf ihre Meinung.«

Von freundschaftlichem Einverständnis zeugt das Haus, das Raffles für seine Frau in den Hügeln oberhalb Penangs bauen ließ. Heute noch heißt die Gegend am Fuß des Penang Hill hinter dem botanischen Garten, dort, wo Raffles und Olivia einst wohnten, *Mount Olivia*. Als Raffles später zum *Lieutenant-Governor* von Java ernannt wurde, war ihm Olivia als *First Lady* der Insel eine ausgezeichnete Partnerin, der überall mit Ehrerbietung begegnet wurde. Sie verwandelte die Residenz in Buitenzorg (jetzt Bogor) in einen eleganten Treffpunkt für die feine Gesellschaft und duldete bei den führenden holländischen Damen weder das Kauen von Betelnüssen noch schlampige Kleidung.

Daß sich Olivia allerdings trotz ihrer Ehe ungebunden fühlte und Raffles sie allem Anschein nach gewähren ließ, beweist die große und kaum geheim gehaltene Liebe, die sie mit Raffles' Freund und intellektuellem Mentor, dem Natur- und Sprachforscher John Caspar Leyden verband. Leyden wohnte in Penang über längere Zeit im Haus der Raffles und verliebte sich sofort in die Gastgeberin. Olivia ihrerseits war fasziniert von Leydens sprühendem Geist und Witz. »Schick mir eine Notiz durch eine Kuriertaube oder so was ähnliches«, schreibt er ihr in einem Brief, »und im Handumdrehen bin ich bei Dir und trinke mit Dir 45 Tassen Tee und esse eine Wagenladung Ananas, bevor Du auch nur Papp sagen kannst. Aber sei ohne Furcht! Ich bin nicht mehr derselbe wie vorher. Ich habe mich nämlich verwandelt wie der Mann in ›Tausend und einer Nacht‹. [...] Und vergiß bitte eines nicht: Du kommst nicht straflos davon, wenn Du noch einmal etwas derart Absurdes tust wie Verse an Deinen Gatten zu schreiben. Das nächste Mal schreibst Du die Verse an mich. Und glaube bloß nicht, daß ich darauf bestehe, sie müßten ebenso scharfsinnig sein wie die an ihn.«

Bei der Vorbereitung der Java-Expedition war John Caspar Leyden Raffles' engster Vertrauter und Ratgeber. Aus Hochachtung für Gattin und Freund scheint Raffles die Dreieckssituation ertragen zu haben. Das einzige von Olivia erhaltene

Schriftstück ist ein Brief an Leyden aus dem Jahr 1808. Er wird im Leyden-Archiv der schottischen Nationalbibliothek aufbewahrt und endet mit dem vielsagenden Postskriptum:

OH THOUGH WHOM NEVER MY CONSTANT HEART
ONE MOMENT HAD FORGOT
THO' FATE HATH BID US PART
YET STILL FORGET ME NOT.

Oh, den mein beständiges Herz
nie auch nur einen Moment lang vergessen hat,
obwohl das Schicksal uns getrennt hat,
dennoch: Vergiß mich nicht!

Beide, Olivia und Leyden, starben in Java überraschend und unerwartet an einer Tropenkrankheit: Leyden bereits kurz nach der Landung 1811, Olivia drei Jahre später. Raffles begrub sie nebeneinander auf dem europäischen Friedhof von Batavia. Heute noch ist dieses schattige Gräberfeld ein Ort der Erholung und der Stille – in der Nachbarschaft zu lärmenden Autorennbahnen in Jakartas Zentrum. Olivias schlichte Platte mit ihrem Namen und ihren Lebensdaten steht quer zum Grab des Freunds. Leydens Stein trägt die Inschrift:

HIS PRINCIPLES AS A MAN WERE PURE AND SPOTLESS
AND AS A FRIEND HE WAS FIRM AND SINCERE

Seine Grundhaltung als Mann war rein und makellos,
und als Freund war er standhaft und ehrlich.

Für Olivia errichtete Raffles später in Buitenzorg zusätzlich ein kleines Monument und ließ darauf ihr an den Freund gerichtetes Postskript einmeißeln: Eingeständnis und Zugeständnis zugleich.

Jede Interpretation menschlicher Beziehungen, vor allem aus großer zeitlicher Distanz, bedeutet Spekulation. Zu Raffles' prägendem Wesenszug, seinem maßlosen Ehrgeiz – der englische Ostasienhistoriker John Keay spricht gar von »selbstmörderischem Ehrgeiz« –, paßt allerdings die Karriereverheißung durch eine ihm aufgezwungene Ehe. Er scheint sich in Penang auch wenig um Olivia gekümmert zu haben. Sofort nach Ankunft waren seine Tage voll ausgelastet: Raffles lernte Malaiisch, interessierte sich für Sitten, Religion und Brauchtum der malaiischen, chinesischen und indischen Bevölkerung, für Geschichte und Regierungsformen. In erster Linie stellte er jedoch seine bald gerühmten Managementfähigkeiten unter Beweis und nahm mit Blick auf seinen obersten Vorgesetzten in Calcutta, den Generalgouverneur von Bengal, die Analyse sowie die Straffung der verwickelten Provinzadministration an die Hand. Sehr zum Ärger der in Penang residierenden, eingesessenen Tropenbeamten, denen die Muße tagefüllender gesellschaftlicher Verpflichtungen besser zusagte als Emsigkeit im Kontor. Wo immer Raffles im Einsatz war, ob in Penang, Malakka, Java oder Bengkulu, er wollte den Ort sogleich umkrempeln und nach seinen eigenen Worten »zu einer Station höchsten politischen und kommerziellen Einflusses« formen.

TOPMANAGER IN MALAKKA

Wirklich Karriere machte Raffles in Malakka und Java dank der Französischen Revolution und den folgenden Napoleonischen Kriegen.

1795 hatte die französische Revolutionsarmee Holland überrannt und den Statthalter Wilhelm von Oranien ins Londoner Exil getrieben. Aus Furcht vor französischen Übergriffen in

Ostasien besetzten die Engländer daraufhin sofort das holländische Malakka als wichtigen Stützpunkt ihres Chinahandels.

1808, fünf Jahre nach der englischen Kriegserklärung an Napoleon, segelte Raffles in Begleitung von Olivia von Penang nach Malakka am unteren Ende der Meerenge, eine Strecke von 250 Seemeilen. Mit Mühe hatte er gerade eine Tropenkrankheit überstanden und erhoffte sich in Malakka Erholung. Kaum angekommen, begann der Genesende insgeheim und hinter dem Rücken des geschäftsführenden Gouverneurs William Farquhar, seines Gastgebers, Material zu sammeln für eine ausgedehnte Studie über die politischen, strategischen, ethnischen und ökonomischen Strukturen der Insel Java sowie des gesamten ostindonesischen Archipels – Gebiete, die sich offiziell immer noch in holländischer Hand befanden, nach denen es Napoleon aber besonders gelüstete. Raffles gelang ein Meisterwerk trickreicher Investigationen – man könnte auch sagen Spionage – über die unsichere holländische Kolonialsituation mit dem Ziel, dem regierenden Generalgouverneur in Calcutta, Lord Minto, klarzumachen, daß Java niemals dem Feind Frankreich zufallen dürfe. An einer militärischen Intervention war aber weder der *Company* noch der Krone gelegen. Lord Minto reagierte denn auch mit keinem Wort auf Raffles' Idee, Java vorsorglich zu besetzen. Was Raffles sich jedoch in den Kopf gesetzt hatte, zog er auch durch. Er bombardierte seinen obersten Dienstherrn in Calcutta zwei Jahre lang mit Lageberichten über Frankreichs territoriale Begehrlichkeit in Südostasien. Immerhin stand Napoleon zu jener Zeit auf der Höhe seiner Macht. Schließlich, 1810, war Raffles am Ende seiner Geduld und erschien kurzentschlossen persönlich in Calcutta, um Lord Minto den Besitz Javas im direkten Gespräch schmackhaft zu machen. Mit Erfolg. »Als ich Java erwähnte«, schreibt Raffles in einem Brief, »schaute mich Ihre Lordschaft derart forschend, zuvorkommend und gütig an, daß ich es nie vergessen werde. Von diesem Augenblick an hatte ich nichts anderes mehr im Sinn, als daß Java unserem östlichen Imperium angehören müsse.« Minto ernannte Raffles zu seinem persönlichen Sekretär mit Sitz in Malakka, ein ungewöhnlicher Aufstieg für den 29jährigen.

Aus jener Zeit in Malakka stammt eine Beschreibung Raffles' aus der Erinnerung seines malaiischen Dieners: »Er war weder zu klein noch zu groß, er hatte helles Haar, große Ohren, die Wangen eingefallen, schmale Lippen, breiter Mund, langer Hals. Er ging am Stock. Immer war er zu allen sehr höflich, ob Europäer oder Malaien. Unnachgiebig stellte er Fragen und ließ nicht locker, bis er einer Sache auf den Grund gekommen war. Nach dem Tee abends, wenn die Kerzen brannten, nahm er Tinte und Papier, lehnte sich mit geschlossenen Augen zurück, als ob er schliefe, richtete sich plötzlich auf, brachte einen Gedanken zu Papier und dachte dann wieder konzentriert nach. Das ging so bis nach Mitternacht. Anderntags las er das Geschriebene durch, und von zehn Seiten zerriß er sieben und gab seinen Schreibern höchstens drei zum Kopieren.«

Am 11. Juni 1811 starteten 57 Schiffe mit elftausend britischen und indischen Soldaten an Bord von Malakka nach Java. Minto und Raffles nahmen persönlich an der Expedition teil. Die Passage von der Südspitze der malaiischen Halbinsel ostwärts, dann entlang der Westküste Borneos nach Batavia (heute Jakarta) dauerte sieben Wochen. Die Holländer in Batavia ergaben sich praktisch kampflos am 8. August. Französische Truppen, die das Fort noch zu halten suchten, kämpften bis zum 26. August, dann gehörte Java den Engländern. Raffles schrieb an einen Freund nach London: »Dies ist einer jener Augenblicke, wo ich so glücklich bin, wie es einem Menschen nur möglich ist.« Als *Lieutenant-Governor*, als der er von Lord Minto eingesetzt wurde, konnte er die Insel nun nach seinen eigenen Vorstellungen organisieren: Die Befehlsgewalt war umfassend. Zwar wurde er in den Regierungsgeschäften von einem Ratsgremium, dem auch Holländer angehörten, unterstützt. Bei allen Entscheidungen hatte er jedoch ein Vetorecht. Zudem konnte er gewisse Dekrete – dazu gehörte die Planung militärischer Operationen – auch ohne Wissen des Rats erlassen.

KARRIEREKNICK IN JAVA

Seinem Naturell gemäß wußte Raffles diese Kompetenzen rasch zu nutzen und begann sofort damit, die von den Holländern bislang schlecht verwaltete und ausgebeutete Insel zu reformieren. Er besuchte die einzelnen Fürstentümer, vertiefte sich in deren verschiedene hinduistische, buddhistische oder islamische Traditionen. Es war Raffles, der 1814 die Tempelanlage von Borobudur ausgraben und genau vermessen ließ, er analysierte die Agrarwirtschaft und träumte von einem Idealstaat, dem Kolonisatoren und Kolonisierte gemeinsam dienten. Sich selbst betrachtete er als gestrengen, jedoch gerechten Statthalter der *East India Company,* aber gleichzeitig auch als Vertreter der Aufklärung, dem die Grundrechte des Einzelnen – zum Beispiel das Recht auf Landbesitz auch für malaiische Eingeborene – mehr bedeuteten als koloniale Profitmaximierung im Gewürzanbau.

Aber Raffles scheiterte auf Java. Es war das Scheitern eines Eiferers, der sich weigerte, seine hochgesteckten und oft weltfremden Ziele mit den realen Zuständen in Einklang zu bringen. Während der fünf Jahre dauernden Gouverneurszeit kämpfte er an den unterschiedlichsten Fronten und erlitt zumeist Niederlagen. Eine erste Schwierigkeit bedeutete 1813 die Ablösung seines Gönners, Lord Minto, als Generalgouverneur in Calcutta durch den nüchternen Lord Moira, der Raffles' Ungestüm und Selbstherrlichkeit keineswegs schätzte. Der neue Vorgesetzte zeigte sich hellhörig für Klagen von Raffles' Untergebenen. Zudem mißglückten dem Ehrgeizigen Fiskal- und Landreformen, weil sie von der Bevölkerung nicht verstanden und mitgetragen wurden. Am Nachteiligsten für Raffles wirkten sich jedoch die roten Zahlen aus, das heißt Javas große Handelsdefizite, die sich in kurzer Zeit fast bis zum Bankrott steigerten. Raffles' vollmundiges Versprechen, daß die fruchtbare Insel eine weit kostbarere Eroberung darstelle als Indien, erwies sich als unrealistisch. Dem Londoner Direktorium war einzig die Sprache der Buchhaltung geläufig. Skeptisch gegen die Annexion Javas hatte sich die Zentrale von Anfang an gezeigt, weil die Vorgesetzten immer schon Raffles' Widerborstigkeit und Selbstherrlichkeit mißtrauten. Nun kam ihnen unerwartet Napoleon zu Hilfe, um den unbotmäßigen Diener loszuwerden. Der englische Sieg in der Schlacht von Waterloo bannte die französische Gefahr, auch in den Kolonien. Java und Malakka wurden den Holländern zurückerstattet, der ungeliebte Raffles entmachtet und mit dem Hinterwäldlerposten eines *Lieutenant-Governors* in Bengkulu getröstet.

Nach der unrühmlichen Vertreibung aus Java war der glücklose Gouverneur gesundheitlich und moralisch derart geschwächt, daß er sich vor Antritt des Postens auf Sumatra in England erholen wollte. Am 25. März 1816 verließ er die Insel, nach eigenen Worten »unter unglücklichen und unerwarteten Umständen in der Folge von Krankheit, Erschöpfung, Besorgnis und dem Gefühl ungerechter Behandlung«.

Thomas Stamford Raffles, 35 Jahre alt, mußte seine Niederlage eingestehen. Mit eisernem Willen und Ehrgeiz hatte er seine Karriere geplant, Höhen erreicht und schwere gesundheitliche Beeinträchtigungen hingenommen. Das Phänomen Raffles ist mit Machtstreben allein jedoch nicht erklärbar. Zwar suchte er den Glanz des Erfolgs um jeden Preis, ein Teil seines Wesens neigte chauvinistisch dem Kolonialismus zu, der im Fernen

Osten einzig die Interessen Englands im Visier hatte. Aber: Raffles war als Autodidakt innerlich ebenso getrieben von der Gier nach Erkenntnis und Entdeckung auf allen Feldern der Wissenschaft: Zoologie, Botanik, Sprachen, Historie, Sozialstrukturen. Diesen Forschungen verpflichtet, hatte er in Java unermüdlich eine Menge von Material gesammelt, das er während seines Londoner Urlaubs unter hohem Zeitdruck zur zweibändigen *Geschichte Javas* verarbeitete. Er war der erste Vertreter des kolonialen England, der sich aus eigener Erfahrung auch mit den zerstörerischen Aspekten des Kolonialismus auseinandersetzte.

BEI NAPOLEON AUF SANKT HELENA

Am 18. Mai ankerte Raffles' Schiff auf dem Heimweg nach England auf Sankt Helena. Es gelang dem abgesetzten Gouverneur, den verbannten Feldherrn persönlich zu treffen. Dank Sophias Bericht in den *Memoiren* sind die Details der Begegnung überliefert:

> Wir segelten nachts auf die Insel zu und warteten den Morgen ab, bis ein Marineoffizier aufs Schiff kam und uns die Landeerlaubnis erteilte.

Normalerweise durften die Schiffe auf der Insel nur gerade Wasser und Lebensmittel aufnehmen und mußten dann sofort weiter. Landgänge waren streng untersagt. Raffles jedoch wurde die Erlaubnis erteilt, dem gefangengesetzten Napoleon seine Aufwartung zu machen.

> Wir verloren keine Zeit, sicherten uns die besten Pferde und ritten die acht Meilen ins Innere nach Longwood, wo Napoleon strikt die höfischen Formen wahrte. Er verfügt

über eine Reihe französischer Adliger, die als Hofmarschall, Staatsrat oder Feldmarschall dienen.

Als Raffles ankam, war Napoleon noch im Bett, selten stand er vor vier Uhr nachmittags auf. Der Hofmarschall war sich denn auch keineswegs sicher, ob der Gefangene an diesem Tag Besuche empfangen würde.

Plötzlich, während uns eine Zwischenverpflegung serviert wurde, kam die Nachricht, der Kaiser befinde sich im Garten. – Unser erster Blick auf ihn war vom Fenster aus, wie er über den Rasen gegen das Haus kam. Es war keineswegs die martialische, animierte Figur, die wir erwarteten, sondern ein plumper, schwerer Mann mit schwerfälligem Gang. Er trug einen großen, federgeschmückten Hut, einen dunkelgrünen Jagdmantel, weiße Kniehosen und weiße Seidenstrümpfe. Ich kann meine Gefühle gar nicht beschreiben, als ich der sicher wichtigsten Figur des Zeitalters gegenüberstand. Sein Talent habe ich immer schon bewundert. Ich fühlte Mitleid mit seiner jetzigen Situation. Nun nahm er den Hut ab, klemmte ihn unter seinen linken Arm und stellte mir in unvermutet autoritärer Weise eine Reihe von Fragen: Name? Woher? Wohin? Was ist jetzt mit Java? Was machen die Holländer? Bonaparte hatte sich entweder in der Gefangenschaft sehr verändert, oder ich hatte mir ein falsches Bild gemacht. Seine Augen wirkten gelblich, ohne Glanz, sein Gesicht erinnerte an das eines brasilianischen Portugiesen. Obwohl irgendwie leblos, war er doch abrupt, rüd, das ungentlemanhafteste, was ich je sah. Während er sprach, schnupfte er aus seiner Tabaksdose oder gab jedenfalls vor, zu schnupfen, denn sie war leer. Dieser Mann war ein Monster, ohne jede Herzensbildung. Mein Mitleid schwand. Ich sah einen Menschen, entschlossen zur Vergeltung, ohne Seele. Aber er besaß die Befähigung, die Menschheit zu versklaven. Alle betrachtete er als seine Untergebenen.

Raffles verließ Sankt Helena am 27. Mai und erreichte England am 12. Juli 1816. Am Abend des 6. Juli gab er zur Feier seines 35. Geburtstags noch ein Dinner an Bord. Der mitreisende Freund Thomas Otho Travers schrieb – über die Heimkehr sinnierend – in sein Tagebuch: »Es gibt nur wenige Männer, die sich mit solcher Schnelligkeit nach oben brachten wie Raffles. Ich bin überzeugt, daß er auch künftig wieder strahlen wird in der Welt. Selten saß auf so jungen Schultern ein so weiser Kopf.«

Lady Sophia Raffles

Replik einer Miniatur von A.E. Chalon, 1817.
Das Original wurde beim Brand des Schiffes »Fame« 1824 zerstört.

(Aus: »Adventurous Women in South-East Asia«.
Oxford University Press 1995)

Sir Thomas Stamford Raffles
Porträt von George Francis Joseph, 1817
(National Portrait Gallery)

Bengkulu: Fort Marlborough von Süden, 1799

Fort Marlborough, Haus des Gouverneurs und Rathaus

(beide von J. Stadler nach S. Andrews, aus: John Bastin and Bea Brommer, »Nineteenth Century Prints and Illustrated Books of Indonesia«, Spectrum Publishers, Utrecht 1979)

Rafflesia Arnoldi

Sir Stamford, Lady Sophia und der Botaniker Joseph Arnold entdeckten diese größte Blume der Welt, eine Schmarotzerpflanze mit fleischiger Blüte, in Lubuk Tapi in der Provinz Bengkulu.

(Foto: Susanne Knecht)

Leben an Bord eines Seglers:
Kapitän und Passagiere auf der Rundgalerie
(Aus: »Lords of the East. The East India Company and its Ships«,
Conway Maritime Press Ltd 1981)

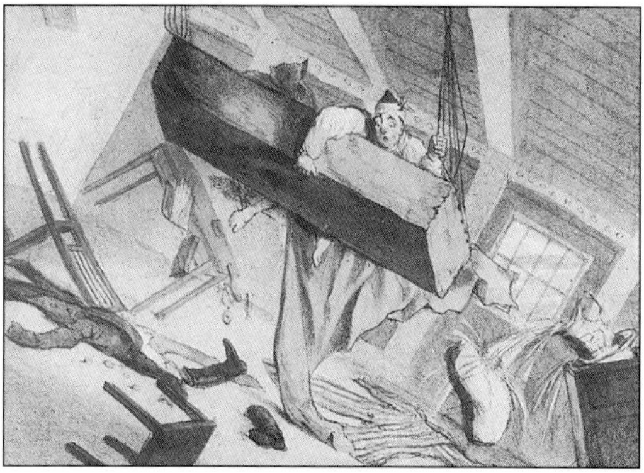

Leben an Bord eines Seglers:
Illustrationen des bedeutenden englischen
Graphikers und Karikaturisten
George Cruickshank (1792–1878).

(beide aus: »Lords of the East. The East India Company and its Ships«, Conway Maritime Press Ltd 1981)

Stadt und Hafen von Calcutta,
Lithographie von Sir Charles D'Oyly, ca. 1835

Esplanade von Calcutta, Lithographie von Sir Charles D'Oyly, ca. 1835
(beide aus: J.P. Losty, »Calcutta. City of Palaces«, The British Library 1990)

Blick in den Basar von Calcutta, 1819. Radierung von James Baillie Fraser
(aus: J.P. Losty, »Calcutta. City of Palaces«, The British Library 1990)

Swinging London 1816

Nach elf Jahren Lebens- und Berufserfahrung in den Tropen war Raffles wieder zurück in London, »ein weise gewordener kleiner Mann, die Haut von der Farbe alten Pergaments, die Gesichtszüge von Krankheit gezeichnet« – wie ein Verwandter bemerkt. Von Niedergeschlagenheit zeigte er allerdings keine Spur. »Einer der ersten Besuche galt seiner Tante; die beiden hatten sich stets gut verstanden. Er entstieg seiner Equipage, die außergewöhnlich prächtig war. Privatkarossen mit livrierten Dienern waren damals noch ungewöhnlich, vor allem in jener bescheidenen Ecke Londons, wo sie wohnte«, schildert sein Vetter die Begegnung. »Ach, liebe Tante«, soll Raffles ausgerufen haben, »erinnerst du dich noch, wie ich als kleiner Bub hier in deiner Küche saß und dir prophezeite, daß ich einmal Herzog sein werde, bevor ich sterbe?«

Wie präsentierte sich London 1816? Wie lebte es sich im Zentrum eines damals schon riesigen Imperiums, in der Hauptstadt eines Landes, das in der Folge der industriellen Revolution große soziale Umwälzungen erfahren hatte? England stand im fünften Jahr der Prinzregentschaft (*Regency*) des Leichtfußes und späteren Königs George IV., hatte gerade eben einen 22 Jahre dauernden Krieg überlebt, zuerst gegen das revolutionäre Frankreich, dann gegen Napoleon. Das Land war gebeutelt von Wirtschaftskrisen sowie dynastischen, politischen und sozialen Konflikten. Tausende der entlassenen, heimgekehrten Soldaten fanden keine Arbeit und bevölkerten die Elendsviertel der Städte. Während der Kriegsjahre hatten zudem viele kleine Unternehmen ihre Existenzgrundlage verloren. Dafür konnten kühne und spekulative Geschäftsaktivisten große Vermögen anhäufen. Von der Kriegszeit profitiert hatten auch die Großgrundbesitzer, die aus vermehrtem Getreideanbau – Importe auf dem Seeweg waren wegen der Blockade gestoppt – respektable Gewinne scheffelten. Diese Profite flossen nicht selten in einen prunkvollen Lebensstil. Vor allem verschönerten adlige oder neureiche Besitzer ihre Stadthäuser und mehrten deren Glanz. Auf der positiven Bilanzseite bedeutete dies die Förderung von Kunst und Kunsthandwerk. Der Maler William Turner zum Beispiel erlebte zwischen 1815 und 1820 einen Erfolgshöhepunkt. Aber auch die wissenschaftlichen Institutionen kamen nicht zu kurz. Den kolonialen Horizonterweiterungen verdankten unterschiedlichste wissenschaftliche Vereinigungen in den Disziplinen Geologie, Hydrologie, Botanik und Zoologie ihre Existenz. Bereits im 18. Jahrhundert hatte es den Londoner Vornehmen zur Ehre gereicht, die naturwissenschaftlichen Entdeckungen mit Hilfe solcher Clubs zu fördern. Weit mehr noch fanden zu Raffles' Zeit überseeische Kuriositäten die Aufmerksamkeit einer kriegsmüden Gesellschaft.

Den ausländischen Besuchern schien London damals verwirrend groß, seine Ausdehnung kaum mehr überblickbar. Die Häuser in den verwinkelten Straßenzügen wirkten ungeordnet. »Ich hatte mir das Westend der Stadt ganz anders vorgestellt, mehr Symmetrie, mehr Großzügigkeit in der reichsten Stadt

Europas«, kritisierte der amerikanische Botschafter. Es war die Zeit unmittelbar vor der planerischen Neugestaltung durch den Architekten John Nash, den Erbauer des Marble Arch. Allseits bemängelt wurden Lärm, Ruß, Schmutz, das feuchte Klima und der Nebel. Die Fassaden waren mit Schmutz überzogen. »Der Nebel in der Bondstreet ist so dicht, daß in den Läden sogar mittags die Kerzen brennen. Ich frage mich, wie England bei diesem Lichtmangel so mächtig werden konnte«: Dies 1817 der Kommentar eines amerikanischen Besuchers. Ein deutscher Gast erinnert sich: »22 Personen waren zum Dinner in Regent's Park geladen, nur vier erschienen. Der Rest wagte sich nicht auf die Straße aus Furcht, im Nebel den Weg zu verfehlen.«

Den meisten England-Reisenden kam London schwerreich vor, geschäftig, eilig und dem Geld zugetan. Der Handel war König. Das zeigte sich nicht nur an der Betriebsamkeit in den Docks, sondern auch an den zahllosen Ladengeschäften, die sich überall zwischen die Wohnhäuser zwängten und vom hohen Standard des Handwerks zeugten: Kunsttischler, Silberschmiede, Sattler, Instrumentenbauer, Bilderhändler, Kristall-, Porzellan- und Stoffverkäufer boten ihre Ware feil. Das Beste war gut genug für die *Haute Volée* in der Metropole des *Regency*. Zentren des gesellschaftlichen Lebens waren einerseits die Königlichen Akademien mit ihren weitbeachteten wissenschaftlichen Vorträgen und Ausstellungen, andererseits die abendlichen Geselligkeiten bei den wohlhabenden Familien, die sich mit gloriosen Gästelisten zu übertreffen suchten. Von Raffles, der allerlei exotischen Kitzel versprach, wird berichtet, daß er allabendlich in Häusern von Rang und Namen dinierte. Es lohnt den Hinweis, daß der aus kleinsten Verhältnissen stammende Raffles den Quellen zufolge einzig der Prominenz huldigte und kein Auge hatte für die düsteren Seiten der Londoner Welt, für harte Arbeitsbedingungen in den städtischen Fabriken und trostlose Wohnverhältnisse in den Armenvierteln.

HAHN IM ARISTOKRATENKORB

Mit dem festen Vorsatz, zu glänzen und dem Direktorium der *East India Company* vor Augen zu führen, daß die schmähliche Behandlung in Java seinem Ruf als kolonialer Held, Forscher und Tausendsassa keineswegs geschadet hatte, hielt Raffles in der Heimat Einzug. Mit einer kleinen Entourage – darunter seine jüngere Schwester Mary Anne Flint – mietete er ein Haus an der *Berners Street* im heutigen Kleiderdistrikt Londons und richtete sich für die Zeit des anderthalbjährigen Heimataufenthalts ein. In den Docks war inzwischen das umfangreiche Gepäck ausgeladen worden: Kisten und Truhen mit javanischen Kuriositäten, javanischem Mobiliar, tropischen Pflanzen, seinen umfassenden Studien über Java, Käfige mit Vögeln, Behälter mit ausgestopften seltenen Tieren. Nach wenigen Tagen war Raffles bereits voll in Fahrt, schmiedete Pläne, zog Fäden, kontaktierte Personen mit wichtigen Verbindungen, schaffte den Sprung in den angesehenen Wissenschaftszirkel der *Royal Society* und ebenso den Sprung in die höchstrangige aristokratische Gesellschaft. Er traf sich mit Ministern, war Gast im Oberhaus, wo er der Parlamentseröffnung beiwohnte, Gast im Salon von Prinzessin Caroline, der verstoßenen Gattin des ausschweifenden Prinzregenten, Gast im Haus von deren einziger Tochter, Prinzessin Charlotte. Ihr hatte er einige Tische und Stühle aus kostbaren tropischen Hölzern geschenkt, die der Mutter sofort ins Auge stachen. Die Prinzessin bat Raffles höchstpersönlich in einem Billett, ihn besuchen zu dürfen. »Natürlich wollte auch sie ihren Anteil an fernöstlichem Hausrat«, erzählt Raffles seinem Vetter, »aber ich konnte doch unmöglich die Prinzessin in mein Haus bemühen und schlug ihr deshalb vor, einen Ort der

Zusammenkunft zu nennen.« Sie trafen sich im Palais einer Hofdame, und nach den üblichen Begrüßungszeremonien kam die Erlauchte zur Sache: »Ich höre von den wunderbaren Schätzen, die Sie aus Indien mitbrachten. Jedermann ist entzückt.« Sie hatte ihr Ziel erreicht und nahm huldvoll Raffles' Versprechen entgegen, ihr einiges an Mobiliar in die Residenz zu schicken.

Eines Tages hielt Raffles die ehrenvolle Einladung in der Hand, dem prinzregentlichen Morgenempfang im *Carlton House* beizuwohnen. An diesem *Lever* – so erfahren wir durch seinen Vetter – lobte der Prinzregent in höchst eleganter Weise und während ganzer zwanzig Minuten Raffles' Verdienste um Wissenschaft und Vaterland. Schließlich bildete sich ein Kreis um den Geehrten, und der Prinzregent schlug ihn zum Ritter. – »Charlotte, hast du gehört, sie haben ihn bloß zum Ritter gemacht«, war am Ort des Geschehens und in Raffles' Hörweite der amüsiert-spöttische Kommentar des Prinzen Leopold, Schwiegersohn des Prinzregenten, zu seiner Frau. Raffles selbst und viele mit ihm hatten zumindest die Baronetwürde erwartet. Immerhin war er von nun an berechtigt, seinem Namen das Wort *Sir* voranzustellen. Nicht lange nach dieser Nobilitierung ließ er den Vornamen Thomas fallen und nannte sich nur noch mit seinem zweiten Namen, Sir Stamford Raffles. Dies übrigens aus merkwürdigem Anlaß: Raffles hatte aus Java seinen Leibarzt, Sir Thomas Sevestre, nach London mitgebracht. In England geriet Sevestre in finanzielle Schwierigkeiten und war deshalb heilfroh, Raffles später auch nach Bengkulu begleiten zu dürfen. Sevestre gehörte dem niederen portugiesischen Adel an. Es wird berichtet, Raffles' zweite Frau, Lady Sophia, habe Anstoß genommen an der Tatsache, daß ein in ihren Augen rangniedriger Portugiese Sir Thomas gerufen werde wie ihr Mann. Damit in puncto adliger Gewichtung Klarheit herrsche, überredete sie ihren Ehemann, sich fortan zur Unterscheidung Sir Stamford zu nennen. Sie selbst rief ihn allerdings stets Tom.

SOPHIA, DIE UNSICHTBARE

Verwunderlich, seltsam und undurchsichtig bleiben Bekanntschaft und Eheschließung zwischen Raffles und seiner zweiten Frau, Sophia Hull.

Sophia kam 1786 als zweites von zehn Kindern des James Watson Hull und seiner Frau Sophia in London zur Welt, als sich die irischstämmigen Eltern auf dem Rückweg von Bombay nach Irland dort aufhielten. Der Vater, in den Kolonien wohlhabend geworden, siedelte sich als Rückkehrer mit seiner wachsenden Großfamilie zuerst in Irland an, dann in Essex und schließlich im Badeort Cheltenham, bösen Zungen zufolge, um dort Ehemänner für die Töchter zu finden.

Cheltenham, 100 Meilen von London entfernt, war zu Raffles' Zeit ein mondäner Kurort. An der Hauptstraße standen und stehen heute noch elegante Häuser in klassisch eleganter *Regency*-Architektur. Genau dort, am Korso, hatten sich die Hulls eingemietet im Wissen, daß die gutbetuchten Indienurlauber sich an Cheltenhams Quellen zu erholen pflegten. »Alle, die aus dem Fernen Osten zurückkehren, hoffen in Cheltenham ihre bösen Säfte zu verlieren«, kommentiert ein Zeitgenosse. Auch Raffles hatte sich seiner angeschlagenen Gesundheit wegen für Cheltenham entschieden und im Sommer 1816 mit seiner Gefolgschaft ein elegantes Domizil gemietet. Bald müssen Sophia und Raffles' Schwester, Mary Anne Flint, sich kennengelernt und sehr gut verstanden haben. Wie es zur Freundschaft zwischen den beiden Frauen kam, bleibt im Dunkel. Die Briefe Sophias an Mary Anne, beginnend im August 1816, blieben teilweise erhalten. Sie sind – zusammen mit Briefen aus Sophias spätem

Leben – unentbehrliche Zeugnisse, weil sie wenigstens einen bescheidenen Einblick in das Denken und Handeln der verschlossenen Frau gewähren.

Die ersten Schreiben an Mary Anne, noch vor der Hochzeit verfaßt, geben keinerlei Auskunft über Art und Intensität der Beziehung zwischen Sophia und Raffles. Zwar schwärmt sie überschwenglich von der spezifisch weiblichen Hingabe an das geliebte Objekt: »Liebe im Wesen einer Frau muß ein Spiegel der edelsten Gefühle ihrer Seele sein und die Preisgabe jedes Gedankens, Wortes und jeder Tat an den einen, den zufriedenzustellen das Zentrum aller Hoffnung und jeden Wunsches sei.« Der Name des Bruders der Briefempfängerin fällt aber nie. Der Hinweis auf ihn in einem Postskriptum bleibt Ausnahme: »Meine Familie beauftragt mich, sich Deinem Bruder in Erinnerung zu rufen. Aber sag ihm nichts davon, wenn es ihn stören sollte.« Eine schwer deutbare Nachbemerkung. Sonst erzählt sie in den vorehelichen Episteln viel über ihren Alltag in der Familie, die nahe Beziehung zu den Geschwistern, Einladungen zu Dinners und Bällen, Klatsch aus Cheltenham, ihre Harfenstunden – kurz: über das tägliche Einerlei einer unverheirateten jüngeren Frau im Schutz wohlbestallter Eltern. Dazwischen allerdings Sätze wie dieser: »Oh, nicht die Schönheit der Sprache ist es, die ich preise, sondern die warmen Aussagen des Herzens. Eine einzige aufrichtige Zusicherung der Liebe von jenen, die den Wert der Hingabe schätzen, möchte ich nie tauschen gegen die polierte Eleganz eines herzlosen Byron. Wir hängen an denen, die uns lieben und uns wie Sterne mit ihrem Licht den Weg zum Himmel weisen.«

Sophia hegte offensichtlich von Anfang an den Wunsch, ihre Person in der Beziehung zu Raffles vollständig in den Hintergrund zu stellen, zu verschwinden in der Nichtbeachtung. Dies, um einzig den bewunderten Mann dem Rampenlicht zu überlassen. Daß schließlich sie es war, die ihm kurz nach seinem Tod mit ihrer außergewöhnlichen Rechtfertigungs- und Verteidigungsbiographie das Denkmal zimmerte, daß nur dank ihr viele verschwundenen Zeugnisse aus Raffles' Zeit der Nachwelt überhaupt zur Kenntnis gebracht wurden, ist wenigen geläufig. Teilweise ist dies ihre eigene Schuld, weil sie – in den *Memoiren* auf das gemeinsame Leben zurückblickend – sich auch dort kategorisch verborgen hält. Sophia spricht von sich stets als der »Herausgeberin« *(Editor)* des Texts, und zwar in der dritten Person. Diese Demut täuscht insofern, als sie selbst es war, die die ihr passend scheinenden Zeugnisse nach subjektiven Gesichtspunkten aussuchte, in der erklärten Absicht, Raffles' Leben posthum den Glanz zu verleihen, der ihm ihrer Meinung nach gebührte. Aus schwer durchschaubaren Gründen findet aber Sophia in den zahlreichen späteren Würdigungen von Raffles' Taten kaum je Beachtung, obschon ja alle Autoren ihren Text als Ausgangspunkt für die Nachforschungen benutzten.

Wer sich der seelischen Verfassung und dem Verhalten Sophias nähern will, muß in den *Memoiren* zwischen den Zeilen lesen. An manchen Stellen flicht sie erläuternde Kommentare ein und bringt auch ihre eigene Person ins Spiel. Es lohnt die Mühe, solche Passagen genau zu lesen, weil sie zumindest andeutungsweise Auskunft geben über den verschlossenen Menschen. Dank dieser Texte und der wenigen erhaltenen Briefe Sophias erfahren wir von ihrem uneigennützigen und letztlich aussichtslosen Leben im Dschungel Sumatras und im gesellschaftlichen Dschungel Englands.

Es gab zu jener Zeit bereits einige weitgereiste Frauen, die ihre Abenteuer zu Papier brachten und sich dabei ohne Scheu in den Mittelpunkt der durchgestandenen Fährnisse stellten. Sophia Raffles war jedoch die einzige Frau im frühen 19. Jahrhundert, die scharfsichtig und quellenkundig nicht nur kolonialpolitische Zusammenhänge zu analysieren wußte, sondern die auch mit Eifer und Entdeckungsfreude fremdes Territorium erforschte. Sie untersuchte die sumatranische Flora und Fauna und betrieb auf der Insel mit Fingerspitzengefühl kulturwissenschaftliche Feldstudien, das heißt: Sie entwickelte einen Sinn für ethnologische Wahrnehmungen, längst bevor es das Fach Ethnologie überhaupt gab. Dies alles unter schwierigsten, vor allem auch tragischen Umständen und einzig zum Zweck, ihrem Ehemann zu dienen. Gäbe es Sophias *Memoiren* nicht, die Hintergründe der Entstehungsgeschichte Singapurs sowie die frühen Jahre der Siedlung wären einem Großteil von Interessierten verborgen geblieben. Sie hat als Erste die Quellen leicht faßlich zusammengestellt und mit eigenem Erleben angereichert. Auch wenn ihre vorbehaltlose Unterstützung von Raffles' Standpunkten aus späterer Sicht der kritischen Überprüfung nicht standhält und auch ihre blindgläubige Bewunderung für den Ehemann heute teilweise auf Unverständnis stößt, darf sie doch mit Fug und Recht als die erste europäische »Historikerin« bezeichnet werden. Sie versuchte, geschichtliche Fakten von verschiedenen Ebenen her zu erschließen.

HEIRAT IN ALLER HEIMLICHKEIT

Am 22. Februar 1817 fanden Raffles' verblüffte Londoner Hausgenossen morgens einen Zettel auf dem Tisch, daß sie mit dem Frühstück nicht zu warten brauchten, er sei ausgegangen, um zu heiraten. Die Zeremonie fand in der *New Church* in Marylebone statt. Welcher Geistliche es war, der die Trauung vorgenommen hat, wer als Gast zugegen war, bleibt bis heute ein Rätsel. Ganz im Gegensatz zu Raffles' erster Ehe mit Olivia, wo immerhin die Namen von Pfarrer und Trauzeugen überliefert sind – trotz der Bemühung des Bräutigams, auch diese erste Heirat zu verdunkeln. Auffallend dagegen und Raffles' Instinkt für wirksame

Inszenierungen bestätigend, ist die Wahl der Kirche für diese zweite Eheschließung. Der Bau war erst am 4. Februar 1817, also zwei Wochen vor der Hochzeit, geweiht worden und steht mit seinem Portiko und der säulengetragenen Kuppel exakt gegenüber dem *York Gate* des eleganten *Regent's Park*, in vornehmster Umgebung also, aber nicht etwa Raffles' Sprengel zugehörend.

Am 23. Februar 1817 schrieb der frisch Vermählte an seinen Vetter: »Du wirst meinem Entschluß, wieder eine Frau zu nehmen, bestimmt zustimmen. Und wenn ich Dir mitteile, daß weder Rang noch Geld noch Schönheit im Spiel sind, darf ich wohl annehmen, daß Du mit meiner Wahl einverstanden bist. Die Dame heißt Sophia. Sie ist dreißig Jahre alt, mir verehrungsvoll ergeben und im Besitz jener Qualifikationen von Herz und Gemüt, die mich vermutlich glücklich machen werden. Mehr brauche ich nicht zu sagen.« – Tatsächlich! Mehr der Worte wären dem Selbstsüchtigen kaum angemessen gewesen. Captain Travers, einer von Raffles' Freunden, äußerte sich etwas entgegenkommender, aber ebenso herablassend über die neue Ehefrau: »Ich habe eine hohe Meinung von der Dame. Ich finde sie liebenswert, gütig, vernünftig, und wenn auch nicht hübsch, so doch von guter Figur und wohlerzogen.« Die Vermutung liegt nahe, daß Raffles seine Lebensgefährtinnen einzig nach dem Nützlichkeitsprinzip auswählte. Bei Olivia hatte er sich die Karriere eingehandelt, Sophia versprach die gute Haushaltsführung für den künftigen Gouverneur in Sumatra.

Dreißig war ein spätes Heiratsalter für Frauen in jener Zeit. In *Stolz und Vorurteil*, Jane Austens 1813 erschienenem Roman, spottet Lydia Bennet über ihre ältere Schwester: »Jane wird bald eine alte Jungfer sein, sage ich. Bald ist sie dreiundzwanzig! Gott, wie würde ich mich schämen, wäre ich mit dreiundzwanzig noch nicht verheiratet.«

In den *Memoiren* lesen wir kein Wort der Freude darüber, daß die nicht mehr ganz junge Sophia den allseits bewunderten Kolonialhelden zum Mann bekam. Ihre Aufzeichnungen klingen ungerührt:

Während jener Periode genoß Sir Stamford die Vergnügungen der Gesellschaft mit einem Lebenshunger, der jedem wohl verständlich ist, der seine Geisteskraft und unterschiedlichsten Interessen kennt. Er pries sich glücklich, viele Freunde zu finden. Sie waren ihm Trost nach den mannigfachen Prüfungen, die ihm Gott auferlegt hatte.

Über ihre Eheschließung referiert Sophia beiläufig in einer kleinen Fußnote folgenden Inhalts:

Früh in diesem Jahr [1817] heiratete Mr. Raffles Sophia, die Tochter von J. W. Hull, Esq., aus der Grafschaft Down in Irland.

START NACH OSTINDIEN

»Wir segelten von Brighton nach Dieppe um ein Uhr morgens weg, mußten uns im Sturm mit einem kleinen Boot durch die Brecher schlagen, um das Schiff zu erreichen, und hievten uns an einem Seil an Deck. Der hohe Seegang, die kranken oder betrunkenen Mitpassagiere, die finstere Nacht versprachen keinen günstigen Beginn unserer Reise.«

Dies der Start der siebenwöchigen Kontinentaltour und gleichzeitig Hochzeitsreise der beiden Raffles, dokumentiert nicht etwa von Sophia oder ihrem Mann, sondern von Reverend Thomas Raffles, einem Vetter von Sir Stamford. Die beiden Neuvermählten reisten, wie damals üblich, nicht allein, sondern im engeren Familienverband in den *Honeymoon*. Mit von der

Partie waren außer dem Pfarrer noch Sophias Bruder William Hull und Raffles' Schwester Mary Anne Flint. Dank der flinken Feder des Vetters sind wir über Route, Risiken und Verlauf der Unternehmung genauestens informiert. Beinahe täglich berichtete er seiner zu Hause gebliebenen Frau über die einzelnen Etappen und veröffentlichte die Briefe kurz nach der Rückkehr. Dank dieser Berichte weiß man zumindest, durch welche Gegenden und Städte Sophia reiste und was sie dort sah: Paris, Genf, die Alpen, Bern, Basel, Straßburg, Metz, Köln, Brüssel. Zu guter Letzt, am Ende der Reise, dinierte Sir Stamford Raffles sogar mit dem König von Holland. »Ich glaube, daß ich ihn ziemlich beeindruckte«, kommentiert der in Hollands Kolonie Java gescheiterte Gouverneur das Ereignis.

Auch in den Briefen des Reverend bleibt Lady Sophia beinahe unsichtbar. Ein einziges Mal nur findet sie Erwähnung, wie sie hoch im Gebirge auf der Paßstraße von Chamonix nach Martigny abwechslungsweise von acht stämmigen Bergführern auf einem Holzsessel getragen werden mußte, während der Rest der Gruppe auf Maultieren ritt. Es waren die ersten Wochen ihrer Schwangerschaft.

Paris:

»Wir sind komfortabel im Hotel Mirabeau untergebracht, einem der besten Häuser am Platz. Es befindet sich in der Rue de la Paix, der vermutlich breitesten, saubersten und elegantesten Straße der Stadt. [...] Wir begannen unsere Inspektion der öffentlichen Gebäude mit dem Louvre. Keine Beschreibung kann diesem Kunstpalast gerecht werden! Hier regieren die Künste in all ihrer Glorie, Pomp und Großartigkeit. [...] Von Zimmerflucht zu Zimmerflucht fortschreitend, erlebt der Besucher Epoche nach Epoche, und von Raum zu Raum schrumpfen Jahrhunderte zu Minuten. Ein kolossales Treppenhaus führt schließlich zur Moderne. […] Diese Sammlung ist erlesen und umfassend. Der Genius aller Zeitabschnitte und Nationen des modernen Europa informiert, unterhält und entzückt Dich. […] 1101 Bilder sind ausgestellt.«

»Wir dinierten heute bei Véry's im Palais-Royal, dem berühmtesten Restaurant in Paris. Unser Ziel war, die hochgeschätzte französische Küche sowie die Atmosphäre in einem dieser Tempel des Luxus und der Eßlust kennenzulernen. Wir kamen ziemlich früh, befanden uns unter den Ersten der Frommen, und so war es uns ein leichtes, die ganze Szene zu beobachten und zu kommentieren. Das erste Objekt, das beim Betreten des Raums die Aufmerksamkeit auf sich zieht, ist die Chefin, eine junge, schöne und äußerst elegant gekleidete Frau, die zurückgelehnt auf einem erhobenen Sitz thront und den gesamten Bereich beherrschend überblickt. Die Kellner scharen sich um sie und harren der Befehle, während sie in den Spiegeln, die überall an den Wänden angebracht sind und die Tafelnden reflektieren, auf einen Blick erkennt, womit jeder Gast beschäftigt ist. Das zweite Objekt der Anziehung war – wie Du Dir vorstellen kannst – die Karte mit den Preisen. Was für eine grenzenlose Vielfalt! Fisch, Fleisch, Geflügel – *rôti* – *boulli* – *fricassée* – *fricandeau* - Suppen, Saucen, unbeschreibliche Kombinationen von allem, unaussprechliche Namen. Die Zeit schritt fort, die Andächtigen versammelten sich, der göttliche Schrein – denn so erschien uns die Schöne im Zentrum – war umringt, das Mysterium konnte beginnen. Die meisten Gäste spielten ihren Part mit erstaunlichem Tempo: Teller nach Teller wurden rasch geleert, Glas nach Glas der erlesenen Weine heruntergegossen. Auch wir blieben nicht untätig. Unser Appetit wurde durch Neugierde stimuliert, und wir kosteten viele Dinge einzig deshalb, weil wir wissen wollten, was sich hinter den Namen und Formen verbarg, die unsere Augen und Ohren nicht kannten. Die Weine waren exquisit, und das Ganze wurde gekrönt mit den teuersten Likörs und einem reichen Dessert.«

Genf:
»Wenig vom Geist und den Lehren, die Genf zur Hochburg des Protestantismus werden ließen, sind geblieben. Die Wahrheit, die durch Calvin bekräftigt worden war, hat keine Stätte mehr in diesen Mauern. Die Pastoren versinken in Unglauben und Skeptizismus und tun nichts, um das heilige Licht wieder zu entfachen, durch dessen belebende Energie die Kirche Genfs erneut erwachen könnte. [...] Ich war auch enttäuscht von der äußeren Erscheinung der Stadt. Der Stil der Häuser ist plump und barbarisch.«

Martigny:
»In Martigny sahen wir die große Paßstraße, die nach Italien führt. Napoleon hatte anläßlich seiner berühmten Alpenüberquerung zwei Nächte in derselben Herberge verbracht wie wir. Ich schlief in seinem Zimmer. Die Besitzerin des Gasthauses erzählte uns, daß sie ihm den Kaffee serviert habe. Sie wußte einiges über ihn zu berichten, und wir hörten ihr interessiert zu, weil wir zu erfahren hofften, welche Gefühle die Bevölkerung Bonaparte entgegengebracht hatte. Die Wirtin zögerte nicht, ihre starke Zuneigung zu ihm auszudrücken. Ihr Ehemann hatte unter Bonaparte gedient und war gefallen. Als wir uns erstaunt zeigten, daß sie den Mann hochschätzte, der die Schuld am Tod ihres Gefährten trug, erwiderte sie mit Bestimmtheit – als wäre dies ein Trost: ›Oh, aber er starb doch für Napoleon!‹ Darauf fragten wir: ›War das nicht ein grundböser Mann, ein großer Tyrann, der euer Land plünderte und versklavte?‹ Darauf antwortete sie: ›Er hatte nur einen Fehler, er war allzu ehrgeizig.

Was uns hier betrifft, so hatten wir ja genug, auch genügend Beschäftigung. Armut kannten wir nicht.‹«

Bern:
»Bern ist eine großartige Stadt und nächst Paris das Schönste, was wir bisher sahen. Die Häuser sind alle aus Stein gebaut, mit Arkaden und Reihen bestens ausgestatteter Läden. Das Zentrum ist mit Brunnen versorgt. Ströme von Wasser fließen in der Straßenmitte in breiten Kanälen, die speziell dafür gebaut sind. [...] In Bern war ich aber auch geschockt über ein Spektakel menschlicher Entwürdigung und Erbärmlichkeit, wie ich es nie vorher gesehen habe. Es war mir zwar bekannt, daß die Kriminellen mancherorts auf dem Kontinent wie Tiere an Karren gekettet den Dreck ziehen müssen, den ihre leichter gefesselten Kollegen von den Straßen und vor den Häusern aufnehmen. Hier wurde ich Augenzeuge! Für die Berner Bevölkerung ist dieser Anblick normal und bewegt sie nicht wie die Fremden. Männer und sogar Frauen sind zu dieser erniedrigenden Strafe für Jahre, manchmal lebenslang verurteilt.«

Basel:
»Man sagt, die Stadt könne 100 000 Menschen in ihren Mauern beherbergen. Jetzt sind es nur 16 000. Es gibt einige residentielle Palais hier, die vom Reichtum ihrer Bewohner zeugen. Die Straßen aber sind eng und verwinkelt. Die meisten Fenster zeigen sich bewehrt mit massiven Eisengittern, so daß die Häuser aussehen wie Gefängnisse. Dies macht den Ort düster. [...] Basel ist ein protestantischer Kanton, und die Leute sind äußerst nüchtern. Obwohl freiheitsliebend, stehen sie unter der Fuchtel einer aktiven und aufdringlichen Polizei. Der Magistrat zeigt sich besorgt um die öffentliche Moral. Als wir nach Weißbrot fragten, hieß es, die Regierung erlaube nur schwarzes, wegen der

schlechten Ernte. Jemand von unserer Gruppe erkundigte sich nach dem Theater. Es gebe keins im Moment, war die Antwort. Der Staat verbiete jede öffentliche Unterhaltung. Die Menschen sollten ihr Geld nicht für Vergnügungen ausgeben, wenn manche nicht genug hätten, Brot zu kaufen.«

Liège:
»Ich habe viel gehört über die Verderbtheit des Kontinents, sah aber nie dieses Maß wie in Liège. Leider muß ich hinzufügen, daß Brüssel nicht besser ist. Du wirst nicht von mir erwarten, daß ich ins Detail gehe. Es reicht zu bemerken, daß die Lasterhaftigkeit in anderen Städten den Mantel der Nacht sucht. Hier jedoch präsentiert sie sich am hellichten Tag und in aufdringlich schamloser Weise. Paris ist dagegen die Reinheit selbst.«

Am 26. Juli 1817 war die Reisegesellschaft zurück in London. Die Hochzeitsreise ist Sophia in den *Memoiren* keiner Erwähnung wert. Sie schreibt lediglich, daß Sir Stamford den Kontinent besucht habe, um mit dem König von Holland über Java zu sprechen. Nach dieser irreführenden Mitteilung läßt sie einen Brief ihres Mannes an Freunde folgen, in dem er die einzelnen Stationen der Fahrt kurz schildert. Sich selbst klammert sie aus, als hätte sie gar nicht teilgenommen. Als wichtige Begebenheit notiert sie:

Es nahte nun die Zeit, wo es unumgänglich wurde, die nötigen Vorkehrungen zu treffen für die Rückreise nach Indien. Sir Stamford war unablässig mit wissenschaftlichen Forschungen beschäftigt und bemüht, daß seine Sammlungen, die er von den östlichen Inseln mitgebracht hatte, immer größere Verbreitung fanden. Er überlegte zu jener Zeit, ob er eine Gesellschaft gründen solle, wie sie dem Pariser *Jardin des Plantes* vorstand. Erst nach seiner letzten Rückkehr aus dem Fernen Osten, 1826, reüssierte er mit diesem Plan und schuf die Londoner Zoologische Gesellschaft.

Sir Stamford war [vor der Abreise] sehr in Anspruch genommen durch Pflichten, Vergnügen und die Pflege von Freundschaften. Er besuchte Liverpool, Manchester, die Seen von Westmoreland, Edinburgh, Glasgow, Dublin und Wales und reiste mit seiner üblichen Geschwindigkeit: 16 Stunden pro Tag.

Im Oktober 1817 schiffte sich Sir Stamford mit seiner Familie in Portsmouth an Bord der *Lady Raffles* nach Bencoolen ein. Das Direktorium [der *East India Company*] ehrte ihn für seinen Eifer und seine Befähigungen, die er in Java unter Beweis gestellt hatte, mit dem Titel *Lieutenant-Governor* von Bencoolen. Es war ein besonderes Zeichen der Hochachtung und der Gunst des Direktionskollegiums.

Sophia verschweigt in der Rückschau, daß der Posten des Gouverneurs von Bengkulu keineswegs einer ehrenvollen Berufung entsprach; passend wäre das Wort Strafversetzung. Daß Raffles zur Versüßung des unliebsamen Amts am Rand der Welt die Ritterwürde zugestanden wurde, muß beinahe als Hohn interpretiert werden.

Auf der Spurensuche nach Sophias Charakter gibt jedoch eine Auslassung ganz anderer Art erhellende Information über ihren Wunsch nach Selbstverleugnung. Sie entschied sich nämlich, die nervenaufreibende Abfahrt von England unerwähnt zu lassen, wohl weil sie selbst als schwer Leidende der Grund war für die mehrmalige Verzögerung des Ankerlichtens.

Am 19. Oktober reiste das Ehepaar Raffles nach Portsmouth, um dort das Schiff zu erwarten, das sie nach Sumatra bringen sollte. Vier Tage später wurde die Ausfahrt beschlossen, aber gleich in den ersten Stunden noch im Ärmelkanal geriet der Segler in einen kräftigen Südweststurm. Sophia, im fünften Monat schwanger, wurde sofort lebensgefährlich seekrank, verlor das Bewußtsein, konnte weder essen noch trinken, und der Arzt rechnete mit dem Schlimmsten. In kurzer Zeit wandelte sie sich von einer kräftigen jungen Frau in einen Schatten. Der Kapitän war gezwungen, am Westzipfel Englands, in Falmouth, wieder zu landen und besseres Wetter abzuwarten. Dort schreibt sie am 3. November an Mary Anne Flint: »Sei bitte keinen Moment unruhig meinetwegen, ich fühle mich wieder gut, meine Stärke ist wie mit Magie zurückgekehrt. Entsprechend sehe ich gefaßt einer zweiten Ausgabe meiner Seekrankheit entgegen, aber ich habe im Moment keine Chance, meinen Mut unter Beweis zu stellen, weil der Wind noch immer und wohl auch für die nächsten Tage stark bläst. […] Wir sind gut aufgehoben und ruhig, und ich werde wie ein riesiger Berg, vermutlich vom Nichtstun. Von diesem Ort aus kann ich Dir nichts anderes sagen, als daß ich Dich liebe und für immer lieben werde.« Sophia läßt nichts von ihrer Angst durchblicken: Angst vor der bevorstehenden monatelangen Reise, vor der Geburt, die aller Voraussicht nach auf hoher See stattfinden würde. Ihre Lage – die Krankheit, der Abschied vom Vertrauten, der beklemmende Start ins Ungewisse – war prekär.

Am 6. November begann die Fahrt erneut. Wieder die Umkehr wegen Sophias Schwäche. Drei Tage lang schlingerte das Schiff hilflos über die Brecher, bevor es endlich den Hafen anlaufen konnte. Nun stellte sich ernstlich die Frage, ob sie überhaupt tauglich sei mitzusegeln. Sie war aber entschlossen, Raffles zu begleiten, um jeden Preis. Am 20. November dann der definitive Auslauf bei leicht besserem Wetter. Sophia war derart geschwächt, daß sie sich kaum mehr von ihrer Pritsche erheben konnte. Aber nun endlich geriet Raffles' Arche Noah mit ihren Kühen, Hunden, Katzen, Vögeln und Menschen an Bord auf der Höhe von Nordspanien in ruhigere Gewässer.

Weihnacht wurde mit einem großen Dinner gefeiert, allerdings ohne das obligate Roastbeef, wie der Freund Travers bedauernd berichtet. Am letzten Tag des Jahres vergnügte sich die Gesellschaft bei Bowle und Tanz.

Hochseefahrten vor 200 Jahren

Der alte englische Friedhof von Penang, früher *Prince of Wales-Island*, liegt wenig außerhalb des Zentrums der Hauptstadt Georgetown. Schwer duftende Frangipani-Bäume schützen die halbzerfallenen, wie zufällig stehen- oder liegengebliebenen Grabsteine. Bei einigen sind Bruchstücke marmornen Zierats erhalten: säulengetragene Tempelchen oder schlanke Amphoren. Da und dort gelingt es, die Inschriften trotz Verwitterung zu entziffern und die Geschichten der Toten zu erfahren:

ERECTED BY DAVID HARROWAR
IN MEMORY OF HIS BELOVED WIFE
ELIZABETH MCMILLAN
WHO DIED AT SEA OFF THE NORTH END OF
THE ISLAND OF SUMATRA.
THE VESSEL ARRIVED EIGHT DAYS AFTERWARDS
AT PRINCE OF WALES ISLAND
AND HERE SHE REMAINS INTERRED

Errichtet von David Harrowar
in Erinnerung an seine geliebte Frau
Elizabeth McMillan.
Sie starb vor dem Nordende
der Insel Sumatra.
Das Schiff erreichte acht Tage später
Prince of Wales Island
und hier bleibt sie begraben.

Der Tod auf hoher See war ein Risiko, das alle früheren Reisenden einkalkulieren mußten. Erkrankungen oder auch Unfälle während der Fahrt verliefen oft tödlich. Gefährlich waren aber nicht allein die unerwartet auftauchenden körperlichen Gebrechen, sondern bedrohlich war der gesamte Alltag auf Segelschiffen, angefangen vom monatelangen Ausharren in engräumigen Unterkünften, der fehlenden Hygiene, der schlechten Qualität des Essens und des Wassers, bis zu den Stürmen, die jeden Schoner zur Nußschale werden und die Passagiere Höllenqualen erleiden ließen. Listen mit den Namen verstorbener Passagiere oder Mitglieder der Mannschaft mußten die Kapitäne der fernost segelnden Fregatten häufig bereits am Kap der Guten Hoffnung nach Hause schicken.

Wenn Europäer heute auf ihre Vergangenheit als Kolonialmächte zurückblicken, stellen sie selbstkritisch die verschiedensten Aspekte ihrer Eroberungsgeschichten zur Diskussion. Nirgends jedoch findet sich die Erörterung des bedenkenswerten Phänomens, daß viele Tausende von Menschen – Frauen, Männer und Kinder – die Plagen und Gefahren endlos scheinender Hochseereisen in weit entfernte, gänzlich unbekannte Gebiete mutig und klaglos auf sich nahmen. Wohl gibt es Untersuchungen über politische, demographische, ökonomische oder religiöse Motivationen von Auswanderungswilligen, nicht aber Ermittlungen über die im 18. und 19. Jahrhundert gerade in England weit verbreitete Waghalsigkeit beim männlichen wie beim weiblichen Geschlecht, die das hohe Risiko häufiger Seereisen auch ohne Notlage als selbstverständlich in Kauf nahm.

DIE ALTEN SEGLER

Die im Fernosthandel eingesetzten Segler variierten in ihrer Größe je nach Dauer der Reise. Die kleineren Handelsfregatten bis zu etwa 500 Tonnen Frachtraum bedienten die Stationen im näheren Umfeld der indischen Südspitze bis zur Straße von Malakka. Größere Segler bis maximal 1200 Tonnen waren für den Chinahandel vorgesehen und glichen mit ihren 74 Kanonen in den Bordwänden wahren Schlachtschiffen. Während der napoleonischen Kriege gab es denn auch folgenschwere Verwechslungen. Beispielsweise hatte sich um 1800 der Kapitän des französischen Kriegsschiffs *La Médée* im indischen Ozean kampflos zwei englischen Frachtern ergeben in der Annahme, es seien Schiffe der *Royal Navy*. Als er zu spät den Irrtum bemerkte, bat er die Engländer um Nachholung eines militärisch korrekt durchgeführten Seegefechts, was ihm natürlich verweigert wurde.

In den ersten Jahrzehnten des 19. Jahrhunderts, zur Zeit der Reisen von Lady Raffles also, wurden die kostbarsten Schiffe in Bombay von persischen Reedern gefertigt, und zwar aus Malabar-Teak. Dieses Holz ist nicht nur besonders widerstandsfähig, sondern es stößt mit seiner öligen Oberfläche auch jede Art von Ungeziefer ab. Die feinstgehämmerten Eisenteile am Schiffsrumpf sowie in den Innenräumen stammten aus dem spanischen Toledo, die Masten aus Nordamerika. Spezialisiert auf elegante und wendige Luxussegler waren auch die Amerikaner, während die Normmodelle der *Company*-Flotte von englischen Reedereien aus einheimischen Eichen gebaut wurden. Schiffsbauholz galt als kostbarer Rohstoff – dem heutigen Erdöl vergleichbar. Der Besitz von Eichenwäldern sicherte Reichtum. Gegen Ende des 18. Jahrhunderts waren allein in Englands Diensten 15 000 Handelsschiffe unterwegs. Für den Bau eines einzigen Schiffs mußten 3400 ausgewachsene Eichbäume gefällt werden, was nicht erstaunt, denn die Außenwände wurden zwei Fuß breit verfugt.

Die vornehmste Partie eines alten Hochseeschiffs, die erste Klasse sozusagen, befand sich rund ums Heck auf mittlerer Höhe und hieß entsprechend »Rundhaus«. Diese Großkabine umfaßte die ganze Breite des Achterdecks. Die Fläche des Raums maß bei einem kleineren Boot etwa sechs auf sechs Meter; die Höhe betrug nur etwa einen Meter siebzig, weshalb der aufrechte Gang manchen Mitreisenden verwehrt blieb. Im Rundhaus hielt der Kapitän Hof, und gleichzeitig diente der niedrige, dank einer Reihe von Fenstern aber einigermaßen luftige Raum als Salon und Eßzimmer für die betuchten, teuer zahlenden Passagiere sowie die höheren Offiziere und den obligat mitsegelnden Arzt. Die Fenster waren aus dickem Glas gefertigt, die Läden gut eingepaßt. Oftmals blieben sie während eines Sturms für lange Reisetage geschlossen, und die Gäste hofften bei Kerzenlicht, daß die Gischt nicht eindringe. »Wir lebten in dauernder Angst, daß die See durch die Planken breche«, erinnert sich 1808 ein Passagier. Vom Rundhaus führte eine Wendeltreppe zur unmittelbar darunterliegenden Kapitänskabine, die der Befehlshaber häufig in mehrere Liegeplätze – erwähnt sind bis zu sieben – unterteilte und für hohe Preise vermietete. Weniger solventen Fahrgästen standen, beidseits der Kapitänskabine fortlaufend, winzige Verschläge zur Verfügung. Sie enthielten an Seilen befestigte, sargartige Kisten als Liegen, in die man abends einstieg unter Aufbietung aller Kräfte: zur

Wahrung des Gleichgewichts. Winzige Löcher, hoch oben in die Wand gebohrt, dienten der Belüftung. Für jede weitere Möblierung der Schlafplätze oder Kajüten, für Sitzgelegenheiten, Tische, Bettzeug und Geschirr mußten die Reisegäste selbst sorgen. Links und rechts neben dem Rundhaus standen in einer Art Galerie sogenannte *privets* zur Verfügung: Toiletten in Form von Kupfertrichtern für die erste und zweite Klasse, die via bleierne Kanalisationsröhren zum Rumpf hinaus ins Meer führten. Ein deutscher Passagier klagt 1793: »Das Privet, welches mich aber zuweilen übel abgewaschen: weil, wenn das Schiff mit seinem Hinterteil jählings in die Tiefe fiel, die See durchs Loch in die Höhe quetschte.« Die Mannschaft entleerte sich entweder an Deck, was bei hohem Seegang nicht ganz einfach war, oder in irdene Töpfe unten im Rumpf, wo ein Verweilen selbst bei ruhiger See kein Vergnügen bedeutete. Im ganzen Schiff, auch in der besseren Gegend des Rundhauses, herrschte laut Reiseberichten stets ein unbeschreiblicher Gestank.

Im Unterdeck wurden die Lebensmittel aufbewahrt. Da gab es spezielle Räume für Brot, Wasser, Wein, Bier, Brandy, Gemüse, Pökelfleisch, Pulver, Kerzen, sodann ein Lazarett und die Schlafgelegenheiten für das mittlere Personal wie den Steuermann und die Kanoniere. Zuunterst im Schiffsrumpf schlief die Mannschaft. Die ganze Besatzung zählte bei einem 500-Tonner insgesamt rund hundert Leute. Tiere als gequälte lebende Fleischversorgung mußten mit dem Oberdeck vorliebnehmen und fanden sich bei hohem Wellengang häufig über Bord gespült.

Zweieinhalb Prozent des Laderaums durften die Kapitäne der *East India Company* für den eigenen Handel reservieren, ein lukratives Geschäft. In den Tropen lechzten die Landsleute nach heimischen Waren, die zu hohen Preisen angeboten wurden: Besteck, Gläser, Töpfe, Modeartikel, Sattlerwaren, Möbel, Klaviere, Violinen, aber auch Bücher, Musiknoten, Butterfäßchen, Schinken in Segeltuch eingenäht, englischer Käse sowie Unmengen an alkoholischen Getränken wie Port, Pale Ale, Sherry, Claret, Rheinwein und natürlich Champagner. In China stand zu jener Zeit Gold tiefer im Wert als Silber. Also tauschten die Kapitäne dort Silber- in Goldbarren um. Außer Silber schätzten die Chinesen in besonderem Maß die stundenschlagenden Pendulen oder auch Musikdosen, genannt *sing song*, verziert mit singenden Vögeln, rauschenden Wasserfällen oder gavottetanzenden Figurinen. War der Kapitän als Verkäufer geschickt, konnte er sich mit dem Privathandel während weniger Fahrten ein Vermögen verdienen.

ALLTAG AN BORD

Schwierigstes Existenzproblem an Bord war die Ernährung: Lebensmittel und vor allem Wasser. Während der Reisevorbereitungen in England wurden die Tanks in London mit Themsewasser gefüllt, einer schmutzigen, stinkenden Brühe, die stets abgekocht werden mußte und den Teegenuß deutlich schmälerte. Nötig waren bis zur nächsten Tankfüllung – auf der Hinfahrt nach Indien beispielsweise auf Sankt Helena – 40 Tonnen für 100 Menschen. Außer Tee gab es Bier, Most, Brandy und Rum. Die harten Schnäpse dienten zur Mundspülung nach dem oft schlecht schmeckenden Essen. Brot wurde häufig durch den besser haltbaren Zwieback ersetzt, Fleisch meist gepökelt genossen. Für die Pökelung des Rückreiseproviants mußte deshalb fässerweise Salpetersalz geladen werden. Skorbut als Mangelkrankheit war bereits Anfang des 17. Jahrhunderts bekannt, große Mengen von Zitronen als Vitamin-C-Spender sind auf Schiffsrechnungen ab 1612 vermerkt.

Abwechslung bedeuteten die seltenen Stopps mit der Möglichkeit, kurz an Land zu gehen. Bei Indienfahrten etwa ankerten die Segler meist auf den Komoren: »Gleich nach der Landung war unser Schiff voll von Schwarzen, so viele nur irgendwie Platz fanden. Sie brachten in ihren Kanus Orangen, Zitronen und andere Früchte, die wir gierig verschlangen«, steht in einem Reisebrief. Solche Aufenthalte dauerten bis zu zehn Tagen: »Es war ein richtiger Rummelplatz mit dem Besuch des Königs und emsigem Tauschhandel. Fisch, Geflügel, Affen, Ziegen und Tabak wechselten die Besitzer.«

Die Tage auf See verliefen eintönig. Ein Schiffsoffizier berichtet 1760: »15 Leute versammelten sich jeden Morgen im Rundhaus zum Tee, manchmal tranken wir auch Schokolade mit Biscuits und viel Butter. Auch Milch gab es genug, denn wir hatten eine hervorragende Ziege an Bord, die uns während der ganzen Reise versorgte. Um zwölf war das Mittagessen, immer mit vier bis sechs Gängen, dazu Wein, Punsch oder Bier. Wir hatten alles, was wir brauchten, außer genügend Gemüse und Früchte. Um vier jeden Nachmittag gab es Tee oder Kaffee. Dann trafen wir uns wieder um acht zum Nachtessen, wo uns die Reste vom Mittag vorgesetzt wurden. Bevor wir die Tafel aufhoben, tranken wir immer drei Toasts: auf unsere abwesenden Freunde, auf gute Winde, auf baldige Sicht von Land.«

Natürlich wurde an Bord viel gespielt: Karten und Brettspiele. Als in der zweiten Hälfte des 18. Jahrhunderts regelmäßig auch Damen den Weg nach Indien suchten, waren Scharaden oder *Tableaux Vivants* beliebt, es wurde gesungen und getanzt, wenigstens bei ruhigem Seegang.

Anspruchsvolle Reisende widmeten sich gerne auch differenzierteren Betätigungen – wie das Beispiel von Sir Stamford Raffles zeigt. Sophia zitiert aus dem Tagebuch, das er an Bord der *Mariner* auf der Heimreise von Sumatra nach London führte:

Zwanzigster April [1824]. – Begann an diesem Tag mit dem Studium und widmete den frühen Teil des Morgens Euklid, später arrangierte ich meine Papiere. Sofern es die Umstände erlauben, plane ich meine Zeit während der Reise wie folgt einzuteilen: Acht Stunden Studium täglich, lesen und schreiben. Frühstück um neun, Mittagessen um vier. Das ergibt jeweils vor dem Frühstück, zwischen Frühstück und Mittagessen sowie abends insgesamt acht Stunden Studienzeit.

Frühmorgens vor der Mahlzeit: Mathematik, Logik, Latein, Griechisch oder Hebräisch. Nach dem Frühstück Papiere ordnen und repetieren des am Morgen Gelernten. Von 11–13h allgemeine Lektüre und Vorlesen für Sophia. Abends dann Vorlesen eines Stücks von Shakespeare oder einer andern unterhaltsamen Produktion.

Dieses Arrangement erlaubt mir, wenn ich mich um sechs morgens erhebe, auch genügend Freiraum für körperliche Bewegung oder den Genuß der Abendkühle. Weil die Bedienten mit dem Servieren der Mahlzeiten immer im Hintertreffen sind, kann ich mich darauf verlassen, auch fürs Umkleiden noch Zeit zu finden. Nur selten zehrt diese Tätigkeit an meiner dreistündigen Abendstudienzeit, von der ich aber ohne weiteres eine Portion abtrennen oder diese insofern kompensieren kann, als ich eine halbe Stunde später ins Bett gehe, das heißt um halb zehn statt um neun.

ABGEBROCHENE ZELTE

Wer sich wie Sophia Raffles vor knapp zweihundert Jahren auf die mehrere Monate dauernde Reise nach Südostasien aufmachte, tat dies im Bewußtsein, daß eine Rückkehr wohl möglich, aber keinesfalls gesichert war. Den Anker lichten hieß Abschied nehmen vom Vertrauten, oft war dieser Abschied endgültig. Erschwerend für Sophia kam hinzu, daß sie wußte, wie anfällig sie für die Seekrankheit war, und zudem trat sie die Reise schwanger an. Genau wie ihr Mann, der künftige Gouverneur, hatte auch sie keine Vorstellung von der Zielinsel Sumatra. Als sie sich von den Eltern, Geschwistern und der Heimat England trennte, konnte sie nicht wissen, wie die bevorstehende Geburt verlaufen werde, ob sie und das Kind überhaupt Überlebenschancen haben würden, ob das erwartete Baby, falls es die Ankunft in Bengkulu schaffte, später dem tropischen Klima standhielt. Von Beklemmung oder Ängsten erfahren wir aber nichts im *Memoiren*-Text. Auch rückblickend auf die schwierige Zeit verliert die »Herausgeberin« kein Wort über das eigene Abschiedsempfinden. Mag sein, daß auch bei ihr der britische Hang zur Waghalsigkeit vorausgesetzt werden darf. Schließlich war ihre Familie in Bombay wohlhabend geworden. Ohne Aufhebens wählt sie als knappen Startbericht der Fahrt die unterkühlt wirkende Briefpassage Sir Stamfords über die ersten Reisewochen:

Die Würfel sind gefallen, und endlich befinden wir uns schon weit entfernt. Gerade haben wir die Bucht von Biscaya geschafft und hoffen, im Verlauf der nächsten Woche in Madeira zu sein. Momentan sind wir von Gegenwinden geplagt, aber das Wetter ist schön, und bereits fühlen wir das wärmere Klima. Lady Raffles litt sehr und ist bisher noch kaum aufgestanden. Es wäre allzu monoton, über die Belange unserer kleinen Gemeinschaft zu berichten.

Sophia selbst fügt hinzu:

Viele sind der Ansicht, daß es unmöglich sei, den Geist angesichts von Unbill und mangelndem Komfort einer Seereise sinnvoll zu beschäftigen oder die Zeit vernünftig zu nützen. Aber Sir Stamford gab in seinen Tätigkeiten nie nach. Regelmäßig nützte er den Morgen für seine Studien und gönnte sich nur einen winzigen Teil des Tages, um auf Deck zu spazieren. Die meiste Zeit zog er sich in seine Kabine zurück und las oder schrieb über ihm wichtige Dinge bis zum Abend. Wenn er [uns] laut vorlas, waren es Gedichte oder leichtere Werke. Obwohl ihm auf hoher See nie richtig wohl war, hatte er doch die Befriedigung, daß er seine Tage zwar nicht angenehm, aber doch nicht unprofitabel verbrachte.

Die Passage war lang und mühselig – fünf Monate ohne Abwechslung der Szenerie, ohne Erleichterung für das Auge, ohne Ablenkung von der Betrachtung dessen, was schon mit dem Begriff der »einzigen großen, monotonen Idee« verglichen wurde. Unser Schiff, die *Lady Raffles*, erreichte Bencoolen – ohne weitere Häfen anzulaufen – am 22. März 1818.

Mehr über die lange Reise hat sie nicht überliefert. Die geheimnisvolle Erwähnung der »einzigen großen, monotonen Idee« als Sinnbild für das sie ängstigende Meer müssen wir als äußerstes Zugeständnis ihrer seelischen Not zur Kenntnis nehmen.

Die Geburt der Tochter, die Sophia schließlich südlich des Kaps glücklich zur Welt brachte, ist ihr keiner Erwähnung wert. Noch wenn sie, getreu ihrem eisernen Vorsatz, die *Memoiren* einzig auf das Leben Sir Stamfords ausrichtet, so wäre es dennoch naheliegend, die Geburt des gemeinsamen ersten Kindes als zentrales Ereignis auch für ihn mitzuteilen. Offenbar herrschte am wichtigen Tag, dem 15. Februar 1818, laut Tagebuch des mitsegelnden Freunds von Raffles, Thomas Otho Travers, ruhiges Wetter. Beide, Mutter und Kind, werden als sehr vergnügt geschildert. Als Pastor amtete Kapitän Harry Auber, der das

Kind auf den Namen Charlotte Sophia taufte. Travers verweist auf den merkwürdigen Zufall, daß sowohl Vater wie Tochter Raffles auf einem Schiff geboren und getauft worden sind.

Hitze und Erdbeben

Dem Hauptort Bengkulu vorgelagert ist die kleine »Ratteninsel« *(Rat's Island)*. Dort, fünf Meilen vor der Südwestküste Sumatras, ankerte das Schiff der Raffles am 19. März 1818 nach einer Reise von 14244 Meilen (23000 Kilometern). Drei Tage später wurden die Passagiere an Land gebracht und der neue Gouverneur standesgemäß von einer Ehrengarde empfangen.

Wie heute noch, so fiel auch damals der erste Blick vom Meer her auf das imposante, 1715 fertiggestellte Fort Marlborough. Wo früher die britische Garnison hauste, grasen jetzt magere braune Kühe entlang dem Wall. Der weiße Festungsbau ist tadellos erhalten. Eine hölzerne Brücke führt in den Innenhof zu den einstigen Diensträumen der Soldaten und Offiziere. Hier also lebten sie, die blutjungen Engländer, direkt aus der Heimat an den Rand der Welt katapultiert. Hier in den engen Verschlägen lagen nicht wenige von ihnen krank und starben qualvoll in der nassen Hitze. Wenige Meter vor der Festung liegt die Küste, ein flacher, breiter, weißsandiger Streifen. Auf einem kolorierten Stich aus dem Jahr 1799 ist die Uferpartie skizziert: links das Ratsgebäude aus Stein, davor das Fort, vorne rechts direkt am

Wasser die elegante, zweistöckige Residenz des Gouverneurs. Zwischen Fort und Meer ist eine flanierende englische Familie zu sehen: Mutter und kleine Tochter in eleganter Empirekleidung, der Vater mit Zylinder und kurzem Frack. Über allen dreien hält der livrierte schwarze Diener einen blauen Sonnenschirm aufgespannt. Die Kolonialidylle, wie sie den heimatlichen Vorstellungen entsprach. Was die Strandszenerie betrifft, blieb sie in den vergangenen zwei Jahrhunderten unverändert. An der Stelle, wo früher die Passagiere den Fuß ans Ufer setzten, springen jetzt ein paar Kinder in die anbrandenden Wellen. Schiffe legen hier schon lange nicht mehr an. Rechts neben der Bastion ein zerfallenes Lagerhaus aus holländischer Kolonialzeit. Dahinter die pflanzenumwucherte, nicht mehr betretbare Ruine des einstigen englischen Ratsgebäudes. Vom Wohnsitz des Gouverneurs ist kein Überrest geblieben. Eine Zeile alter Holzhäuser, kürzlich erst von einem Brand ziemlich mitgenommen, bildet den Rest des einstigen Hafenareals. Es sind die Läden und Behausungen der Chinesen. Das angesengte Schild der halbverbrannten Apotheke hängt noch schief über der Tür in seinem Rahmen und zeigt handgemalt eine riesige schwarze Mücke auf grünem Grund. Das Insekt wirbt für Malariamedikamente. Hinter dieser halbverlassenen Welt ragen steil die Vulkane der urwaldbewachsenen Barisan-Bergkette auf.

Meine Ankunft hier war nicht von günstigen Vorzeichen begleitet. Den Tag vorher hatte ein Erdbeben praktisch alle Gebäude des Orts vernichtet, und die erste Nachricht, die mir vom Ufer her zukam, war die, daß beide Gouvernementshäuser unbewohnbar seien. Eigentlich kommen diese Erdbeben bloß alle fünf bis sechs Jahre vor. Dieses jetzt dauert hingegen bereits seit dem 18. des vorigen Monats. Die Stöße ereignen sich in kurzen Abständen zwei oder drei Mal am

Tag. Der schlimmste war vor wenigen Tagen des Nachts, und nach allen Berichten ist er wirklich furchtbar gewesen, jedes Bauwerk ist in Mitleidenschaft gezogen. Einige Häuser sind nurmehr Ruinen, andere lohnen kaum mehr die Reparatur. Die Unterkunft, die ich jetzt bewohne, ist von oben bis unten gerissen, es gibt keinen einzigen Raum ohne Sprünge – die meisten einige Fuß lang und mehrere Zentimeter breit. Die Hausecken sind brüchig und die Türen aus den Angeln gehoben. Überall rundum werden ganze Wagenladungen Schutt weggebracht. Die Häuser bleiben unbewohnt und wackeln bei jeder Brise hin und her.

Vielleicht sagen Sie nun, daß dies gar kein so schlechter Start meines östlichen Imperiums sei. Weil wir nämlich nicht dazu neigen, Schwierigkeiten zu machen oder gegen die Vorsehung zu murren, werden wir Mittel und Wege zu unserem Glück finden. Das Erdbeben hätte noch viel schlimmer sein können. Es wird erzählt, daß die Stöße anno 1797 bis zu drei Minuten dauerten und sich alle drei Stunden wiederholten. In Padang wurde damals alles zerstört, und ein Schiff, das vor Anker lag, durch die Flut drei Meilen weit an die Küste geworfen.

Sophia zitiert diesen Brief ihres Mannes an die befreundete Herzogin von Somerset und fügt als eigenen Kommentar hinzu:

Daraus läßt sich folgern, daß Sir Stamford seinen wachen Geist zur Genüge beschäftigen konnte. Die meiste Zeit widmete er am Anfang des Aufenthalts den Akten der Siedlung, dem Zustand des Landes sowie der Bevölkerung in der unmittelbaren Nachbarschaft. Er bemühte sich, sowohl die Europäer wie auch die einheimischen Häuptlinge kennenzulernen und sich mit ihren Gewohnheiten vertraut zu machen. Wie auch in Indien, herrschte hier strenge Trennung zwischen Engländern und Eingeborenen. Ohne zu zögern, hob Sir Stamford solche Barrieren auf und öffnete sein Haus den oberen malaiischen Schichten. Die ganze Zeit seines Aufenthalts auf Sumatra waren während der Empfangszeiten stets auch Ortsansässige zugegen.

Das Resultat dieser Änderung bedarf keiner langen Diskussion: Die Häuptlinge betrachteten ihn als ihren besten Freund und Ratgeber, fügten sich seinen Wünschen, und in der ganzen Kolonie herrschten Harmonie und allgemeines Wohlwollen. Was die Holländer betrifft, so zeigten sie sich in ihrem Eifer, ihr Ostimperium wieder aufzubauen, derart aktiv, daß sie versuchten, jede Form einheimischer Macht zu unterdrücken. Das Wiedererscheinen Sir Stamfords im Archipel wurde demgemäß von einheimischer Seite begrüßt und von den Holländern voller Eifersucht als Invasion betrachtet.

EXPEDITION INS INSELINNERE

Kurz nach Ankunft in Bengkulu meldet Sophia:

Sir Stamford erachtete es als seine Pflicht, im Verlauf der Zeit den Charakter der gesamten Insel Sumatra, vorerst aber die Beschaffenheit jenes Abschnitts, der ihm unterstellt war, kennenzulernen. Die *East India Company* beschränkte zwar ihr Gebiet auf einen schmalen Küstenstreifen, aber es schien wünschenswert, auch mit den Menschen im Hinterland in Kontakt zu treten. Von guten Beziehungen sollten beide Seiten profitieren.

Generell war man in Bencoolen der Überzeugung, daß es unmöglich sei, die von Nord nach Süd die Insel teilende

Barisan-Kette zu überqueren. Alle, die gefragt wurden, wollten nichts von einem Versuch wissen. Also entschloß sich Sir Stamford, das Abenteuer selbst zu wagen und ins Innere vorzudringen.

Am 19. Mai 1818 machte sich der Trupp zu Pferd von Bengkulu in Richtung Süden auf den Weg, die ersten neunzig Kilometer der sandigen Küste entlang. Die einzelnen Etappen wurden in der Mittagsglut zurückgelegt, um Tiger-Attacken vorzubeugen. Bei der Stadt Manna – damals ein kleiner englischer Provinzhafen – bog die Gesellschaft im rechten Winkel dem Ufer des Manna-Flusses folgend in den bergigen Dschungel ab.

Die Gegend hat sich seit dieser Unternehmung nur wenig gewandelt. Einzig der Urwald reicht heute nicht mehr bis zum Meer, und Tiger braucht niemand mehr zu fürchten. Im Auto fährt es sich bequem auf einer guten Straße von Bengkulu südwärts. Die Leute leben vom Gemüseanbau. Wenige Dörfer mit schnitzereiverzierten malaiischen Holzhäusern säumen den Weg. Mitten auf der Fahrbahn tummeln sich – wie überall in Sumatra – Kinder, Hühner, Katzen, Hunde, Zebus, Ziegen, Schafe, Wasserbüffel, alle mit Vortritt. Auch das Städtchen Manna, dicht am indischen Ozean gelegen, scheint seit zweihundert Jahren im Schlaf versunken. Ein paar Schritte von den Häusern entfernt wälzen sich die weißen Brecher auf den Sand. Große Treibholzstücke stehen mit ihren wunderlichen Formen gegen den Horizont. Weit und breit ist kein Mensch zu sehen.

Zur Raffles-Gruppe gehörten neben Sophia und Sir Stamford der Botaniker Dr. Joseph Arnold, Mr. Edward Presgrave, ein englischer Verwaltungsbeamter aus Manna, sowie sechs persönliche einheimische Bediente und fünfzig Träger für Gepäck und Essen. Die dreiwöchige Entdeckungstour ins unbekannte Inselinnere galt als gewagt. Sophia folgte ihrem Mann jedoch ohne Bedenken und ließ ihr Baby in der Obhut der englischen Nanny zurück. Es war die erste von vielen Expeditionen, die sie zusammen mit Sir Stamford unternahm. Nichts, auch nicht Schwangerschaften, konnten sie davon abhalten, ihn auf seinen riskanten Touren zu begleiten. Bei jedem Aufbruch mußte sie sich fragen, ob sie selbst je wieder heil zurückkehren würde oder ob die Kinder nicht in der Zwischenzeit einer Tropenkrankheit zum Opfer fallen könnten. Sophia wirkt – als beharrliche Trabantin ihres Mannes – manchmal geradezu starrköpfig. Die Beziehung zu ihm hatte in ihrem Leben stets oberste Priorität. Sie umklammerte ihn. In einem Brief an ihre Schwägerin Mary Anne vom 13. August 1818 thematisiert sie das Problem: »Jedermann warnte uns, daß es für Europäer unmöglich sei, in die Urwälder einzudringen. Aber Tom hörte auf niemanden, weil es für ihn keine Schwierigkeit gibt, die er nicht überwinden könnte, und ich würde mich nie von ihm trennen bloß meiner eigenen Bequemlichkeit zuliebe. Wir durchquerten zu Fuß halb Sumatra, und alle waren erstaunt, daß ich lebend zurückkehrte. Die Strapazen waren viel größer als alles, was die Reiseteilnehmer sich vorgestellt hatten oder ich mir vorstellen konnte, ich hätte die Kraft, es durchzustehen. Es scheint mir schier unmöglich, die einzelnen Wegstrecken zu beschreiben, auf und ab durch Flüsse, immer naß bis an die Knie, 12, 13, 14 und oft 15 Stunden Marsch pro Tag ohne Erfrischung, Rast oder irgendwelchen Komfort. Auf der zweiten Tour [durch das Minangkabau-Gebiet] legten wir in 14 Tagen 240 Meilen zurück, aber hier bin ich – lebendig und munter, obwohl ich sehr viel litt und manchmal dachte, ich sterbe vor Erschöpfung.«

In den *Memoiren* gibt Sophia zuerst Sir Stamford das Wort, die Expedition zu schildern:

Um halb sechs am Morgen des 20. Mai begannen wir unsere Reise zu Fuß ins Passumah-Gebiet. Wir hielten uns den ganzen Tag über an den Flußlauf, mußten aber häufig über hohe Felsen klettern oder durch dichtes Unterholz kriechen. Als wir uns Lebu Tappu, einem verlassenen Dorf, näherten, stießen wir erstmals auf Elefantenspuren. Es muß eine ganze Herde gewesen sein, die kurz vor uns hier durchging. Ein großer Teil dieses Landstrichs scheint früher bebaut gewesen zu sein, befindet sich aber heute wieder im Urzustand. Nachdem wir in Lebu Tappu im Schatten des größten Baums, den wir finden konnten, gefrühstückt hatten, zogen wir weiter nach Pulo Lebar, wo wir die Nacht verbringen wollten. Auch dieser Ort war einstmals ein Dorf, aber wir konnten kein Lebenszeichen mehr entdecken. Sofort nach Ankunft machten wir uns an die Arbeit und errichteten drei Schlafhütten. Der Fluß war hier breit und die Szenerie romantisch und wunderschön. Des Nachts wurden wir von einer Elefantenherde überrascht, die wohl nachsehen wollte, wer sich hier herumtreibt. Aber sie blieb schließlich auf Distanz. Die Eingeborenen glauben, daß es zwei Arten von Elefanten gibt: die *gaja berkampong*, d. h. Elefanten, die stets in der Herde leben, und die *gaja salunggal*, d. h. diejenigen Tiere, die einzeln herumstreifen und sehr viel größer und wilder seien. Es mag sein, daß es sich bei den letzteren um die ausgewachsenen Männchen handelt.

Übrigens muß ich hinzufügen, daß wir im Urwald von den Blutegeln sehr geplagt werden. Sie schlängeln sich in unsere Stiefel und Schuhe, die völlig mit Blut durchtränkt sind. Nachts fallen sie von den Blättern, die uns schützen sollten, und oft erwachen wir überall blutend. Mit diesen Eindringlingen haben wir nicht gerechnet. Lady Raffles mußte drei Tage lang im Urwald auf schmalsten Pfaden in felsigem

Gebiet von morgens früh bis abends auf den Füßen stehen. Um ihr die Erschöpfung zu erleichtern, wurde sie manchmal für eine Stunde auf Männerschultern getragen.

Die wichtigste Entdeckung der ganzen Reise jedoch machten wir zu Beginn. Wir stießen auf eine Riesenblume, die ich kaum zu beschreiben imstande bin. Es handelt sich um die vielleicht größte und auch großartigste Blume der Welt. Sie unterscheidet sich in jeder Beziehung von anderen Blumen – ich kann sie mit nichts vergleichen. Der Durchmesser der Blütenblätter beträgt mehr als 90 Zentimeter, der Blütenkelch ist 20 Zentimeter breit und tief und könnte anderthalb Gallonen Wasser fassen. Die ganze Blume wiegt fünfzehn Pfund. Ihr sumatranischer Name lautet *petimun sikinlili* oder des Teufels Betelbüchse. Sie wächst vor allem hier in dieser Gegend. Die Blüte ist ziegelrot mit mehreren pustelartigen Tupfen in hellerer Farbe. Die Konsistenz kann man als fleischig bezeichnen, und bald nach dem Verblühen verströmt die Pflanze einen Kadavergestank.

Es gibt nichts Eindrücklicheres im malaiischen Urwald als die Höhe der Vegetation. Die Vielfalt und Größe der Blumen, Kletterpflanzen und Bäume kontrastiert zur Pygmäenvegetation der englischen Wälder. Unsere höchsten Eichen sind wahre Zwerge.

Hier findet sich erstmals in der Literatur die Beschreibung der sonderbaren und beinahe Abscheu erregenden Urwaldpflanze *Rafflesia Arnoldi*, benannt nach den beiden Entdeckern Raffles und Joseph Arnold.

Mit Photokopien von Sophias Text ausgerüstet, folgten wir ihrer Route, fest entschlossen, die Riesenblume aufzustöbern. Bereits während eines Imbisses unten in Manna zogen wir Erkundigungen ein und wollten vom Besitzer der Garküche wissen, ob es in Lubuk Tapi – so heißt jetzt der Ort Lebu Tappu, wo Raffles' Troß Frühstückshalt machte, – immer noch Rafflesien zu entdecken gebe. Der Mann war skeptisch und meinte, die Blüten versteckten sich tief im Urwald, man müsse Leute ausfindig machen, die wissen, wo zu suchen sei. Mit Sophias Routenbeschreibung in der Hand fanden wir die Straße nach dem Dorf. Der Weg windet sich streckenweise noch immer am Fluß entlang, führt jetzt aber, an geeigneten Stellen die Biegungen abschneidend, steil nach oben. Raffles' Urwaldschilderung gilt noch heute. Beidseits der Straße das dichte Schwarz riesiger Bäume, dazwischen Bananen und großblättrige Buschpflanzen. Elefanten treffen wir keine mehr an, dafür einen scheuen Siamang, weit oben in den Ästen turnend. Die Gegend ist fast menschenleer. Lubuk Tapi, am Ortseingang durch ein Schild bezeichnet, ist heute ein kleines Dorf mit etwa hundert Einwohnern, alle bitterarm. Ihre auf Pfählen stehenden Häuser sind zum Fluß hin ausgerichtet. Vor einem winzigen Laden steht ein prächtiges, blankgeputztes japanisches Motorrad, auf dessen Sattel ein Javaneraffe thront. Es ist November, Duriansaison. Vor jedem Haus liegt ein kleiner Berg der stacheligen Durianfrüchte, die auch den Fremden sofort angeboten werden. Wir fragen nach der Rafflesia. Ein alter Mann wird geholt. Ja doch, sagt er, er könne uns zu einer Blüte hinführen. Wir überqueren einen schmalen Strich Pflanzland, dann müssen wir Schuhe und Strümpfe ausziehen, den Fluß durchwaten und danach im knietiefen Sumpf barfuß den Hang erklettern. Der Urwald ist lichtarm, nur Umrisse sind erkennbar. Unser Begleiter geht ein Stück vor, heißt uns warten, kehrt zurück – nichts. So ein paar Mal in alle Richtungen. Die Suchaktion muß schließlich mangels Erfolg abgebrochen werden. Enttäuscht wenden wir uns wieder zum Fluß, waschen uns Füße und Beine und sind im Dorf zurück. In der Zwischenzeit haben sich die meisten der Bewohner versammelt und besprechen unser Anliegen. Ein junger Mann scheint genau zu wissen, wo die Rafflesia versteckt liegt. Also Rückkehr in den Urwald. Nicht weit vom Dorf, diesmal auf der anderen Seite, stehen wir plötzlich still: Da! Die Riesenblume, rot, breit, mächtig. Und weiter links eine nächste sowie einige der langsam wachsenden schwarzen Knospen. Beschreiben läßt sich die seltsame Urblüte kaum, da hatte Raffles recht.

Von Pulo Lebar starteten wir wiederum um halb sechs in der Frühe, legten um acht einen Frühstückshalt ein und erreichten gegen sechs abends Barong Rasam. Der Tag war ermüdend gewesen: 30 Meilen durch dichten Urwald, über gewaltige Berge, einer davon mindestens fünftausend Fuß hoch. Es ging ganz gut vorwärts. Lady Raffles war die perfekte Heldin. Das einzige Unglück erreichte uns in Form von schwerem Regen während der Nacht. Wir waren alle bis auf die Haut durchnäßt und befanden uns jetzt zwei Tagemärsche vom Nachschub entfernt. Immerhin gelang es, mit dem Rest von Geflügel ein gutes Dinner zu kochen, Reis und Claret gab es genügend.

Am nächsten Morgen ging es etwas besser. Ein Häuptling von Passumah kam uns entgegen und teilte mit, daß wir mit etwas Tempo nachmittags sein Dorf erreichen könnten. Unser Weg führte über Gebirgspässe, manchmal auch meilenweit in Flußbetten oder auf improvisierten Flößen über den wilden Manna-River. Zuletzt hatten wir noch eine sehr steile Stelle zu überwinden, und dann eröffnete sich unserem Blick die Hochebene, einer der schönsten Landstriche, die ich je sah. Die Trostlosigkeit des Urwalds und die Erschöpfung waren vergessen. Die Menschen hier schienen einer andern Rasse anzugehören als die an der Küste. Unten am Meer gelten sie nämlich als unregierbar, und niemand sei imstand, mit ihnen in Kontakt zu treten. Das Gegenteil war der Fall. Mit der üblen Nachrede gegen sie war mehr gesündigt worden, als sie selbst sündigen konnten.

Im Dorf Tanjung Alem blieben wir zwei Tage. Gerade war eine alte Frau von hohem Rang gestorben, und wir wurden Zeugen der Bestattungszeremonien. Sie begannen damit, daß alle Frauen des Dorfs sich ins Haus der Verstorbenen begaben und dort während zweier Stunden schrille Schreie ausstießen. Danach wurde der Leichnam in die offene Halle im Zentrum gebracht und aufgebahrt. Wir alle mußten dort essen. Lieber hätten wir natürlich woanders getafelt, aber es wurde von uns erwartet, daß wir alle Rituale mitmachten. In Anwesenheit des ganzen Dorfes wurde abends gesungen und getanzt. Anderntags schlachtete der Häuptling eine Ziege und verspritzte ihr Blut im Haus der Toten. Die Jungfrauen des Orts schrien derweil in der Halle um die Wette »Oh Mutter! Komm zurück. Komm zurück.« Dies dauerte so lange, bis beschlossen wurde, daß man nun den Leichnam aus dem Dorf tragen und bestatten müsse. Ohne weitere Zeremonien wurde er ins Grab gelegt. Obwohl die Leute offiziell als Mohammedaner gelten, scheinen sie ihrem alten Glauben doch mehr anzuhängen, als ich das vermutete.

Unser alter Geländewagen kriecht im dichten Urwald über steile Schlaufen die geschotterte Bergstraße hinauf. Kurve um Kurve winden wir uns durch dichten Nebel. Immer wieder prasseln kurze Regengüsse aufs Dach und lassen den Verlauf der Kehren im Grau kaum mehr erkennen. Glitschige Bretter liegen als improvisierte Brücken über reißenden Bergbächen. Dann, weiter oben, wird es heller, immer heller, plötzlich die heiße Sonne über der Hochebene von Pasemah, wo die von Raffles bewunderten Gebirgsstämme zu Hause sind. Siebzig Kilometer lang ist das fruchtbare Plateau, eingebettet zwischen die Vulkane der Barisan-Kette. Überraschend und überwältigend diese Landschaft. Vor zweitausend Jahren schon lebten hier Menschen und lassen uns Heutige rätseln über ihre bronzezeitliche Kultur. Verstreut um den Hauptort Pagaralam liegen megalithische Steinskulpturen mitten in den Feldern, verwitterte Überreste einstigen künstlerischen Ausdruckswillens: Krieger mit umgehängten Trommeln, Elefantenreiter, eine Männergestalt, die mit einer Schlange ringt, Riesentische, quadratisch unterteilt und mit merkwürdigen runden Dellen versehen. Niemand weiß, wer das alles geschaffen hat. Neben den Skulpturen arbeiten Frauen und Kinder in den Äckern, pflanzen Gemüse, Reis, Blumen. In der Nähe von Pagaralam säumen kunstvoll geschnitzte Holzhäuser die Hauptstraße, eines davon auffallend mit verblichenen Malereien verziert. Quer über die ganze Seitenwand hingeworfen stehen überlebensgroß zwei weiße Kraniche mit zurückgebogenen Hälsen, dahinter Frauengestalten in chinesischer Tracht, die Gesichter ebenso weiß wie die Vögel und von schwarzem Haar streng umrahmt. Mindestens zweihundert Jahre alt sei die Malerei, sagen die Leute, Chinesen hätten damals ihre Wohnhäuser auf diese Weise kenntlich gemacht. Raffles scheint nichts von alledem bemerkt zu haben.

Wir machten uns nun langsam wieder in Richtung Küste auf, und zwar auf einer anderen Route. Bis jetzt hatten wir passables Wetter angetroffen, aber nun erreichte uns schwerer Regen, der uns derart durchnäßte, daß wir in den triefenden Kleidern schlafen mußten. Das Gepäck blieb zurück. Kein Holz brannte, es gab keinen Schutz und kein Licht. Ich suchte für Lady Raffles einen Stein im Flußbett, den sie als Kissen verwenden mußte.

Die Reisestrapazen der Raffles-Gruppe näherten sich dem Ende. Der Abstieg erwies sich jedoch noch voller Tücken. In den *Memoiren* wird der Schluß der Fahrt von Sophia selbst beschrieben. Es ist eine der wenigen längeren Passagen im Text, wo sie die Ereignisse aus ihrer eigenen Sicht erzählt:

Dies war bestimmt der schlimmste Tag, den unsere Gruppe erdulden mußte. Wir kannten die Route nicht, und der andauernde Regen ließ Urwald sowie Pfad besonders trostlos und lästig erscheinen. Sir Stamford und Dr. Arnold nahmen den einzig verbliebenen Führer mit und hasteten vorwärts in der Hoffnung, den Fluß zu erreichen und ein Feuer vorzubereiten. Bald wurde klar, daß der Rest der Truppe den Weg verloren hatte. Die Leute verteilten sich im Bemühen, die Fußstapfen der Vorgänger zu finden. Wir alle lauschten angestrengt auf den Ton des fließenden Flusses, des schönsten Geräusches für den erschöpften Reisenden in fremdem Land und heißem Klima. Schließlich blieben Mr. Presgrave und die »Herausgeberin« ganz allein. Während beide noch debattierten, was nun zu tun sei, und sie ihren Marsch in großer Angst, Dunkelheit und prasselndem Regen fortsetzten, passierte Mr. Presgrave ein alarmierendes Ungeschick, das beinahe gefährlich endete. Er fiel in eine mit Blättern bedeckte Grube und verschwand darin komplett. Mit ihm verschwand auch jede Hoffnung seiner Begleiterin, den Tag zu überleben. Zum Glück gelang es ihm, sich zu befreien. Beim Weitergehen ließen sich plötzlich durch das Regenplätschern die Stimmen der am Flußufer Versammelten vernehmen und löschten die kleinen bedrückenden Sorgen aus.

Das Vergnügen dieser Reise war für Sir Stamford groß, weil es ihm ein weites Feld künftiger nützlicher Arbeit vermittelte. Er sah, daß nicht nur die unproduktive Küste Verbesserungen benötigte, sondern ebenso das fruchtbare Hinterland mit einer Bevölkerung, die von seinem Einfluß und seiner Beratung profitieren wollte. Ein alter Häuptling war doch tatsächlich beim Abschied weinend zu Boden gefallen und hat später den langen Weg nach Bencoolen zu Fuß zurückgelegt, um Sir Stamford wiederzusehen. Derart einfache, unzivilisierte Menschen lassen sich durch Güte leicht gewinnen. Sie sind wie Kinder, leicht zu führen, schwer anzutreiben. Dank seiner außergewöhnlichen Einfachheit im Wesen und im Auftreten ist ihnen Sir Stamford besonders sympathisch. Diese Leute sind liebenswürdig und aufmerksam, vorausgesetzt man ermutigt sie und begegnet ihnen mit Zuneigung und beweist so, daß das Herz die wahre Höflichkeit lehrt.

Als die »Herausgeberin« schließlich Merambung erreichte, legte sie sich in den Schatten eines Baums, todmüde vom langen Gehen. Der Rest der Gruppe hatte sich in alle Richtungen verteilt, besorgt um Unterkunft. Da näherte sich ein Malaienmädchen mit großer Grazie im Benehmen. Gefragt, was sie wolle, antwortete sie: »Nein, ich will nichts. Aber als ich Sie so ganz allein dasitzen sah, dachte ich mir, wir könnten einen kleinen Schwatz halten. Und so kam ich, um Ihnen ein wenig Betel anzubieten und mich neben Sie zu setzen.« Kein Höfling hätte mehr Takt gezeigt im Diskutieren trivialer Themen von allgemeinem Interesse oder hätte sich wie sie beherrscht, keine Fragen zu stellen, an denen höchstens sie selbst interessiert war. Ihr Ziel war, mit großer Raffinesse eine Fremde zu unterhalten.

Die Flöße für die gestrige Fahrt flußabwärts – es war schon die Rede von ihnen – bestanden aus einigen zusammengebundenen Bambusstämmen. Die »Herausgeberin« suchte auf dem Rückweg im Urwald auf eigene Faust den Ort, wo sie gefertigt wurden, um den Bau zu beschleunigen. Auf ihre Frage, ob die für den Rücktransport nach Manna dringend benötigten Stücke schon fertig seien, hörte sie, daß man eben erst mit der Arbeit begann. Weil die »Herausgeberin« Sir Stamfords Ungeduld kannte, wartete sie, bis wenigstens eines vollendet war. Aber es erwies sich als zu leichtgewichtig und die Stromschnellen als zu gefährlich für die drei vorgesehenen Passagiere. Also wurde ein Pfahl im Zentrum befestigt und der »Herausgeberin« befohlen, sich an ihm gut festzuhalten. Links und rechts von ihr stand je einer der Leute mit großen Stangen in den Händen. So glitt das Floß als erstes den Fluß hinunter, an mehreren Stellen unter überhängenden Felsen durch. Wenn es sich jeweils im Strudel einem scharfen, kurvigen Fels näherte, hob einer der Männer seine Stange hoch über den Kopf und stieß sie im letzten Moment mit aller Wucht gegen den Stein, so daß das Fahrzeug abdrehte und pfeilschnell über die Schnelle auf den gegenüberliegenden Fels zuschoß. Das Davonjagen des Floßes übers Wasser, der tosende Lärm, die sprühende Gischt, die Gefahrenmomente, die große Anstrengung, sich am Pfahl festzuhalten, die vollkommene Ruhe jeder einzelnen Person – das alles zusammen schuf einen hohen Grad von Erregung, die nicht leicht beschrieben werden kann. Die Flöße erreichten Merambung sicher. Dort wurden die Stromschnellen flacher, und es konnten sogar zwei Sitze im Zentrum der Bambusstäbe befestigt werden. Die Passage wurde zur vergnüglichen Reise inmitten der Schönheit einer großartigen Flußlandschaft. Die Dämmerung brach ein, und plötzlich stoppten die Männer und weigerten sich, weiterzufahren. Es fand sich nahe dem Ufer ein Dorf, wo man auf Unterkunft hoffte. Aber obwohl es noch früh war, konnte nichts die Bewohner dazu bewegen, aus ihren Häusern zu kommen aus Furcht vor den Tigern. Schließlich konnte der Häuptling dazu gebracht werden, einige Boten mit Fackeln nach Pferden zu schicken. Und so beschlossen wir diese Etappe.

Die Textstelle bezeugt nicht nur Sophias scharfe Beobachtungsgabe und Erzählkraft, sondern ebenso ihre Kaltblütigkeit. Die oft nicht ungefährlichen Situationen nimmt sie als Selbstverständlichkeiten hin, das Abenteuer macht ihr Vergnügen, reizt gesteigertes Empfinden. Wie sie die Floßfahrt schildert, gibt sie uns die seltene Chance, ihre Erlebnisstärke zu spüren. In anderer Weise aufschlußreich ist der gleichfalls von ihr selbst aufgezeichnete, distanziert und fast mitleidlos wirkende Hinweis auf die tödliche Krankheit des Freunds Joseph Arnold und die vorgezogene Heimkehr nach Bengkulu:

Sir Stamford wollte nur einen Tag in Manna bleiben und reiste dann der Küste entlang nach Cawoor weiter. Dieser Teil – zu Pferd – war sehr ermüdend, immer am Strand entlang und wegen der Tiger zur Mittagszeit: Das Gleißen der See, die Hitze auf dem Sand, die senkrechte Tropensonne ohne jeden Schatten, weder natürlich noch künstlich, war für alle peinigend und führte für einen der Gruppe zum Tod. Als Dr. Arnold in Cawoor ankam, bekam er hohes Fieber, und keine Medizin war erreichbar. Nachdem Sir Stamford einen Tag bei ihm gewartet hatte, hasteten wir zurück nach Bencoolen, um ärztliche Hilfe zu finden. Auch diese Etappe wurde zu Pferd zurückgelegt, sie endete für die ganze Gruppe beinahe tödlich. Im Bemühen, einen Felsvorsprung zu passieren, der von den Eingeborenen »Todesplatz« genannt wird, stieg die Flut derart plötzlich an, daß die Pferde den Halt verloren. Von oben auf dem Fels schrien die Leute voller

Verzweiflung, und im letzten Moment gelang es, die Pferde zurückzuführen über eine längere Route durch den Urwald. Dort stießen die Träger auf einen Tiger in kauernder Stellung. Sie hielten an und wandten sich mit bittenden Worten an ihn. Sie versicherten dem Tier, daß sie arme Leute seien, die des »Großen Mannes« Gepäck trügen. Der würde sehr böse auf sie, wenn sie nicht zeitig ankämen. Deshalb bäten sie untertänig, sie ruhig und ohne Belästigung durchzulassen. Der Tiger, vermutlich erschrocken durch die Störung, erhob sich und verschwand im Dickicht. Die Leute aber waren überzeugt, daß er sie erhört hatte.

Joseph Arnold, der Botaniker, starb kurze Zeit später, vermutlich an der Malaria, die er sich wohl bald nach der Ankunft auf Sumatra zugezogen hatte.

DAS SAGENREICH IM BERGLAND

Die beiden Raffles blieben nach der Rückkehr von ihrer ersten Entdeckungsfahrt nur gerade einen Monat lang zu Hause in Bengkulu. Sophia spricht in den *Memoiren* nicht über das Wiedersehen mit ihrer kleinen, nunmehr vier Monate alten Tochter. Einzig im bereits zitierten Brief an Mary Anne Flint läßt sie ihr Gefühl für das Kind erkennen: »Ich gäbe die Welt her, wenn Du mein süßes Baby sehen könntest. Sie ist ein derart intelligentes und waches Ding, daß ich überzeugt bin, Du wirst sie lieben. Bereits genießt sie es, wenn man mit ihr spielt. Ihre Nurse ist eine Perle, und ich bin das glücklichste Wesen auf der Welt.«

Wenig später suchten Raffles und Sophia erneut den Nervenkitzel. Sie machten sich auf, im Land der Minangkabau ein Sagenreich aufzuspüren. Sophia teilt mit:

Zu Beginn des Monats Juli 1818 schiffte sich Sir Stamford nach Padang ein. Dort erhoffte er sich Informationen über Lage und Verhältnisse der alten Malaienstadt Minangkabau, die ihm aus seiner geliebten östlichen Literatur ein Begriff war.

Die Hauptstadt der Minangkabau, deren richterliche Gewalt sich in alten Zeiten über ganz Sumatra erstreckte, mußte 80 Meilen landeinwärts von Padang liegen, irgendwo hinter den westlichen Bergketten im Zentrum der Insel. Kein Europäer hatte je diese Gegend betreten, von der man nur wenig wußte.

Aufgrund von Beobachtungen und Informationen, die Sir Stamford in Padang sammelte, erhoffte er sich einige kulturelle Aufschlüsse über das im Hinterland verborgene Reich, von dem alle malaiischen Staaten abstammen.

Die Minangkabau waren seit Urzeiten berühmt für ihre Goldminen, ihr Erz und ihre sonstigen Mineralien. Das Gold, das die frühen Händler in Malakka fanden, stammte von den Minangkabau und wurde die Flüsse hinunter zur Meerenge transportiert. Malakka verdankt seine Bezeichnung *Goldene Chersonesos* [Goldene Halbinsel] dem Gold der Minangkabau, und die Schiffahrer unterscheiden in ihren Karten bis auf den heutigen Tag zwei Berge in der Gegend, genannt *Mount Ophir*: der eine auf Sumatra, der andere auf der Malakka-Halbinsel, beide aber auf demselben Breitengrad wie die Hauptstadt der Minangkabau, das heißt exakt auf dem Äquator.

Sophia schwärmt und spekuliert. Sie hat ungenaue geographische Vorstellungen, täuscht sich über Größe und Lage Sumatras und vor allem auch über den Einflußbereich der Minangkabau. Sie folgt uralten Vermutungen, glaubt den Sagen über das Land Ophir und die legendenumwobene »Goldene Halbinsel«.

Gold und Erz waren von alters her kostbare Handelsgüter: »Auch brachten die Schiffe Hirams, die Gold aus Ophir holten, sehr viel Sandelholz und Edelsteine von dort mit.« So steht es im Alten Testament: 1. Könige 10, Vers 11. Das mythische Land Ophir wurde durch die Jahrhunderte an vielen Orten vermutet: in Ostafrika, in Indien, auf der Halbinsel Malakka – jetzt Malaysia – oder noch weiter östlich, in der Gegend der südchinesischen Handelsstadt Kattigara. Dieser Ort war laut Aussage des antiken Geographen Ptolemaios die fernste Station der römischen Schiffahrt. Der legendäre Name Ophir setzte sich in den Köpfen der Seefahrer fest und wurde allem Anschein nach schließlich zwei Bergkuppen beidseits der Straße von Malakka zugedacht. Mit Sagen verbunden ist auch die »Goldene Halbinsel«, die als »Goldland nach Süden ausläuft« – wie es in einem spätantiken Reisebericht heißt. Zwar ist in diesem Fall die geographische Lage einigermaßen gesichert dank der exakten Küstenbeschreibung des Kaufmanns Alexandros aus Alexandria. Es handelt sich um das heutige Malaysia mit seinen Goldvorkommen in den Flußalluvionen. Der Kaufmann und Reiseberichterstatter Alexandros wurde schließlich selbst noch zur Legende. Das Seemannsgarn der weitgereisten Malaien verwandelte ihn im Laufe der Zeit in den Feldherrn Alexander den Großen. Heute noch kursiert die Geschichte, daß einer der Nachfahren des Mazedoniers ein früher Herrscher der Minangkabau gewesen sei. Davon wird noch die Rede sein.

DIE HAFENSTADT PADANG

Gold, Erz und ein unbekanntes, noch zu entdeckendes malaiisches Urreich mitten auf der Insel Sumatra: Sophias Phantasie ist beflügelt. Die Expedition erreicht Anfang Juli 1818 den Startpunkt ihrer Unternehmung, die Hafenstadt Padang am indischen Ozean, zirka 340 Kilometer nördlich von Bengkulu.

Padang gilt als der heißeste und feuchteste Ort des ganzen indonesischen Archipels. Die täglichen abendlichen Wolkenbrüche verwandeln die Straßen mit ihren hochgebauten Randsteinen regelmäßig in reißende Bäche, zwingen zum hüpfenden Vorwärtskommen. Padang: eine Stadt, anders als sonstige Großstädte auf Sumatra, wehmütiger, packender, anregender. Die Häuser der Holländer gegen die Hügel zu stammen in ihrer Mehrzahl aus der späteren Kolonialzeit, aus den dreißiger Jahren. Keine Paläste wie im nördlichen Medan, der einstigen Tabakmetropole, sondern bescheidene, weiße Bürgerhäuser in einer Art kolonialem Bauhausstil. Je näher zum Meer hin, desto älter und zerfallener ist die niederländische Pracht. Dafür brodelt hier selbstsicher das Leben verschiedenster sumatranischer Völkerschaften – genau wie in vorkolonialer Zeit. Padang ist kulturell und wirtschaftlich das Zentrum der Westküste Sumatras. Gegen den alten Hafen zu ändert sich die Szenerie abrupt. Hier herrschen die Chinesen in ihrem Jahrhunderte alten *Kampong*. Niedrige, zweistöckige Häuser stehen beidseits der engen Straßen. Läden, Garküchen, Handwerksbuden sind bis tief in die Nacht lebendig. Die Luft riecht nach Gewürzen, nach Kaffee, nach dampfenden Nudelgerichten. Dann biegt der Weg ab in ein Gewirr kaum erleuchteter Gassen zum einstigen Hafenrevier, geschützt an der Mündung des Batang Arau-Flusses gelegen. Am südlichen Ufer stehen noch immer die baufälligen holländischen Lagerhäuser, eines neben dem andern aufgereiht. Wieder die Erinnerung an Joseph Conrads Schilderungen tropischer Häfen. Mit ein wenig Einbildungskraft sieht, riecht und hört man das einstige Treiben: die Kulis mit ihren Lasten über die Planken laufen, Rufe, Ausdünstungen, die Händler in ihren Kontoren, die Schwere der Luft, die Fremdheit der weißgekleideten Europäer. Heute ist hier alles gespenstisch tot. Kleinere Schiffe sind zwar noch angedockt. Sie bringen Gewürze und

Kaffee nach Jakarta und Singapur. Sir Stamford jedoch – so lesen wir in den *Memoiren* – war von Padang, damals im Besitz der Engländer, in keiner Weise angetan. Sophia zitiert aus Briefen ihres Mannes:

Als ich ankam, fand ich trotz meinen vorausgeschickten Instruktionen nicht das Geringste für unsere Reise ins Innere vorbereitet. Wie schon in Manna, glaubte man auch hier, daß die Exkursion nicht durchzuführen sei. Ich trommelte folglich die Intelligentesten unter den Europäern und Eingeborenen Padangs zusammen und informierte sie über meine Entschlossenheit. Anfangs begegnete mir nur Obstruktion. Nebst physischem Widerstand wurde mir das gesamte Innere als unter dem Zepter eines religiösen Reformers stehend dargestellt, der mich ohne Zweifel gnadenlos niedermetzeln werde. Als auch dieser Einwand nichts fruchtete, lösten sich die Schwierigkeiten nach und nach in Luft auf, man begann damit, Distanzen auszumessen, Routen festzulegen und an die wichtigsten Häuptlinge zu schreiben. Nach drei Tagen waren wir reisebereit.

Als erstes mußten wir Gepäck und Nahrungsmittel vorausschicken. Unsere Vorhut bestand aus zweihundert Kulis, fünfzig Soldaten als Schutz sowie allen unseren persönlichen Bedienten. Bei Trommelklang verließen sie die Stadt am 14. Juli, eine höchst witzige Kavalkade, die um so mehr Interesse weckte, weil mein Freund, der Botaniker Dr. Horsfield, hoch oben auf den Schultern von vier Trägern schaukelte. Er ging vor, weil er Zeit brauchte zum Botanisieren.

Am 16. Juli frühmorgens wollten wir nachfolgen. Während der Nacht jedoch hatte es derart heftig geregnet und goß am Morgen immer noch, daß wir gar nicht aus dem Haus konnten. Unsere Häuptlingseskorte warnte uns, daß der

Padang-Fluß über die Ufer getreten sei und der ganze Bazar unter Wasser stehe. Jede Verbindung mit dem Hinterland war unterbrochen. Am Mittag klarte es aber auf, und wir verließen die Residenz unter Böllerschüssen, begleitet vom eingeborenen Chef dieses Orts, zwei Minangkabau-Prinzen, vielen Händlern und etwa 300 Leuten Gefolgschaft.

Den ersten Teil des Wegs konnten wir noch reiten, aber bald mußten wir absteigen. Schon unmittelbar hinter dem Bazar Padangs mußten die Pferde über einen Fluß schwimmen, und während der nächsten drei Stunden überquerten wir mindestens zwanzig ähnliche reißende Bäche, manchmal im Kanu, oft auf Menschenrücken oder watend. Kaum waren wir einem Wolkenbruch entkommen, folgte ein nächster Regenguß und durchnäßte uns vollständig, und wir mußten für die Nacht Unterkunft suchen. Obwohl wir viele Stunden unterwegs waren, hatten wir kaum sechs Meilen zurückgelegt.

In einer Expreßbotschaft an den Troß hatte der Botaniker Horsfield noch versucht, Raffles am Weitergehen zu hindern, an ein Durchkommen sei wegen des Wetters nicht mehr zu denken. Einer der Kulis war vom Wasser fortgerissen und getötet worden. Was Raffles betraf, hatte Horsfield kaum Bedenken. Aber für Sophia sah er keine Möglichkeit, die schwierigen Passagen zu bewältigen, zumal sie über die Flüsse schwimmen müsse, weil sie zu tragen unmöglich sei. Sir Stamford aber bestand auf der Fortsetzung seiner Expedition, obwohl Sophia erneut schwanger war. Natürlich verschweigt sie ihren Zustand. Ihre eigenen Befindlichkeiten sind ihr keiner Erwähnung wert. Sie schreibt: »Als die Sonne aufging, waren die Wolken verschwunden und mein Entschluß gefaßt, jedes Hindernis zu überwinden.«

Das überschwemmte Gebiet, das der Trupp durchqueren mußte, mündet in steile Abhänge. Die Pferde kämpften sich zwischen Reisfeldern und Kaffeeplantagen durch bis zur ersten Hügelterrasse, hoch über Padang gelegen. In den *Memoiren* ist von kleinen *Warungs* (Eßbuden) die Rede, die den Reisenden Reisgerichte anboten. Sie stehen auch jetzt noch am Weg. Raffles erzählt erstaunt, daß beim Eintritt der Fremden in ein Dorf jeweils die große, von einem Palmblattdach geschützte Trommel geschlagen wurde. Diese Trommeln, ausgehöhlte Baumstämme, die horizontal unter einem Schutzdach hängen und nur an der einen Seite eine Pergamenthaut aufweisen, haben in einigen Minangkabaudörfern auch heute noch wichtige Informationsfunktion: Der Dorfchef kann seine Leute rasch zum Versammlungsplatz rufen. Besucher werden jedoch nicht mehr mit Trommelschlägen begrüßt, sondern bekommen die Instrumente bloß noch mit Stolz vorgezeigt.

Über unsere Unterkünfte schweige ich lieber. An den einzelnen Zollstationen gab es große Hütten, in denen sich die eingeborenen Reisenden und Händler für wenig Geld hinlegen konnten. Das taten auch wir. Manchmal konnten wir für uns einen Schlafteil abgrenzen, manchmal nicht einmal das. Es kam vor, daß unsere gesamte Gruppe von über 300 Leuten bei trommelndem Regen unter ein einziges Dach gepfercht lag. Einer der Tagesmärsche war besonders schlimm. Wir brachen früh auf und stiegen im Flußbett bergaufwärts. Fels türmte sich auf Fels, und wir mußten uns an schlüpfrigen Katarakten durchzwängen. Mittags erreichten wir todmüde eine kleine Station, wo unsere Vorhut uns eine Schlafhütte versprochen hatte. Nichts dergleichen. Unsere Leute waren bereits weitergezogen, um einen besseren Platz zu finden. Wieder begann es zu regnen, alles war naß. Wir hatten keine Kleider zum Wechseln, kein Bettzeug, nichts zu essen. Wir stiegen weiter, steil aufwärts, nun nicht mehr im Flußbett, sondern den Abhang hinauf. Schließlich wurde es dunkel, und mitten im tiefen Urwald konnten wir nichts mehr erkennen. Niemand war imstand, eine Wegspur zu sehen oder zu ertasten. Wir feuerten zwei, drei Gewehrsalven los in der Hoffnung, gehört zu werden. Nichts. Während der nächsten Stunden wurden wir durch das Flackern der Feuerfliegen gepeinigt und getäuscht. Endlich erblickten wir ein ruhigeres Licht und hörten von ferne Rufe: unsere Leute. Die Schlafstätte bestand schließlich aus einem halbzerstörten Schuppen, in den sich Menschen jeden Ranges quetschten, aber wir fühlten uns wie in einem Palast.

»GOD SAVE THE KING« IM HOCHTAL

Durchs Bergland der Minangkabau verläuft heute der *Transsumatra Highway*, die Straße von Nord nach Süd der Länge nach durch ganz Sumatra. Sir Stamford hatte als erster die Vision eines sumatranischen Verbindungswegs, allerdings nicht längs, sondern quer über die Insel vom indischen Ozean zur Straße von Malakka. Die Vorstellung einer Nordsüd-Achse wäre zu Raffles' Zeit undenkbar gewesen, weil viele Teile des Inselinneren noch unentdeckt waren und niemand eine Ahnung hatte von der wahren Ausdehnung des riesigen Gebiets. Sophia erwähnt Raffles' Straßenprojekt. Er erklärt:

Durchs Zentrum der Insel – von einem Ende zum andern – würde ich eine Straße bauen, und die Flüsse beidseits der Bergkette dienten mir als transversale Handelsrouten. Ich würde mich als Beschützer aller einheimischen Stämme betrachten. Ich würde die alte Autorität der Minangkabau wiederherstellen und mich selbst als den großen Mogul der ganzen Insel einsetzen. Ich würde 30 000 englischen Siedlern Arbeit verschaffen.

Würde – hätte – wäre: Raffles' selbstherrliches Inselmanagement im Konjunktiv. Die Holländer begannen Anfang des 20. Jahrhunderts schließlich mit dem Bau der 2500 Kilometer langen Straße. Sie führt von Aceh im Norden Sumatras bis Bakauheni an der Südspitze – wenige Seemeilen von der Insel Java entfernt. Vor kurzem erst fertig asphaltiert, folgt diese Verkehrsachse tatsächlich teilweise den Vorstellungen von Sir Stamford mitten durch die Barisan-Bergkette und an den Kraterseen im Zentrum der Insel entlang. In der Regenzeit kommt es vor, daß Bergrutsche ganze Straßenabschnitte blockieren. Dann warten die Autoschlangen geduldig, bis die Unterhaltsequipen den Weg wieder freigeschaufelt haben. In schlimmeren Fällen sind unfreiwillige Übernachtungen auf engen Autositzen unvermeidlich.

Im Minangkabau-Gebiet, nahe dem Singkarak-See, liegt Solok, wichtiger Verkehrsknotenpunkt und eine von vielen Großraststätten, die zur Versorgung der Hauptader unentbehrlich sind. Graue Betonlandschaft: Autowerkstätten, Zapfsäulen, riesige Parkplätze, zahllose kleine Imbißbuden entlang der einzigen Dorfstraße. In allen Garküchen Soloks werden die gleichen Speisen zubereitet: das berühmte, scharfe Padang-Essen. Huhn und Fisch in Kokosnußcurry oder gebraten mit Chilipfeffer serviert, in Gewürzlake gekochtes oder an der Sonne getrocknetes Rindfleisch in Sambal eingelegt, schlabbriges Büffelmaul, roher Kohl, Blattgemüse, Curry-Eier. In rasendem Tempo stellen die Kellner den Gästen zwanzig Schälchen auf den Tisch, dazu Reis. Der Kunde bezahlt nur, was er auch tatsächlich gegessen hat. Der Rest geht zurück und wird dem nächsten vorgesetzt.

Von drei Seiten her, von Norden, Süden und dem westlich gelegenen Padang, kriechen Busse und Laster auf Solok zu, meist Oldtimer, zählebige, in stinkenden Dieselnebel gehüllte Modelle. Etwas abseits von Getümmel und Lärm finden sich kleine Pensionen, deren Zimmer um sauber gekehrte Innenhöfe gruppiert sind. Die Türen stehen zwecks Ventilation überall offen. Fahrer und Passagiere gönnen sich einen Kurzschlaf.

Sophia überläßt es Raffles, die Ankunft in Solok zu schildern, und übermittelt damit erste Detailinformationen eines Europäers über das Minangkabau-Hochland.

Ich wurde instruiert, daß die folgende Tagesetappe in Solok ende. Wir befanden uns nun im *Tiga-Blas*-Gebiet und waren den Häuptlingen hier völlig ausgeliefert. Im Kreis sitzend diskutierten sie längelang, ob sie uns überhaupt ziehen lassen wollten, und kamen zum Schluß, daß wir erst einmal mindestens drei Tage lang am Ort bleiben müßten. Meine Ungeduld wuchs, ich trat mitten in ihren Zirkel und hieß sie, ihre Bedingungen zu formulieren. Daraufhin sprach der respektabelste unter ihnen die Worte *Sa tali sa paù* – was in etwa bedeutete: zwanzig Dollars als Abschluß des Geschäfts. Das Geld wurde sofort übergeben, wir schüttelten uns gegenseitig die Hände in bestem Einvernehmen und zogen weiter.

In einem kleinen Marktflecken hielten wir an und genossen die Früchte, die man uns anbot. Von da an schwoll unsere Begleitung auf ein paar tausend Menschen an, die allesamt ein mißtönendes Geheul ausstießen. Schließlich hockten sie sich auf den Boden und schlossen einen vielreihigen Kreis um uns herum. Fast alle waren mit Speeren bewaffnet, unter ihnen auch einige Frauen. Eine Alte gebärdete sich besonders grimmig, aber als Lady Raffles sich vom allgemeinen Gebrüll alarmiert zeigte, war sie es, die uns beruhigte und sagte, daß dies die Art der Bergbevölkerung sei, ihre Begeisterung zu zeigen. Angesichts solcher Wildheit beschlossen wir, nahe zusammenzubleiben, und baten unsere mitgeführten Trommler und Pfeifer, aufzuspielen. Diese mangelhafte Musik beeindruckte die Leute.

Die ganze Hochebene oder Hochtal – ich weiß nicht, wie ich es benennen soll – gehört zu den *Tiga-blas Cotas* oder den dreizehn vereinigten Städten und ist ein einziges, riesiges Landwirtschaftsgebiet, durchsetzt mit kleinen Ortschaften, die oft über Meilen zusammenhängen. Das gilt auch für Solok. Kaffee, Reis, Indigo, Zuckerrohr und Ölpalmen werden angepflanzt. Kleinwüchsige Rinder finden sich überall im Minangkabau-Gebiet. Als Zugtiere werden Ochsen den Wasserbüffeln vorgezogen. Sie sind wunderbar gebaut, von leicht falber Farbe und mit schwarzen Augen und langen Wimpern. Ein Tier kostet drei bis vier Dollars. Pferde, von denen es eine ganze Menge gibt, scheinen nicht groß gebraucht zu werden.

Wir verbrachten einen ganzen Tag in Solok. Die Häuptlinge versammelten sich in der Nähe des *Bali*, einer Art Rathaus, setzten sich im Kreis hin, ein Platz war für mich reserviert, und mit allem mir irgendwie möglichen Zeremoniell ließ ich mich nieder. Sie fragten mich nach dem Grund der Reise und diskutierten mit mir sehr vehement die allfällige Rückkehr der Holländer nach Padang. Alle erklärten, daß dies niemals geschehen dürfe. Zur Verdeutlichung dieser Ansicht stießen sie ihre Speere in den Boden und schrien. Sie entwarfen einen Brief an den König von England, um ihm ihre Meinung kundzutun. Daraufhin gab ich jedem der Häuptlinge ein Stück feinen englischen Wollstoff, drei Musketensalven wurden abgefeuert, und unsere Trommler und Pfeifer spielten *God save the King*. Es war der lächerlichste Aufzug, den man sich vorstellen kann.

WER SIND DIE MINANGKABAU?

Vor langer Zeit – so geht die Sage – drang eine Armee der javanischen Majapahit-Fürsten ins zentralwestliche Hochland Sumatras ein. Sie stieß auf heftigen Widerstand der eingeborenen Bevölkerung. Schließlich vereinbarten die Kontrahenten, daß die Herrschaft über das Land vom Kampf zweier Büffel abhängen solle, einem von den Javanern und einem von den Einheimischen ausgesuchten Tier. In einigen Versionen der Geschichte wählten die Javaner sogar einen Tiger als Gegner des Büffels. Schließlich siegte der Büffel der Einheimischen, und fortan nannten sie sich Minangkabau, das heißt: »Der Büffel war siegreich.« Die javanischen Feinde zogen sich zurück und wurden auf der Flucht allesamt massakriert. Raffles, als versierter Kenner malaiischer Epen, ist vermutlich durch diese Geschichte auf das Minangkabau-Reich neugierig geworden.

Früh schon bekannt waren die Goldminen der Minangkabau, bewundert wurde ihre Goldschmiedekunst und bestaunt ihre Architektur: die buntverzierten Großfamilienhäuser, bis zu 65 Meter lang, mit weit geschweiften Dächern verziert. Von Bau- und Juwelierkunst soll hier bloß am Rand die Rede sein. Spannender vom heutigen Standpunkt aus ist die Stellung der Minangkabau innerhalb der Vielvölkerschaft Indonesiens.

Als Indonesien 1950 endgültig unabhängig wurde, fehlten dem Land in erster Linie gut ausgebildete Spezialisten in allen Sparten. Die wenigen, die es gab, waren zu einem großen Teil Minangkabau aus den Hochtälern im Westen Zentralsumatras. Daß diese ethnische Gruppe, die nur wenige Prozente der indonesischen Bevölkerung ausmacht, auch jetzt noch überdurchschnittlich in Elitepositionen zu finden ist, hängt letztlich mit ihrer althergebrachten Sozialstruktur zusammen. Die Minangkabau waren und sind zum Teil noch immer sogenannt »matrilinear« organisiert – nicht zu verwechseln mit »matriarchal« – und gelten als die größte matrilinear strukturierte Gruppe weltweit. Matrilineare Abstammung gibt es außerdem bei nordamerikanischen Indianern, im Kongo und in Melanesien auf Trobriand.

Matrilinear bedeutet keineswegs, daß die politische Macht in den Händen der Frauen liegt. Der Begriff zeigt lediglich an, daß die Zugehörigkeit zur Familie, der Wohnsitz und ebenso die Erbansprüche über die Mutterlinie bestimmt sind. Das Sagen haben – wie später noch klargestellt wird – auch hier die Männer. Im Fall der Minangkabau ist ihre matrilineare Familienstruktur besonders schwer zu durchschauen, weil sie gleichzeitig strenggläubige Muslime sind. Wann genau sie sich zum Islam bekehrten, ist nicht rekonstruierbar. Aber bereits im 17. Jahrhundert beherbergte das Stammgebiet wichtige islamische Schulungsstätten. Der englische Forscher und Raffles-Freund William Marsden berichtet um 1790, daß der Besuch eines dieser Zentren sogar als Ersatz für die Pilgerfahrt nach Mekka erlaubt war. Den Minangkabau gelang also das schier Unmögliche: nämlich ihre ursprüngliche, über die Mutterlinie definierte Familien- und Erbordnung mit den Forderungen des vaterrechtlichen Islam zu verbinden. Althergebrachte Sitte – in indonesischer Sprache *adat* – ist eben nie unabänderliche Tradition, sondern wird stets zu Anpassung und Wandel herausgefordert.

Etwa vier Millionen zählt heute das Volk der Minangkabau. Wo auch immer sie angesiedelt sind, bezeichnen sie Zentralsumatra als ihre Heimat. Über ihre Herkunft erzählen sie die folgende Geschichte: Am Südabhang des Vulkans Merapi nahe bei Bukittinggi – jetzt ein Sammelbecken des internationalen Rucksacktourismus – hatten sich die ersten des Stammes im Schutz des Bergs angesiedelt. Der Platz wurde bald zu eng. Von dieser frühen Niederlassung aus wagten sie den Schritt in die weniger geschützten Täler, schwärmten aus, teilten sich in drei Einheiten, und jede dieser Einheiten organisierte sich neu um eine Wasserstelle. Diese drei Urzellen in der fruchtbaren Hochebene Westsumatras bilden heute noch das Herzstück des zirka 18 000 Quadratmeilen großen Stammlandes.

FAMILIEN MIT FERNVÄTERN

Die kleinste über die Mutterlinie organisierte Familieneinheit besteht aus der Mutter und ihren Kindern. Als Beschützer dieser Kernfamilie amtet nicht etwa der Vater, sondern ein Bruder der Mutter. In der Minangkabau-Sprache heißt er *mamak.* Diese Kleingruppe bewohnt zusammen mit den weiblichen Mitgliedern der Großfamilie, also Schwestern, Großmüttern, deren Schwestern, allen Kindern sowie den jeweiligen Mutterbrüdern – insgesamt drei Generationen – ein geräumiges Haus. Eine solche Großgruppe nennt sich *sebuah perut*, das heißt: »ein einziger Bauch«. Der amerikanische Ethnologe Daniel Schneider, Spezialist für Verwandtschaftsforschung, bezeichnet die Mutterbrüder im matrilinearen Familienverband als Verwaltungsräte, die für das Familienunternehmen die Verantwortung tragen. Der Ehemann lebt nicht im Haus seiner Frau, sondern besucht sie dort und kehrt anschließend in seinen eigenen *perut* zurück. Dieses Fernväter-System verhindert Reibereien aller Art und ist Voraussetzung für den Familienzusammenhalt, im Prinzip heute noch – allerdings zunehmend gelockert. Großfamilienwohnsitze lassen sich in den Städten natürlich nicht mehr bewerkstelligen. Die Moderne erzwingt den Wandel.

Welche Rolle spielte im intakten matrilinearen Sozialgefüge ein heranwachsender, noch unverheirateter Sohn? Nach der Pubertät mußte er aus dem Großhaus wegziehen und wohnte nun in einem speziell für solche Junggesellen vorgesehenen Domizil, dem *surau*. Von dort zog er aus, die Welt zu erkunden. Er begab sich auf Wanderschaft, entweder innerhalb Sumatras oder im weiteren Umfeld der Insel. Wer von den Unverheirateten diesen Schritt nicht wagte, gab sich der Lächerlichkeit preis. Jedes Jahr zur Zeit des Fastenmonats Ramadan pflegten die jungen Migranten zurückzukehren. Je höher der Status, den sie auswärts erworben hatten, desto größer sowohl das Prestige als auch die der Familie mitgebrachte Geldsumme. Auf dieser Basis entwikkelte sich – im Kern – die legendäre Tüchtigkeit der Minangkabau.

DIE ERSTE EUROPÄERIN AM SINGKARAK-SEE

Als wir Solok verließen, mußten wir uns ohne Führer zurechtfinden. Nach wenigen Meilen kamen wir an eine Wegkreuzung und waren hilflos. Sofort tauchten einige Männer auf und boten uns gegen Entgelt Unterstützung an. Wir mußten nachgeben, weil die Gegend wegen Unruhen sehr unsicher war. Sobald sie das Geld jedoch in den Händen hielten, verschwanden sie. Zu unserer Überraschung stießen wir jedoch bald danach auf die Häuptlinge der Stadt Solok, die wir eben vor kurzem erst verlassen hatten. Sie waren uns via eine Abkürzung zuvorgekommen, standen nun da und präsentierten sich als Begleiter. Nach jeder Meile verlangten sie erneut Geld. Das ging so etwa sieben Mal, bis wir uns mit einer größeren Summe freikauften.

Die Morgendämmerung fand uns an den Ufern des Sees beim Einladen unseres Gepäcks aufs Schiff. Dieses wundervolle Tuch aus Wasser, genannt *danau* oder See von Singkarak, ist vierzehn Meilen lang und mißt an der breitesten

Stelle sieben Meilen. Er ist umsäumt von Hügeln und Bergen. Nordwärts zu unserer Linken die Kuppen der Barisan-Kette als hohe Grenze zu den Küstengebieten; nahe am See Reisfelder, Plantagen, Dörfer, die sich übereinandertürmend die Hügel hinaufziehen. Wenig westwärts erhebt sich hoch in die Wolken der Merapi, ein großer Vulkan, der aus seiner westlichsten Spitze tüchtig raucht. An die Ufer des Sees sind sieben Städte gebaut, umgeben von den dazugehörigen Dörfern und Weilern. Große Bäume wirken wie Schattenhaine, und ihre tiefdunklen Blätter kontrastieren fröhlich zu den hellen Farben der Reisfelder. Die Strände sind aus weißem Sand. In jeder der Städte finden Wochenmärkte statt, zu denen die Händler mit ihren Booten anrudern. Zudem besitzt jede Stadt selbst zwei große Boote, die sechs Tonnen sowie hundert Mann laden können. Wir benutzten solch ein Schiff. Sie sind gut gebaut und – gefüllt mit Menschen – sehen sie aus wie Kriegsschiffe der Südseeinseln. Der See wimmelt von Fischen. Die Muscheln an den Stränden werden von den Einheimischen zu Kalk gebrannt.

Kaum verändert ist die Landschaft seit Sophias Expedition. Immer noch liegt der großflächige Kratersee inmitten von Reisfeldern, spiegeln sich Fischerboote auf dem Wasser, führen kleine Fußwege auf weißem Sand an den Ufern entlang. Immer noch steigt aus dem fast 3000 Meter hohen Merapi Rauch auf. Trotz starkem Verkehr auf dem *Transsumatra Highway*, der – gemeinsam mit den Schienen und Stellwerken der nicht mehr gebrauchten holländischen Eisenbahn – am Ostufer des Sees entlangzieht, trotz Motorenlärm und Menschentrauben vor den Eßbuden während der kurzen Verschnaufpausen der Überlandbusse, trotz der Segnungen unseres Jahrhunderts hat diese Gegend ihre Ruhe und Gelassenheit bewahrt.

NORDOSTWÄRTS ZUM KÖNIGSSITZ PAGARRUYUNG

Ohne Schwierigkeit läßt sich anhand von Sophias Text die Route der beiden Raffles nach Nordosten verfolgen, vorbei an prächtigen, noch erhaltenen und teilweise bewohnten Großfamilienhäusern Richtung Pagarruyung, der alten, kurz vor dem Besuch Sophias und Sir Stamfords brutal zerstörten Königsstadt der Minangkabau.

Am Ende des Sees landeten wir am Fuß eines Hügels, dessen Kuppe wir in mühseligem, über eine Stunde dauerndem Fußmarsch erreichten. Dort empfing uns überaus freundlich der Dorfvorsteher und führte uns in seine Behausung. Das Anwesen war mindestens hundert Fuß lang und vierzig Fuß breit, sehr gut gebaut und im Zentrum getragen von drei massiven Holzpilastern, die ebensogut als Masten für ein Schiff dienen könnten. Tatsächlich dachte man bei der ganzen Konstruktion an ein Boot: Der aufragende Giebelaufsatz erinnerte an ein geschwungenes Heck. Der Boden stand auf Pfählen zehn Fuß hoch über den Erdboden. Darunter lebte das Vieh. Der Haupteingang befand sich im Zentrum. Das Innere bestand aus einer großen Halle, drei Feuerstellen waren an der Frontseite verteilt. Hinten fanden wir viele kleine Kammern mit Spinnrädern und anderen Utensilien, offensichtlich die Behausungen der Frauen. Lady Raffles und mir wurde am Heckteil ein kleiner, mit Matten abgeschirmter Platz zugewiesen. Obwohl der Innenraum riesig war, litten wir unter der großen Hitze, weil mindestens 150 Leute in dieser Karawanserei untergebracht waren.

Nahe beim Dorf fanden wir noch ein raffiniert konstruiertes Wasserrad für die Bewässerung der Reisfelder. Man trifft diese Räder überall im Minangkabau-Hochland. Diese landwirtschaftliche Erneuerung hatte ich nicht einmal in Java gesehen, obwohl dort viele Erfindungen der Chinesen übernommen worden waren. Weil aber bis heute weder Europäer noch Chinesen in dieses Gebiet eingedrungen waren, muß ich dieses Rad als schöpferischen Einfall der einheimischen Bevölkerung betrachten. Gegen Mittag dann warfen wir einen ersten Blick auf Pagarruyung. Aber ach! Wenig war übriggeblieben, unsere Wißbegier zu stillen. Was einst großartig gewesen war, blieb nurmehr als Wrack übrig. Gras überwucherte die Palasthallen. Dreimal war die Stadt ein Raub der Flammen geworden.

Die von Raffles beklagte Zerstörung der Paläste von Pagarruyung war zugleich das Ende eines politischen Kuriosums in der Geschichte der Minangkabau: Sie verloren ihre sogenannten »Könige«. Eine fundamentalistisch-islamische Kriegshorde hatte diese Herrscher brutal abgesetzt.

Könige der Minangkabau? Die gab es tatsächlich, und zwar wiederum zur Festigung der matrilinearen Familienverbände. So autonom und selbstverständlich nämlich die Minangkabau für das Funktionieren ihrer internen Organisation sorgten, so gerne überließen sie die Verantwortung für ihre Beziehungen zur Außenwelt dem *Yang Dipertuan Besar*, das heißt: dem »von ihnen anerkannten Großen Herrn«. Diese »Großen Herren« waren nun aber Fremde, und zwar hindu-javanischen Ursprungs. Ihre Familienzugehörigkeit richtete sich nicht nach der Mutter-, sondern nach der Vaterlinie. Es scheint, daß erst dieses eigenartige herrscherliche Nebeneinander die wahre Stärke und Unabhängigkeit der matrilinearen Minangkabau ausmachte.

Niemand weiß genau zu sagen, wie die merkwürdige Machtteilung zustande kam. Vermutlich gelang es einem javanischen Prinzen Mitte des 14. Jahrhunderts, sich als Machthaber im zentralsumatranischen Hochland zu etablieren, ohne jedoch die angestammte Bevölkerung zu unterjochen. Jedenfalls berichten schon portugiesische Quellen des 16. Jahrhunderts von einem hinduistischen Raja im Berggebiet. Die Minangkabau selbst erklären die Situation mit einer Sage, die sie um die Gestalt von Alexander dem Großen ranken, und erzählen eine verwunderliche Geschichte: Einige Brüder – Söhne oder spätere Nachfahren Alexanders – segelten rund um die Welt, um sie zu erobern. Drei von ihnen, *Maharadjo Diradjo* (der wirkliche Herrscher), *Maharadjo Rum* (der Herrscher von Byzanz) und *Maharadjo Dapang* (der Herrscher von Japan), stritten sich während der Reise, wer der rechtmäßige Erbe der Krone sei. Während dieses Streits fiel die Krone ins Meer. Was tun? Der Hofnarr des *Maharadjo Diradjo*, ein großer Goldschmiedekünstler, fertigte rasch und heimlich eine exakte Kopie des Herrscherschmucks an und überreichte die Fälschung seinem Herrn mit dem Rat zu behaupten, er habe die Krone zufällig im Wasser entdeckt und sie herausgefischt. Gesagt getan. Die Brüder schenkten dem Trick Glauben und anerkannten den *Maharadjo Diradjo* als den Größten. Er bekam das Königreich Minangkabau, die andern mußten sich mit den Reichen Byzanz und Japan zufrieden geben. Die Geschichte – so unwahrscheinlich sie sich auch anhört – bezeugt letztlich das diplomatische Geschick und die politische Gerissenheit der Minangkabau. Einerseits gelang es ihnen trotz Bedrohung von außen, ihre Tradition zu bewahren – dazu gehören die Goldschmiedekunst des Hofnarren sowie sein Kunstgriff mit der Königswahl. Andererseits konnten sie mit dem von ihnen akzeptierten und sogar zum Nachfahren Alexanders stilisierten Fremdherrscher zusätzlich überregionales Ansehen erringen, was für ihre Migrationskultur nicht unwichtig war.

ISLAMISCHER EXTREMISMUS UM 1800

Kurz vor dem Besuch der beiden Raffles im Minangkabau-Gebiet war die Autorität der Großen Herren vernichtet worden. Die erbarmungslose Zerstörung ihrer Macht geht aufs Konto einer fanatisierten islamischen Reformbewegung. Sie hatte das Ziel, den im Minangkabau-Gebiet praktizierten Islam von allen »heidnischen«, das heißt hinduistischen Elementen sowie der althergebrachten Matrilinearität mit Gewalt zu säubern. Es sind nur wenige schriftliche Informationen über die Untaten dieser Sekte erhalten. Aber in allen Berichten, europäischen wie einheimischen, werden die religiösen Reformer *Paderi* genannt. Woher der Ausdruck stammt und welche Bedeutung er hat, bleibt dunkel. Was die Motivation zur Säuberung betrifft, vermutet man, daß zentralsumatranische Mekka-Pilger Ende des 18. Jahrhunderts auf der arabischen Halbinsel mit der militanten Wahabiten-Bewegung in Kontakt gekommen waren und deren Ideen mit nach Hause trugen. Fest steht, daß die *Paderi* im Hochland abscheulich wüteten, mordeten und brandschatzten. Der Vergleich mit den Vorkommnissen im modernen Iran, Algerien oder Afghanistan drängt sich auf. Als Raffles' Expedition im Bergland ankam, hatten die Extremisten kurze Zeit zuvor die Königspaläste dem Erdboden gleichgemacht und die Mitglieder der Herrscherfamilien ermordet oder verjagt.

Den Holländern gelang es schließlich nach jahrelangen Kämpfen, dem Treiben ein Ende zu machen. Die Existenz der Minangkabau-»Könige« blieb allerdings für immer ausgelöscht. Ihr Hauptpalast ist vor kurzem originalgetreu wieder aufgebaut worden – als vielbesuchte Touristenattraktion. Sophia und Sir Stamford haben die Trümmer Pagarruyungs im Juli 1818 besichtigt und als erste die Folgen des Terrors dokumentiert:

Dreimal war die Stadt ein Opfer rücksichtsloser Fanatiker geworden. Zweimal war sie in alter Pracht wieder aufgebaut worden. Vom letzten und dritten Schock jedoch erholte sie sich nie mehr. Der Prinz – nicht mehr fähig, sich seinen Widersachern entgegenzustellen – war geflohen. Einige wenige Bauern bearbeiten nun die Felder, die einstmals den Reichen als Vergnügungsplatz gedient haben. Wo früher der Palast gestanden hatte, beobachtete ich einen Mann, der Gurken pflanzte. An der Stelle des früheren Harems wuchs nun Zuckerrohr. Aber die ganze Gegend rund um Pagarruyung, so weit das Auge blickte, war eine einzige Szenerie großartiger Kultivation, unterbrochen nur von Dörfern und Städtchen. Ich kann ruhig behaupten, daß dieser Blick allem standhielt, was ich je in Java gesehen habe: die majestätische Landschaft, die dichte Bevölkerung, die reiche Feldbestellung. Hier also, hier fand ich zum ersten Mal die Quelle jener Kraft, den Ursprung jener malaiischen Nation, die sich später über den ganzen östlichen Archipel ausbreitete.

Die Geschichte der verschiedenen Provinzen Sumatras wurde noch nie systematisch erforscht und dokumentiert. So ist auch über die *Paderi*-Bewegung nur wenig bekannt. Um so instruktiver ist ein Brief von Raffles an seinen Vetter aus dem Jahr 1823, der das Vorgehen der Fundamentalisten aus der Sicht des Augenzeugen kommentiert und von Sophia in die *Memoiren* aufgenommen wurde. Raffles' Einschätzung der religiösen Kampfsituation ist nicht nur charakteristisch für das Denken eines britischen Kolonialbeamten, sondern gleichzeitig ein unerwartet frühes Zeugnis für die Energie des islamischen Extremismus.

In jüngster Zeit wurde hier einer mohammedanischen Sekte namens *Paderi* viel Interesse entgegengebracht. Diese

Leute nennen sich auch »Weiße« im Gegensatz zu den »Schwarzen«. Als »schwarz« gelten alle, die ihre Doktrin ablehnen. Von den Spuren ihrer Verheerungen sprach ich bereits in meinem Reisebericht über die Minangkabau. Seitdem die Holländer nun Padang besitzen, führen sie mit den *Paderi* einen gnadenlosen Krieg. Keine der Parteien gibt nach, und auf die Köpfe der beidseitigen Anführer sind hohe Preise gesetzt. Erste Nachrichten über die mächtige religiöse Splittergruppe gab es bereits vor zehn Jahren, aber erst während der letzten drei Jahre lösten sie in den europäischen Siedlungen an der Westküste Sumatras Alarm aus. Die britische Politik blieb bis jetzt neutral, weil man die Auseinandersetzung als rein mohammedanisches Problem betrachtete und deshalb die Bevölkerung allein entscheiden lassen wollte. Aber der Erfolg dieser *Paderi* im vergangenen Jahr, als sie die reichen und vielbevölkerten Gebiete im Innern überrannten, zwang auch die Briten zum Handeln.

Aus Bengal wurde im letzten September eine Militäreinheit geschickt, und operative Maßnahmen stehen zur Diskussion, falls Verhandlungen scheitern sollten. Die Glaubenssätze der *Paderi* verlangen den totalen Verzicht auf Opium, Hahnenkämpfe und weitere malaiische Laster. Ihre Anhänger müssen sich mit spezieller Kleidung kennzeichnen und der Sektenautorität beugen. Die Küstenbewohner wollen dies um keinen Preis, und so sind die Europäer gezwungen, sie vor den Fanatikern zu schützen. Ich kann nicht bestreiten, daß die Menschen im Innern der Insel mit ihrem derart niedrigen Zivilisationsstand durch diesen religiösen Erfolg leicht mutwillig werden. Ihre Leidenschaft für Plünderungen und ihr Durst nach Rache sind ohnehin beherrschend. Die Geldmittel der *Paderi* scheinen zudem unerschöpflich, und ihre Scharmützel mit den Holländern haben sie von der eigenen Kraft überzeugt. Man kann sagen, daß sie im Innern Sumatras die Macht nun total übernommen haben. So sind wir dabei, eine der prächtigsten Inseln der Welt einbrechen zu sehen unter dem verwüstenden Einfluß des falschen Propheten aus Mekka; eine Insel, auf der wir seit einem Jahrhundert Niederlassungen unterhalten und alles unternehmen, um das Leben der Eingeborenen zu verbessern. Sumatra wird vor unseren offenen Augen zur mohammedanischen Basis, und wir unternehmen nichts, diesem Zustand unseren eigenen, reineren Glauben entgegenzustellen. [...] Mit dem Koran in der einen und dem Schwert in der anderen Hand stehen sie bereits an der Grenze zum südlichen Batakland.

WUNDERTÄTIGE WEISSE HAUT

Die Entdeckungsfahrt der beiden Raffles ins Bergland hatte insgesamt zwei Wochen gedauert und im schwer zugänglichen Gebiet des Inselzentrums durch unwegsames Gelände geführt. Oft war der Treck, Menschen und Lasttiere, gezwungen, ganze Tage lang knietief im Schlamm zu waten, »jeder Schritt eine Anstrengung für die Muskeln, und jede Bewegung fügte den Füßen eine neue Wunde zu«, wie Sophia in einem Brief klagt.

Raffles hatte die Großexpedition mit dem Ziel unternommen, seine vorgefaßte Überzeugung beglaubigt zu finden, daß die Malaien ursprünglich aus dem Hochland Zentralsumatras stammten, von dort aus ganz Südostasien besiedelten und ihre Hochkultur weitertrugen. Was er vorfand, entsprach zwar nicht seinen Erwartungen. Aber die zerstörten Paläste der gestürzten »Könige«, der untergegangene Glanz einer Monarchie waren ihm die willkommene Bestätigung seines romantischen Bilds von der malaiischen Geschichte. Ohne Interesse oder Lust, die Wirklichkeit wahrzunehmen und beispielsweise die Baukunst oder die ungewöhnlichen Sozialstrukturen sowie Sitten der Minangkabau näher zu untersuchen, betrachtete er dieses Volk – fern jeder Kenntnis – als noch wenig reife malaiische Frühstufe. Daß Sophia sich dieser Ansicht anschloß, steht außer Zweifel. Dennoch beweist sie in einem kurzen Kapitelanhang aus eigener Feder, daß sie das Fremde differenzierter beobachtete als ihr Mann.

Eine oder auch zwei Anekdoten über die Eingeborenen seien dem Gesagten angefügt. Als die Bewohner des *Tigablas*-Gebiets die »Herausgeberin« zum ersten Mal wahrnahmen, schienen sie zutiefst betroffen und erstaunt. Ihre Frage lautete nicht: Wer ist das? sondern: Was ist das? Mein merkwürdiges Kleid und die außergewöhnliche Weißheit der Haut waren ihnen unerklärlich. Mit all ihrer unwissenden Neugier schienen sie der Meinung, es müsse sich um etwas Übernatürliches handeln. Mütter kamen in Scharen mit der Bitte, ich solle ihre Kinder berühren, um sie dadurch vor künftigem Unheil zu bewahren. Es war sinnlos, Müdigkeit vorzutäuschen, weil es schließlich niemand verpassen möchte, eine Versicherung für die Zukunft abzuschließen. Die Menge, das Gedränge, die Konfusion waren nicht wenig amüsant. Wenn die ersten befriedigt weggingen, kamen stets neue nach, und es ist unmöglich, die Zahl jener zu nennen, denen diese kleine, aber begehrte Geste der Güte gewährt wurde.

In Solok fand sich die »Herausgeberin« allein in einem Eingeborenenhaus. Zu ihrem Schutz war am Eingang ein *Sepoy* stationiert, um die Leute zurückzuhalten. Aber sie versammelten sich in solcher Zahl, daß sie den Soldaten wegdrängten und zu hunderten ins Haus eindrangen, bloß um zu starren. Nachdem sie dies eine Zeitlang getan hatten, wurden sie angefleht, sich zurückzuziehen, weil man Ruhe brauche. In Übereinstimmung setzten sie sich plötzlich alle auf den Boden und erklärten, sie wollten sehen, wie die Europäer schlafen. Sie wollten bloß dasitzen und schauen. Nichts konnte sie davon abhalten, zu bleiben. Dasselbe geschah in einem andern Dorf. Massen wollten zusehen, wie die »Herausgeberin« aß, und während der Nacht tauchten ohne Unterlaß große, dunkle Gesichter zwischen dem Vorhang auf, der den Schlafplatz vom Rest der vielen Mitbewohner trennte.

Der Sprung nach Singapur

Sir Stamford empfand Bengkulu bald als »miserablen, verrotteten Ort, nicht zu vergleichen mit dem kleinsten Nest auf Java«. Die beiden Raffles bezeichneten sich selbst als »langweiliges, hausbackenes Gouverneurspaar«. Raffles fühlte sich in der Verbannung: »Nichts ist schlimmer«, schreibt er nach England, »als in einer Kolonie zu leben, die versagt hat. Man verschickte mich auf ein zweites Elba.«

Die ganze Kolonie Bengkulu hatte um 1818 etwa 60000 Bewohner, also gleich viele wie heute der Provinzhauptort. 10000 lebten damals in der Residenz, und 2500 machten dort das weiße Establishment aus. Der Rest waren aus Mozambique oder Madagaskar importierte »Kaffern« – wie die Engländer damals ihre schwarzen Sklaven nannten –, sodann zur Hauptsache Chinesen und Malaien.

Raffles' Ehrgeiz verfolgte in Bengkulu klar und von Anfang an ganz andere Ziele als die Maximierung von Kaffee- oder Pfefferernten in Südwestsumatra. Seine Obsession waren die Holländer, die nach Ende der napoleonischen Kriege all jene Territorien in Südostasien vom ehemaligen britischen Gegner zurückerstattet bekamen, welche die Niederlande bereits vor 1803 in ihrem Besitz hatten. So gingen Java und das strategisch wichtige Malakka für England wieder verloren. Sehr zum Verdruß des Patrioten Raffles beherrschten die Erzrivalen nun erneut und unangefochten den Zugang zum südchinesischen Meer, das Tor zum Handel mit China. Im Alleingang, das heißt ohne auf Organigramme und Hierarchien der *East India Company* Rücksicht zu nehmen, faßte der kleine Gouverneursfisch im mächtigen Teich des britischen Handelssystems auf eigene Faust den Plan, seiner Heimat eine Handelsstation zu sichern: entweder gegenüber von Java auf der sumatranischen Seite der Sundaenge oder im Gebiet der Riau-Inseln am Ausgang der Malakka-Straße. Um diese Aktion einzufädeln, sandte er – als Befehlsgeber, der er sich fühlte – den ihm treu ergebenen Captain Thomas Otho Travers als persönlichen Gesandten des Gouverneurs der britischen Kleinstkolonie Bengkulu nach Batavia (Jakarta). Dort sollte er den Holländern klarmachen, daß das Gebiet südlich Bengkulus bis zur Sundaenge den Niederländern vor 1803 gar nie gehört habe und folglich nun von den Engländern beansprucht werde. Travers wurde in Java kühl empfangen. Der Name Raffles hatte auf der Insel einen schlechten Klang seit der handstreichartigen Eroberung des holländischen Kolonialterritoriums durch den hochfliegenden *Company*-Beamten im Jahr 1811. Travers erfuhr unmißverständlich, daß Verhandlungen von solcher Tragweite an der Spitze und nicht mit subalternen Kleingouverneuren geführt werden müßten.

Gleichzeitig mit Raffles sorgten sich aber auch die britischen Handelsleute in Penang um die künftige Entwicklung ihrer China-Routen. Der einstige Gouverneur von Malakka, der von Raffles anläßlich der Java-Expedition von 1811 listig ausgeschaltete William Farquhar, wurde von den Notabeln in Georgetown ebenfalls mit der Aufgabe betraut, die Lage einer günstigen neuen Handelsniederlassung zu erkunden: entweder auf einer der Riau-Inseln oder dann im Süden Borneos. Raffles erfuhr umgehend von diesem Auftrag und witterte sogleich Gefahr und Konkurrenz. Nun hielt es den Ruhmsüchtigen nicht länger auf seinem Außenposten weitab vom Entscheidungszentrum in Calcutta, dem Sitz des Generalgouverneurs über das ganze Gebiet Indien. Am 2. September 1818 machte sich Raffles in Bengkulu auf nach der eleganten Hauptstadt am Hooghly-Fluß.

MIT SKORPIONEN UND TAUSENDFÜSSLERN AUF HOHER SEE

Sophia schreibt:

Sir Stamford schiffte sich in einem bescheidenen Schoner nach Calcutta ein. Bloß ein winziger Raum stand ihm zur Verfügung. Hoch oben sorgte ein Bullauge für Luft. Tausendfüßler und Skorpione krochen Tag und Nacht überall herum. Aber er kümmerte sich nie um sein persönliches Wohlergehen; es ging ihm einzig um die Pflichterfüllung. Schließlich stand ein besseres Schiff auch gar nicht zur Verfügung. In der Bucht von Bengal verlor das Boot einen Mast, und wegen eines betrunkenen Matrosen wäre es in der Hooghly-Mündung beinahe auf eine Sandbank aufgelaufen. Sir Stamford blieb dort blockiert, bis Schiffe von Calcutta gesandt wurden, ihn zu holen.

Sie läßt unerwähnt, daß sie ihren Mann – obwohl im dritten Monat schwanger und von ihrer Konstitution her absolut seeuntauglich – auch auf dieser Fahrt begleitete. Jede Schiffsreise bedeutete für sie tagelanges Leiden an Seekrankheit. Dennoch beschloß sie mitzugehen, allen Gefahren zum Trotz. Zudem wußte Sophia bei Antritt der Reise, daß in der bengalischen Kolonie eine Choleraepidemie wütete, die bereits Hunderte von Opfern gefordert hatte. Ihr war schon bei der Abfahrt klar, daß die Exkursion lange dauern würde. Rückblickend war es dann fast ein Jahr, weil Raffles von Calcutta aus den Südabstecher in die Regionen Penang und Singapur vorbereitete. Die halbjährige Tochter Charlotte ließ Sophia im gefährlichen Klima Bengkulus zurück. Die Chance eines Wiedersehens war – gemessen an den kolonialen Sterbestatistiken jener Zeit – eher gering.

Die Verlockung ist groß, nach Erklärungen zu suchen für Sophias Entscheidung, dem Ehemann überallhin ins Abenteuer zu folgen. Sie selbst gibt keine Gründe an. Deshalb verbietet sich die Deutung aus fast zweihundertjähriger Distanz. Einzig zwei Hinweise scheinen mir zulässig. Es ist bekannt, daß Europäerinnen und Europäer, die sich zu Anfang des 19. Jahrhunderts für ein Leben in den Kolonien entschieden, Prioritäten setzen mußten und nur kurzfristig disponieren konnten. Überall drohten Krankheit und Tod. Dem Sterben wurde mit sehr viel Gelassenheit begegnet, das beweisen die Quellen. So ist vorstellbar, daß Sophia die ihr zur Verfügung stehende Zeit, die sie als kurz einschätzen mußte, ganz ihrem Mann geben wollte. Der zweite Hinweis: Sie war offensichtlich entschlossen, mitzubauen am Erfolg, den Raffles für sich erhoffte. Sie trug die Verantwortung für seine kühnen Pläne mit – vielleicht weil ihr klar war, daß er ohne ihre Besonnenheit leicht aus dem Ruder lief. Keiner der Raffles-Forscher übrigens stellte je die Frage: Hätte dieser nervös-unstete Mann die Kraft und die Ausdauer gefunden, das Singapur-Abenteuer zu bestehen ohne die moralische und vor allem auch die planerische Unterstützung seiner Frau?

RÄNKESPIELE IN CALCUTTA

Wichtigstes Ziel von Raffles in Calcutta: Er wollte das Einverständnis seines Vorgesetzten, Lord Hastings, am Ausgang der Meerenge von Malakka eine englische Handelsstation zu errichten, um die Verluste von Malakka und Java wettzumachen. Die dem Südende der malaiischen Halbinsel vorgelagerte Insel Singapur, in frühen malaiischen Schriften Temasek, später Singapura (Löwenstadt) genannt, hatte Raffles lange schon ins Auge gestochen. Er kannte den Platz zwar nicht aus eigener Anschauung, aber aus der Lektüre malaiischer Annalen. Er wußte um dessen topographische Vorteile und um die alte, längst untergegangene Sultansresidenz.

Die Ankunft des notorischen Unruhestifters Raffles in Calcutta versetzte die *Haute Volée* der Kolonie Penang in Angst und Schrecken. »Wir müssen dieses zu rasch drehende, scheppernde und gefährliche Rad anhalten und sein Eindringen verhindern«, riet ein Geschäftsmann aus Calcutta seinen Freunden in Georgetown. Sophia, kühl die Chancen ihres Mannes abwägend, kommentiert:

Obwohl es Sir Stamford nicht gelang, die Regierung in Bengal von allen seinen Überlegungen betreffend Sumatra [es ging um die dortigen holländischen Ansprüche] zu überzeugen, führte seine Anwesenheit in Calcutta doch zur Einsicht sowohl der Handelsherren als auch des Generalgouverneurs, daß der Überlegenheit der Holländer und dem drohenden Zusammenbruch des britischen Handels Einhalt geboten werden müsse. Wenn jetzt in dieser Sache nichts getan wird, könnte es schon bald zu spät sein. Die einzigen beiden Passagen zum östlichen Meer werden von den Holländern kontrolliert, und den englischen Schiffen bliebe einzig die Kriegsgewalt, um den Durchgang zu den tausend

Inseln zu erzwingen. Deutlich sagt Sir Stamford, daß er weder Menschen noch Territorien erobern wolle. Alles, was er wünsche, sei das Ankern einer Phalanx von Kriegsschiffen vor der Küste sowie das Hissen der englischen Flagge am Ausgang entweder der Meerenge von Malakka oder von Sunda. So wäre der britische Handel gesichert und das niederländische Monopol gebrochen. Diese Idee überzeugte Lord Hastings, und die Einnahme von Singapur war gesichert. Noch bevor er England verließ, hatte Sir Stamford diesen Plan bereits gefaßt. Singapur war der klassische, bestgelegene Punkt für eine britische Station.

Diesem Kurzbericht läßt Sophia eine Briefnotiz ihres Mannes folgen. Das Schreiben richtet sich an die Herzogin von Somerset. Raffles stellt der Adressatin die seltsam anmutende Frage:

Ist es nicht so, daß Sie Lady Raffles bedauern müssen und mich der Hartherzigkeit bezichtigen, wenn ich sie in ihrem Zustand einfach so hinter mir herschleife? Aber stellen Sie sich vor: Sie will unbedingt an meiner Seite bleiben. Was kann ich da tun? Seit drei Monaten sind wir ohne Nachricht von unserer lieben Kleinen, und Sie sehen, wir leiden an unseren größeren oder kleineren Trennungen.

Die Vermutung liegt nahe, daß Sophias Weigerung, Raffles allein ziehen zu lassen, auch ihm nicht selten Mühe machte und ihn Nerven kostete. Immerhin nahm die eigenwillige Ehefrau seine unmißverständliche Andeutung in die *Memoiren* auf. Was mag sie sich dabei gedacht haben?

PRINCE OF WALES-ISLAND

Ende Dezember 1818 trafen Sophia und Sir Stamford von Calcutta kommend in Georgetown ein. In der *Prince of Wales-Island Gazette*, dem kolonialen Monopolblatt der Insel, steht am 30. Dezember 1818 vermerkt, daß Sir Thomas Stamford Raffles in Begleitung von Lady Sophia, seinem Rang als *Lieutenant-Governor* gemäß, bei der Einfahrt mit Salutschüssen empfangen worden sei. Die beiden fanden im Palast des Gouverneurs der Insel Quartier. Am Silvesterabend lud der Regierungschef in den Marmorsaal seiner eleganten Residenz zum Dinner. Captain Crawford, einer der Gäste, schrieb an seine Frau: »Ich traf hier Raffles, den ich zuletzt in Java gesehen habe. Wir setzten uns um fünf abends zu Tisch, etwas spät, weil wir eine ganze Stunde lang auf Lady Raffles warten mußten. Sir Stamford – so nennt sich Raffles jetzt – war gut in Form. Allerdings sah er etwas schlechter aus als damals in Java. Ein Höfling in voller Aktion – so würde ich sagen. Ich glaube aber trotz allem, er ist ein ausgezeichneter, wertvoller Mann, der dem Generalgouverneur in Calcutta bezüglich unserer Situation hier die Augen öffnete.«

Georgetown, die Hauptstadt Penangs, am östlichsten Zipfel der Insel und wenige Kilometer vor der Küste Malaysias gelegen, hat heute eine halbe Million Einwohner. Trotz krakenartiger Ausbreitung spekulativer, südostasiatischer Beton-Massen in Form von riesigen, sich in die Dschungelhügel fressenden Urbanisationsprojekten, blieb der Kern des einstigen Zentrums verschont. Wer unten an der Mole steht und festlandwärts aufs Meer schaut, hat die weißen Amtsgebäude im englisch-indischen Stil und die klassizistische *St. George's Church* im Rücken. Hinter der imperialen Architektur erstreckt sich das alte Zentrum. Der Gründer der englischen Kolonie, Francis Light, nahm Ende des 18. Jahrhunderts bereits die New Yorker

Planungsidee des Straßengitters vorweg und ließ den Ort streng quadratisch anlegen. Sein Altstadtmodell blieb erhalten, und die zunehmend baufälligen, zweistöckigen Häuser stehen unverändert entlang den rechtwinkligen Straßen. Einst wurden solche Unterkünfte *Godowns* genannt, weil man vom oberen Wohntrakt in die Läden aller Art, Handwerksbuden, Garküchen, Schreibstuben im Erdgeschoß hinunterstieg. Heute leben hier Malaien, Inder, Thais, Birmesen, Araber, Eurasier, alle gesondert in ihren Revieren. Am schönsten ist das Chinesenviertel. In den tief nach hinten verlaufenden, dunklen Verkaufsräumen stehen Kostbarkeiten aus Porzellan, Holz, Koralle oder Jade verstaubt auf hohen Regalen. Die wenigsten der Geschäftsbesitzer sprechen auch nur ein paar Brocken Englisch. Erspäht der Käufer das passende Stück, öffnen sich knarrend die großen Glastüren vor den Schränken, und mit Blicken, Händen und dem Abakus beginnt das Feilschen.

Auch Khoo Boo Chia, der junge Direktor des Penang-Museums, ist Chinese. Wir finden ihn in seinem Büro in der Farquhar Street, gleich neben dem monumentalen englischen Gerichtsgebäude. Als wir ihn fragen, wo der frühere Gouverneurspalast zu finden sei, will er uns unbedingt selbst hinführen. Gemeinsam fahren wir im Auto durch die Geschichte der Hafenstadt: zu den buddhistischen, hinduistischen, chinesisch-malaiischen Tempeln und den islamisch-indischen oder islamisch-arabischen Moscheen, entlang den vielfach baufälligen, tief in ihren tropischen Gärten verborgenen Prachtvillen der alten chinesischen Familien. Unten am Meer dann das 1885 von den armenischen Brüdern Sarkies erbaute *Eastern & Oriental Hotel*, ein Luxusrelikt aus der untergegangenen Kolonialwelt, heute aufwendig wieder instandgesetzt. Gleich daneben zeigt uns Khoo Boo Chia das Haus, in dem Raffles mit seiner ersten Frau Olivia gewohnt haben soll. Das Grundstück ist heute militärische Sperrzone, der Zutritt verboten. Schließlich im Westen der Stadt, Richtung Penang Hill, der Gouverneurspalast, von den Engländern *Suffolk-House* genannt. Suffolk war die Heimat des Stadtgründers Francis Light. Ein Aquarell von 1800 zeigt das elegante Palais mit seinen zweistöckigen Kolonnaden in einem schattigen Park gelegen. Vorn am Fluß weiden Hirsche, jenseits des Flusses liegen Kühe unter Palmen. 1806 berichtete die *Prince of Wales-Island Gazette* über ein Dinner im *Gouvernors Mansion*: »Das Essen setzte sich aus allen nur denkbaren Köstlichkeiten zusammen. Die Weine waren vom Besten und flossen reichlich. Die Räume wurden durch naß aufgehängte Matten kühl gehalten. Nach der Tafel traten indische und malaiische Tänzer auf, und zu guter Letzt tanzten auch die Gäste bis zwei Uhr morgens.«

Durch hohes Gras und Schutt, vorbei an schlecht gebauten Mietkasernen führt der Weg zur Ruine der einstigen Pracht: Die Bogenfenster und Patiosäulen sind nurmehr ein Gerippe herunterhängender Backsteine. Zwischen den zerbrochenen Dachziegeln wachsen riesige Farne heraus. Die letzten Benutzer waren Schüler. Im Erdgeschoß sind noch die verbogenen Überreste von Metallbänken sichtbar. Khoo warnt uns vor dem Betreten der zersplitterten marmornen Fliesen. Zu gefährlich alles, zu nah dem endgültigen Einsturz.

Am 16. März 1819 brachte Sophia in Georgetown – vermutlich im Gouverneurspalais – ihr zweites Kind zur Welt, den Sohn Leopold. Sie selbst spricht nicht über das Ereignis, sondern läßt Raffles die Nachricht mitteilen:

Lady Raffles hat mir einen Sohn beschert. Die Umstände, die der Geburt vorausgingen, waren nicht ideal. Ich mußte sie vier Tage vor dem Termin verlassen. Sie war allein unter

Fremden, nirgends eine Pflegerin ihres Vertrauens, nirgends ärztliche Hilfe. Und doch ging alles sehr gut. Ein feineres Baby ist nicht denkbar, ein Kind, das mehr Intelligenz verspricht, gibt es nicht. Unsere Tochter wurde unter ähnlich schwierigen Verhältnissen auf den Wellen geboren, und beide Male mußten Mutter und Kinder nicht im geringsten leiden.

Dieser knappen Information aus zweiter Hand fügt sie keine Beschreibung der Geschehnisse aus eigener Sicht bei. Kein Wort der Klage über ihr Alleingelassensein, aber auch kein Wort der Freude über die problemlose Geburt und das gesunde Kind.

AUF DER ZIELGERADEN ZUR HANDELSMETROPOLE

Im Januar 1819, wenige Wochen vor Sophias Niederkunft, segelte Sir Stamford Richtung Malakka und Singapur. Wie erwähnt, blieb die Hochschwangere diesmal in Penang zurück, schien dort jedoch weniger um ihren Zustand besorgt als um den Erfolg von Raffles' riskanter Unternehmung. Ganz sein Sendungsbewußtsein teilend, schreibt sie in patriotisch-nationalistischem Ton:

Leicht kann man sich eine Vorstellung machen von der Brüchigkeit und der Schwierigkeit des Vertrauens, das Bengal in Sir Stamford setzte, wenn man bedenkt, daß die Regierung in Georgetown es versäumt hatte, sich tatkräftig um die Gründung eines Handelsplatzes zu kümmern. Die Behörden in Penang hatten sogar erklärt, daß es für die Errichtung einer Station in jener Meeresgegend längst zu spät sei. Als Protest gegen Sir Stamfords Projekt war ihnen nun jedes Mittel recht. Mit dem ganzen Gewicht ihrer Macht und ihres Einflusses wehrten sie sich gegen den ihm anvertrauten Plan.

Die Holländer ihrerseits glaubten, daß jeder einzelne Ankerplatz im Revier fest in ihrer Hand sei, und erklärten ihre Vorherrschaft über den gesamten Archipel. Sie errichteten ein Schutzzollsystem in der Absicht, den britischen Handel zu blockieren und ihre Alleinherrschaft über die östlichen Meere zu deklarieren.

Sir Stamford, entschlossen, seine Pflicht zu erfüllen, fuhr persönlich die Meerenge nach Malakka hinunter. Zehn Tage nachdem er Penang verlassen hatte, am 29. Februar 1819, hißte er die britische Flagge in Singapur – wie das bei der Abreise in Bengal sein Plan gewesen war. Die herausragende Lage dieser Siedlung entsprach allem, was er erwartet und erwünscht hatte.

Welche Art Siedlung fanden die Engländer auf der Insel Singapur vor? Was wußte man über die dort lebenden Menschen? Die früheste Erwähnung Temaseks als eines winzigen Fürstentums findet sich in einer javanischen Schrift, datierbar um 1365. Ende des 14. Jahrhunderts wird der Ort von chinesischen Handelsleuten auch Singapura genannt. Die damals auf der kleinen Insel herrschenden Rajas scheinen wechselweise Vasallen des javanischen Reiches von Majapahit oder des sumatranischen Srivijaya gewesen zu sein. Die Quellen sind aber derart dürftig, daß sich präzise Aussagen verbieten. Zur Zeit von Raffles' Ankunft war Singapura beinahe verlassen. Weniger als hundert schäbige kleine Hütten standen an der Flußmündung, die größte gehörte dem Raja. Handelspolitisch hatte der Platz lange schon kein Gewicht mehr gehabt.

Sophia erörtert die Situation:

Sir Stamford erachtete es als entscheidend wichtig, am Südende der Malakkastraße einen Siedlungsstandort in überragender geographischer Lage zu finden. Die Station sollte sowohl der Chinaroute wie auch einheimischen Schiffen dienen; sie sollte Schutz und Versorgung gewährleisten; sie sollte imstande sein, sich mit einer bescheidenen Armee zu verteidigen. Diese Truppen müssen aber ebenso die Unterstützung und Verteidigung des Handels mit den malaiischen Staaten im Visier haben und gleichzeitig – dank ihrer Nähe zum Zentrum der niederländischen Macht – eine Möglichkeit finden, den Gang der holländischen Politik zu beobachten und ihr nötigenfalls entgegenzuwirken.

Die Besetzung der Station [Singapur] bewies der vielseitigen und betriebsamen Bevölkerung im ganzen Archipel, daß Macht und Handel der britischen Nation sich den niederländischen Übergriffen nicht vollständig unterordneten. Und sie bewies unsere Entschlossenheit, uns gegen die Niederländer zur Wehr zu setzen und das Recht des freien Güterverkehrs mit den malaiischen Staaten zu erhalten.

Singapur soll aber nicht nur den malaiischen Stämmen im Archipel dienen, sondern die Station eignet sich besonders auch als Umschlagplatz für die Seefahrer von Siam, Cambodja, Chiampa, Cochin China und China, wo sie bei ihren Jahresfahrten Zuflucht nehmen können. Immer halten diese Händler Kurs auf die Straße von Singapur, und wenn sie bei ihrer Ankunft dort sowohl einen Markt für ihre Waren als auch Möglichkeiten finden, ihren eigenen Bedarf zu decken, dann sehen sie sich nicht mehr gezwungen, ins weiter entfernte, ungesunde und teure Batavia zu segeln.

Die Passage von China nach Singapur dauert weniger als sechs Tage, und es braucht bei günstigem Monsun dieselbe Zeit von Batavia via Borneo nach Penang.

Sophia irrt sich im Datum – wie der auf präzise Korrekturen bedachte Raffles-Biograph Wurtzburg festgestellt hat. Singapur wurde nicht am 29. Februar 1819 gegründet. 1819 war auch kein Schaltjahr. Raffles unterzeichnete den Vertrag mit dem Sultan von Johor am 6. Februar 1819. Die Zeremonie ist im Tagebuch eines englischen Begleiters festgehalten. Der Soldat notierte: »Um Mittag scharten wir uns alle um unseren Chef und waren unserer 30 Gentlemen, ein prächtiger Anblick. Die Schiffe, sauber geputzt und mit Fähnchen geschmückt, machten auf die Einwohner bestimmt großen Eindruck. An Land stellten wir unsere Feldzeichen sowie die Kanonen bereit, es war ein Riesenlärm überall. Stühle wurden herangetragen für Sir Stamford, Major Farquhar, den Sultan und dessen ältesten Sohn. Diese Stühle, der Boden, die Zelte dahinter waren mit scharlachrotem Tuch dekoriert. Um ein Uhr mittags erschien der Sultan, eskortiert von seiner Garde. Er war in grellfarbene Seide gehüllt, Brust und Bauch unansehnlich zur Schau gestellt, unelegant. Unsere Truppen standen Spalier. Der Vertrag wurde zuerst in Malaiisch vorgelesen, und zwar vom Sekretär des Sultans, dem bestgekleideten Mann der Sultansgruppe. Über dem Kleid trug er einen roten Mantel. Am Gürtel hing ein goldverzierter Kris. Er sprach langsam und laut zu den auf ihren Fersen hockenden Malaien und Chinesen, die sich während der ganzen Zeremonie respektvoll und schicklich verhielten. Captain Crossley las das Abkommen auf Englisch vor zur Belehrung der anwesenden Europäer. Vertreter der Nationen England, Holland, Frankreich und Dänemark waren zugegen. Nach dem Akt der Versiegelung wurden dem Sultan Geschenke dargebracht: Opium, Waffen, scharlachfarbene Wollstoffe. Alsdann gingen alle zu den bereitgestellten Bänken am Strand, und der Sekretär des Sultans befahl einem Malaien, die britische Flagge zu hissen. Die Artillerie feuerte königliche Salutsalven.«

STARTPHASE DES HANDELSSTAATS

Anfang Juni, auf dem Rückweg von Penang nach Bengkulu, nahmen Sophia und Sir Stamford vorübergehend im neuen Ort Quartier. Vier Monate nach dem Hissen der englischen Flagge hatte der Flecken bereits zu wachsen und zu blühen begonnen. Raffles drückt seine Emotionen in einem Brief aus, den Sophia zitiert:

Meine Kolonie entwickelt sich prächtig. Noch nicht einmal vier Monate ist es her seit der Gründung, und bereits leben fünftausend Menschen hier, meist Chinesen. Ihre Zahl wächst von Tag zu Tag. Es ist unnötig zu sagen, wie sehr mir der Erfolg dieses Platzes am Herzen liegt. Es ist mein Kind, mein eigenes Kind! Sie können sich vorstellen, mit welchem Eifer ich die Rodung des Dschungels beobachte, die Anlegung eines Straßennetzes, den Bau der Häuser. Auch der Entwurf von Gesetzen liegt in meiner Hand.

Die Kehrseite des ruhelosen Aktivisten Raffles war seine Unfähigkeit, sich in eine Organisation einzugliedern oder sie zumindest taktisch klug und diplomatisch geschmeidig für seine Zwecke zu nutzen. Es fiel ihm schwer, im mittleren Abschnitt der *Company*-Hierarchie zu operieren. Der Platz an der Spitze jeder Rangordnung war immer sein sehnlicher Wunsch. Sein Ehrgeiz ließ es auch nicht zu, den Mitstreitern Anerkennung zu zollen. Raffles hatte in Calcutta zwar durchgesetzt, daß Singapur formell dem Gouverneur des weit entfernten Bengkulu, also ihm persönlich, unterstellt wurde. Die schwere Knochenarbeit der ersten Jahre leistete aber der stets an den Rand gedrängte William Farquhar als oberster Verwaltungsbeamter des Handelsplatzes. Raffles gebärdete sich wie ein »imperialer Prokonsul« – so der britische Ostasienhistoriker John Keay – und fühlte sich für die Aufbauarbeit allein zuständig und verantwortlich. Der verachtete Farquhar erwies sich aber in der Startphase Singapurs als ausgezeichneter Logistiker und Stadtplaner. In einem ersten Rapport meldet er seinem Dienstherrn: »Trotz sehr schlechtem Wetter wurden die Wege instandgestellt und die Wälder in der Umgebung der Siedlung weiter gerodet. Das Chinesenviertel auf der Südwestseite des Flusses hat sich ausgedehnt, immer neue Straßen müssen gebaut werden, um die wachsende Bevölkerung aufzunehmen. Über die Frischwasserstelle bauten wir eine Brücke und konstruierten einen Aquädukt sowie ein Reservoir, so daß die Schiffe bequem mit ausgezeichnetem Wasser versorgt werden können.« Diese Dienstmeldung – ein Beweis für Farquhars Tüchtigkeit – hat Sophia wohlüberlegt nicht in die *Memoiren* aufgenommen. Raffles' Aussage, die Handelsstation sei »sein eigenes Kind«, ist demnach nur ein Teil der Wahrheit. Er hat die Station Singapur auch nicht »besetzt«, wie Sophia behauptet. Eine Besetzung hätte militärische Aktionen verlangt, die in Calcutta nie bewilligt worden wären. Mit der Vertragsunterzeichnung wurde der *Company* lediglich das Recht eingeräumt, auf dem ererbten Territorium seiner Hoheit, des Sultans, eine britische Handelsenklave aufzubauen und die dort tätigen Weißen unter englische Jurisdiktion zu stellen. Dafür wurde dem Sultan eine Jahresrente von 5000 spanischen Dollars ausgesetzt und ihm zudem Schutz vor allfälligen Angriffen zugesagt.

Singapur ist ein weiterer Beweis dafür, wie unbekümmert Raffles sich seine Ziele zurechtzimmerte und nicht wahrnehmen wollte, daß der Erfolg sich nur im Team einstellen konnte. Rücksicht und Fingerspitzengefühl waren nicht seine Stärke. Reflexartig handelten jeweils die Vorgesetzten: Vor vollendete Tatsachen gestellt – Tatsachen, die ihnen im nachhinein wohl manchmal ganz gut ins Konzept paßten – banden sie den Vorprescher regelmäßig zurück. Nicht zufällig wohl beließen sie ihn absichtlich in der *Backwaterstation* Bengkulu, zwar als Überwacher Singapurs, aber faktisch ohne großen Einfluß. Sein späteres Diktum: »Ich war ein Gequälter, dies schlimmer, als meine Worte es je auszudrücken vermögen« paßt in diesen Kontext. Es war Sophias Aufgabe, mit Raffles' flackerndem Wesen und seiner zunehmenden Schwermut umzugehen, ohne ihn je zu entmutigen. Das Wachstum Singapurs war auch ihr ein Anliegen. Sie half mit, den Ort als »sein liebstes Kind«, allen Widerständen zum Trotz, von Bengkulu aus weiter zu beobachten und zu fördern.

Nach vielen Monaten der Abwesenheit schifften sich die Raffles schließlich in Singapur zur Rückkehr nach Bengkulu ein. Die Reise um den Südzipfel Sumatras verlief jedoch nicht ohne Zwischenfall. Die politischen Friktionen zwischen den Niederländern und Raffles führten zu einem diplomatischen Ärgernis. Sophia berichtet distanziert:

Sir Stamford ging nach Bencoolen zurück. Das einzige nennenswerte Ereignis der Reise war, daß das Schiff in der Meerenge von Rhio auf eine Sandbank auflief. Man befürchtete, den Segler nicht mehr loszukriegen, und stellte ein kleines Boot bereit, um Sir Stamford, zusammen mit der »Herausgeberin« und ihrem Kind, einem Säugling von fünf Monaten, nach Singapur zurückzubringen. Gerade als sie das Schiff verlassen wollten, kam Hoffnung auf, daß mit dem Überbordkippen aller Wasservorräte das Fahrzeug vielleicht loskäme. Bis zum Morgen war es tatsächlich soweit. Die Mannschaft erachtete es als Glücksfall, daß das Ungeschick so nahe einer europäischen Siedlung erfolgte. Als jedoch ein Boot nach Rhio geschickt wurde, um Wasser zu tanken, lehnte der holländische Verantwortliche jede Hilfe ab. Er betrachtete Sir Stamford als Spion, dem er keinen Dienst erweisen dürfe. Mit einiger Sorge wurde die Reise fortgesetzt. Glücklicherweise tauchte bei der Durchfahrt der Banca-Enge ein barmherziger Samariter auf in der Gestalt eines wunderschönen amerikanischen Seglers, wie sie in jenen Gewässern so häufig kreuzen. Der Kapitän stoppte – ein großes Risiko für ihn, weil die Winde sehr stark in seiner Fahrtrichtung bliesen –, und mit großer Schwierigkeit wurden Seile geworfen und einige Fässer Wasser herübertransportiert. Der Kapitän kam selbst an Bord, um sich nach dem Grund für unser Problem zu erkundigen. Sein Name ist vergessen, seiner Liebenswürdigkeit jedoch wird mit Dankbarkeit erinnert.

Dem Bericht fügt sie noch eine persönliche Reiseimpression bei. In den *Memoiren* spärlich verstreut, müssen solche Zeugnisse zwischen den kühlen Dokumentarpassagen herausgeklaubt werden. Denn diese privaten Notizen sind es, die Auskunft geben über ihre ureigene Welt.

Schwierig ist es, den Eindruck des Vergnügens beim Segeln durch diesen unvergleichlichen Archipel zu vermitteln. Jede nur denkbare Naturschönheit findet sich hier vereint: die Weichheit des Meers, die Schwerelosigkeit der Luft, die stete Folge von malerischen See-Landschaften. Inseln jeder Größe und Gestalt finden sich zusammengedrängt, Berge mit ausgefallenen Formen, gekrönt von dichtem Grün. Reiche und schwelgerische Vegetation stößt überall bis direkt ans Wasser vor. Kleine einheimische Boote, oft nur mit einer Person drin, schießen Pfeilen gleich aus tiefem Schatten, der sie verborgen hielt. Sie sehen aus wie Muschelschalen, die der Wind verweht. Alles zusammen gleicht einer Märchenwelt der Verzauberung, und es bedürfte der Feder des Dichters, die Schönheiten zu beschreiben.

Herrschaftsideen

Ende Juli 1819 landeten Sophia und Sir Stamford wieder in Bengkulu und trafen die Tochter gewachsen und gesund an, »das liebeswürdigste, scheueste Wesen, das man sich denken kann«, wie sie an die Schwägerin schreibt. Sophia fand die Siedlung vorteilhaft verändert:

Als Sir Stamford 1818 zum ersten Mal hier landete, waren rund um die Residenz herum jeder Baum und jeder Strauch bis zum Boden zurückgestutzt aus Angst vor versteckten Angriffen der Eingeborenen, ein trostloser Anblick. Sofort befahl er, einen Garten anzulegen. Während seiner Abwesenheit von elf Monaten fand er die Pflanzen riesig gewachsen. Die Casuarina-Bäume waren dreißig bis vierzig Fuß hoch, und er hatte das Vergnügen, das Anwesen dicht umwachsen zu sehen von Muskat, Nelken, Kakao und Cassia. Auch fuhr man durch eine Allee von Muskat- und Nelkenbäumen auf das Haus zu. Der Ort schien magisch von einer Wildnis zu einem Garten verwandelt. Vor allem der Muskatbaum ist außerordentlich reizvoll, trägt Früchte in Hülle und

Fülle und streckt seine Zweige in einem weiten Kreis aus. Die Frucht ist vermutlich die schönste der Welt. Die äußere Schutzhülle oder Schale ist hell sahnefarben und gleicht einem Pfirsich. Sie bricht auf, und die dunkle Nuß liegt bloß, verpackt in einen Samenmantel von hellster Karmesinfarbe. Dies im Kontrast zu den tief smaragdgrünen Blättern gibt einen wundervollen Anblick.

Wichtiger als der gärtnerische Durchbruch im Provinznest waren Raffles aber Neuerungen im administrativen Bereich der – seiner Meinung nach – schleppend funktionierenden Kolonialverwaltung. Der Gouverneur war entschlossen, die Eingeborenen zu größerer Effizienz anzutreiben und sie vermehrt leistungsorientiert arbeiten zu lassen.

BEFREITE SKLAVEN ...

Raffles, stets auf Erfolg erpicht, fand durch die Singapur-Gründung endlich Bestätigung und Befriedigung seines Selbstwertgefühls. Gemessen an dieser Pioniertat erschienen ihm die Engländer in Bengkulu faul und träge. Gleich nach der Heimkehr begann er sie anzuspornen und zu motivieren, die Niederlassung gewinnbringender zu verwalten als bisher. Auf sein Geheiß mußten sich die Landsleute in verschiedenen Arbeitsgruppen zusammenfinden, um die Kommunikation mit den Einheimischen auf allen Ebenen zu verbreitern und dadurch die Produktion zu optimieren. Sein Ziel war nicht ganz uneigennützig. Sir Stamford wollte den ehrenwerten Direktoren in London beweisen, daß er imstande war, noch die verrottetste Siedlung in eine Modell-Kolonie zu verwandeln. Und eine weitere Neuerung wollte Raffles durchsetzen: Nach dem Singapur-Erfolg ging er, unterstützt von Sophia, mit Überzeugung daran, in seinem Einflußbereich die Sklaverei abzuschaffen. Sophia zitiert:

Zu den schlimmsten Ungesetzlichkeiten, die ich vorfand, gehörte die Beschäftigung einer Gruppe von zweihundert bis dreihundert Negersklaven im Dienste unserer Obrigkeit. Das war gegen die Praxis und die Prinzipien der *Company*, und sofort entließ ich alle Sklaven in die Freiheit. Für Alte, Gebrechliche und Kinder wurde speziell vorgesorgt. Gerade letztere mußten besonders gut vorbereitet werden für ihren neuen Status, und so wurde eine Schule für Kafferkinder geschaffen und unter die Leitung unseres Kaplans gestellt.

Daß die Sklavenhaltung von verknöchertem Denken zeuge und daß einzig Erziehung und Bildung auch der Geringsten den Fortschritt der Menschheit garantiere, war zu Raffles' Zeit eine hoffnungsvolle Entdeckung. Im Rahmen des revolutionären Zeitgeists müßte Raffles' Entschluß, in der Randkolonie Freigelassene schulen zu wollen, eigentlich als modernes Unternehmen bezeichnet werden. War aber sein Handeln tatsächlich so fortschrittlich? Zweifel sind angebracht. Als Angehöriger der größten europäischen Kolonialmacht interpretierte Sir Stamford nämlich die Fortschritts- und Emanzipationsideen recht eigenwillig und doppeldeutig. Zu seiner Entlastung muß aber beigefügt werden, daß die Konfusion für die damalige Epoche charakteristisch war. Erkennbar verunsichert stand übrigens auch die Gouverneursfrau Sophia vor dem Problem, wie Sklaven und Kolonisierte einzustufen seien.

... UNTERJOCHTE SUMATRANER

Die ersten zwanzig Jahre des 19. Jahrhunderts, die Zeitspanne von Raffles' Asienaufenthalten also, folgten nicht nur unmittelbar auf die vorerst befreiende Französische Revolution, sondern waren ebenso eine Phase lange dauernder Kriege an allen Ecken der bekannten Welt. Es handelte sich also einesteils um eine

Periode des geistigen Aufbruchs und der Neuorientierung, aber gleichzeitig versuchten die Mächtigen mit altbekannter Waffengewalt ihre politischen Positionen zu halten und zu festigen. Diese widersprüchliche Situation – Hoffnung auf Fortschritt und auf die Befreiung des Menschen aus der Knechtschaft einerseits, ultrakonservative Vorstellungen von Herrschafts- und Gesellschaftsordnungen andererseits – stiftete in manchen europäischen Köpfen einige Verwirrung und Verunsicherung. Raffles als lernbegieriger Autodidakt war dem damaligen Ansturm gegensätzlicher Denkweisen in besonderem Maß ausgeliefert. Weil ihm die Schulung zur gedanklichen Schärfe fehlte und er zu bedenkenlosen Behauptungen neigte, sind seine ungereimten Ansichten über ihm fremde Völker und Kulturen besonders auffallend und auch fatal. Wohl trat er ohne Zaudern gegen die Sklaverei auf und kümmerte sich, geistig modebewußt, um Erziehung und Bildung der schwarzen Sklavenkinder. Aber gleichzeitig bewunderte er kritiklos javanische Herrschaftsideen mit dem Fürsten als absolutistischem Machtträger und Ausbeuter der Untertanen. Nicht leicht durchschaubare sumatranische Stammesorganisationen hingegen stufte Raffles ohne Umschweife als verachtenswert und niedrig ein. Sophia scheint in diesem getrübten Wasser mitzuschwimmen. Der Versuch einer Beurteilung ihrer Persönlichkeit darf ihre Abhängigkeit vom geistigen Gepäck ihres Mannes nicht ausklammern. Die folgende Briefpassage von Sir Stamford hat sie wohl kaum zufällig in die *Memoiren* aufgenommen:

Ich fand in den Sumatranern einen von den Bewohnern Javas ganz verschiedenen Menschenschlag. Sie hinken den Javanern zivilisatorisch um tausend Jahre hintennach. Folglich brauchen sie auch eine ganz andere Regierung. In Java befürwortete ich die Doktrin der Freiheit des einzelnen

Subjekts wie auch die individuellen Rechte des Menschen. Hier unterstütze ich den Despotismus. Es bedarf des starken Arms der Macht, um die Menschen zusammenzubringen und sie gesellschaftlich zu organisieren. Es gibt eine gewisse Stufe, wo einzig die despotische Autorität imstande ist, zivilisatorische Fortschritte zu erzielen. Sumatra ist ganz allgemein bevölkert von einer Vielzahl unbedeutender Stämme, die keine eigentliche Leitung kennen und untereinander kaum Kontakte haben. Der Einzelne bleibt unaktiv, störrisch und wirkt düster wie der Urwald, der ihn umgibt. Keiner europäischen Macht scheint es der Mühe wert, sich das Land zu unterwerfen, was der schnellste Weg wäre, es zu zivilisieren. Deshalb bleibt als einziger Weg, die Bedeutung der Häuptlinge zu erhöhen und so wenigstens gewisse Feudalstrukturen zu fördern. Erst wenn das geschehen und die Herrschaft einigermaßen gefestigt ist, erst dann laßt die Leute aufgeklärt sein. Und die Energien, die dabei frei werden, sind das beste Pfand für die spätere Wesensart einer Nation. Im Moment noch sind die Stämme so unstet in ihren Gewohnheiten wie Vögel in der Luft. Man kann nicht mit ihnen rechnen, bevor sie sich nicht unter der Führung einer wie auch immer gearteten Autorität vereinigen werden.

Kesseltreiben

Sophia war ein Eheleben lang dazu verurteilt, dem stets erneut ausbrechenden Ehrgeiz ihres Mannes standzuhalten und die Kehrseiten seiner hektischen Ruhelosigkeit – Schwermut und selbstzerstörerischen Trotz – zu erdulden. Sie wählte als ihren eigenen Weg, diesen Partner zu ertragen, die rückhaltlose Bewunderung und Verteidigung. Besonders hellhörig war sie, wenn Fremde Raffles' Person einschätzten oder beurteilten. Sie unterschied dabei einzig zwischen gut und böse, zwischen Zustimmung und Ablehnung. Wer Raffles lobte, war ihr genehm, wer ihn tadelte, mußte mit ihrer Unversöhnlichkeit rechnen. Regelmäßig richtete sich ihr Zorn gegen die Direktoren in der Londoner Zentrale und gegen die Vorgesetzten in Bengal, mit deren oft negativer Einschätzung von Raffles' Unternehmungen sie nie zurechtkam. Mißbilligende Einwände gegen seine Pläne machten sie bockig. Die kritische Reflexion über den unsteten Charakter ihres Mannes war ihr offensichtlich fremd. Ihre Haltung als Ehefrau erinnert an die vorbehaltlose Ergebenheit der Angestellten gegenüber ihrem Vorgesetzten.

Bereits im August 1819 brauten sich in London wieder

einmal tiefschwarze Wolken über dem noch ahnungslosen Raffles zusammen. Die Nachricht von der Gründung Singapurs erreichte nach mehreren Monaten Seereise England und schlug dort wie eine Bombe ein. Eben waren diplomatische Bestrebungen angelaufen, den Frieden mit Holland zu sichern. Und nun das! Sowohl die englischen wie auch die niederländischen Behörden zeigten sich empört. Die Engländer tadelten die Aktion um so mehr, als – einmal mehr – der Störenfried Raffles der Urheber war: »Jede Schwierigkeit mit Holland, für die allein Sir Stamford Raffles' zügelloses Benehmen verantwortlich ist, lehnen wir strikte ab«, heißt es in einer Depesche des Direktoriums nach Calcutta. Und weiter: »Eine definitive Beurteilung von Sir Stamford Raffles' Handeln in bezug auf Singapur muß zurückgestellt werden, bis wir die Meinung des Generalgouverneurs kennen. [...] Aber schon als Sir Stamford Raffles eigenmächtig mit sumatranischen Häuptlingen Verträge abschloß und sie gegen die Holländer aufwiegelte, ging er in die falsche Richtung. Wir dürfen keine Zeit verlieren, alle diese Verträge rückgängig zu machen.«

In Holland freute man sich über die Verunglimpfung des eingeschworenen Gegners. Zu großer Befriedigung gab Anlaß, daß ein offizielles Schreiben aus London Raffles' Stellung »niedriger als ein Handelsagent« einstufte. Ihm hing bei den Vorgesetzten eine *»mauvaise odeur«* an, wie sich ein Mitglied des Direktoriums ausdrückte.

Rückgängig gemacht wurde der Vertrag mit dem Sultan von Johor aber keineswegs. Mit der Zeit verstummten die Querelen um Singapur. Der Generalgouverneur in Bengal war sich der Bedeutung des rasch prosperierenden Freihandelshafens am Südende der Malakkastraße nur allzu bewußt. Die Holländer drohten zwar längere Zeit noch mit militärischer Intervention, wagten es aber nicht, den Streit auf die Spitze zu treiben. Raffles jedoch blieb der Ruhm versagt. Sophia läßt ihn in den *Memoiren* Bilanz ziehen:

Wir haben jetzt alle Tische gegen die Holländer gedreht. Die Besetzung von Singapur war der tödliche Schlag gegen ihre Pläne. Ich vertraue darauf, daß unsere politischen und ökonomischen Interessen nun gesichert sind, obwohl unsere Minister mich persönlich schnöde und unschön behandelten.

Oh, daß unsere Politiker zu Hause doch bloß mit ein wenig Vernunft und Entschlossenheit handelten! Es ist reine Dummheit, zu zögern. Und wenn sie nicht tun, was recht und billig ist, dann werden die Umstände sie möglicherweise später zu ungemütlichen Eingriffen zwingen. Friede der Politik!

SIR STAMFORD WITTERT NEUEN RUHM

Anfang Oktober 1819 landete die Brigg *Favourite* in Bengkulu und überbrachte die Nachricht, daß der Gouverneur von Penang gestorben sei. Diese Vakanz war für Raffles das Signal, sein Konzept der kompletten Neuorganisation aller südöstlich von Indien gelegenen englischen Besitztümer dem Generalgouverneur in Calcutta vorzulegen. Die Macht der trägen Bürokraten in Penang sollte endlich beschnitten und das gesamte Gebiet rund um die Malakkastraße zentralistisch von Singapur aus regiert werden. Ein Plan, der viel später dann tatsächlich auch umgesetzt wurde. Daß Raffles sich in diesem Konzept als künftigen Generalbevollmächtigten betrachtete, war für ihn selbstverständlich. Wie immer, wenn er ein Projekt entwickelte, dachte er in großen Zusammenhängen und ließ beidem, der Realpolitik wie auch visionären Zukunftsideen, breiten Spielraum.

In einem umfassenden Memorandum, betitelt *Administration of the Eastern Islands 1819*, das Sophia als Appendix den *Memoiren* beifügt und so der Nachwelt verfügbar macht, skizziert er den künftigen Güterverkehr im südostasiatischen Raum. Neu ist, daß Raffles die Handelsinteressen Englands mit den Bedürfnissen der Anliegerstaaten wie Burma, Siam, Cochinchina, Sumatra, Borneo, Holländisch Indien, New Holland (Australien), der Malaiischen Halbinsel und China verflicht. Er fordert, daß England die merkantilen Belange vor alle politischen Interessen – beispielsweise Eroberungen – stellen müsse und Britanniens Beziehungen zu den *native states* strikt diesem Prinzip folgen sollten. Klar zielt er mit diesem Grundsatz auf neue Absatzmärkte für englische sowie indische Produkte und formuliert ein frühes Credo des Wirtschaftsliberalismus:

> Der echte und belebende Geist des Handels erhöht und befruchtet sowohl die Energien des Pflanzers, der verkauft, wie er auch den Kaufmann anspornt, der kauft. Dieser Geist verlangt das genaue Gegenteil unseres bisher gepflegten monopolisierten Zwangsanbaus. Der zerstört jede Motivation auf beiden Seiten, sowohl derjenigen der Produktion wie auch des Handels. [...] Unsere Firmen sollten sich weniger dem schnellen Profit verschreiben, als vielmehr den Schutz des freien und uneingeschränkten Unternehmertums im Sinne der Ermutigung von Verkäufern und Käufern im Auge behalten. Handel auf den südostasiatischen Inseln war immer dort erfolgreich, wo ein gewisser Schutz vorhanden war und die politische Blockierung wegfiel.

Raffles wußte aus Erfahrung, wovon er sprach. Viele der englischen Niederlassungen in Fernost, allen voran Bengkulu, waren durch die Monopolisierung des Handels mit einzelnen Produkten wie zum Beispiel dem Zwangsanbau von Pfeffer, von dem es überall zuviel gab, nahe dem finanziellen Ruin.

Die Handelsprinzipien der Company in dieser Gegend brachten nicht nur Verluste in bezug auf die eigenen Interessen, sondern dienten ebenso der Unterdrückung und Entmutigung von Produzenten wie Händlern. Dies in der falschen Annahme Londons, ökonomische Spekulation mit politischer Machtentfaltung koppeln zu können. Die Monopolstellung ist – ähnlich der Sklaverei – doppelt verflucht: Zum einen schadet die Marktbeherrschung demjenigen, der Alleinanspruch geltend macht, zum andern zerstört sie die Abhängigen.

Es wäre allerdings kurzsichtig, aus diesen der Zeit scheinbar vorauseilenden Überzeugungen Raffles' ein besonderes Einfühlungsvermögen für die Kolonisierten herauszulesen, wie das die Verehrer des Singapur-Gründers gerne tun. Mit jeder Faser Angehöriger der kolonialen Herrscherschicht, trachtete er in erster Linie nach einer Stärkung der englischen Handelsmacht. Diese allein schien ihm die ruhmvolle Zukunft der Heimat zu garantieren. Seine Ideen, so fortschrittlich sie für damalige Verhältnisse auch daherkommen mögen, galten einzig der ausgeglichenen britischen Handelsbilanz. Es ist kein Bemühen erkennbar um die Frage, mit welchen Mitteln die Lebensbedingungen der den Pflanzern unterstellten Eingeborenen tatsächlich verbessert werden könnten.

SEELISCHER ZUSAMMENBRUCH IN CALCUTTA

Acht Monate nach der Gründung Singapurs und kaum zwei Monate zurück in Bengkulu, entschied sich Raffles nach Erhalt der Todesnachricht aus Penang, sofort Richtung Calcutta zu segeln. Er wollte seine Administrationsentwürfe dort persönlich vorlegen und damit seine Zukunft sichern, bevor der vakante Gouverneursposten in Penang neu besetzt würde.

Sophia setzte alles daran, ihn wie immer zu begleiten, obwohl wieder ein Kind unterwegs war. Sie bot dem Kapitän Geld und gute Worte an, um mitfahren zu dürfen, und erklärte sich auch mit dem unbequemsten Schlafplatz nahe der Ankerkette zufrieden. Zu ihrem Verdruß mußte sie aber diesmal in Bengkulu zurückbleiben:

Während glücklicher und häuslicher Tage in Bencoolen traf plötzlich die Mitteilung vom Tod Oberst Bannermans ein. Dieses Ereignis, traurig als solches, bewog Sir Stamford, dem obersten Rat dringlich seine Ansichten über die generelle Neuorganisation der *Eastern Islands* darzulegen. Er wollte sogleich nach Calcutta. Die Jahreszeit war zwar nicht günstig, und das Schiff, das den Brief gebracht hatte, vermutlich das letzte, das für lange Zeit in Bencoolen landete. Sir Stamford mußte sich von seiner Familie trennen, weil die Brigg jeden Komforts entbehrte. Die »Herausgeberin« wollte unbedingt mitsegeln und bot dem Kapitän jede Summe an, wenn er sie bloß an Bord nähme. Er schlug schließlich vor, daß sie sich beim Anker zusammenkauern könne, aber Sir Stamford entschied, allein zu gehen.

Noch auf See schrieb Raffles an einen nicht genannten Adressaten in London:

Die Größe des Schiffs erlaubte es Sophia nicht, mitzusegeln. Ich bedaure nicht, daß sie zurückblieb, weil das Wetter sehr schlecht ist und ich selbst mich mit aller Kraft gegen die Ärgernisse und Entbehrungen wehren muß. […]

Wann glauben Sie, daß ich endlich nach England zurück kann? Sind wohl sieben Jahre Verbannung genug für alle meine Sünden? Oder werde ich bleiben müssen, bis ich nicht mehr weiter sündigen kann?

In Calcutta fand Sir Stamford kein Gehör für seine ostindischen Restrukturierungspläne; das heißt: er wurde vertröstet. In allen mondänen Salons der damals als elegant und weltläufig bekannten indischen Kolonialhauptstadt war er zwar umschwärmter Gast, man gab ihm zu Ehren Dinner und Bälle, aber substantielle Antworten auf seine Vorschläge bekam er nicht. Auf sein Drängen erfuhr er schließlich aus der Umgebung des Generalgouverneurs, daß sein Papier bei den Verantwortlichen zirkuliere, aber – wie er wohl ahnen könne – werde es östlich von Calcutta kaum zu Änderungen kommen. Der oberste Chef hatte nicht einmal Zeit gefunden, seinen Untergebenen persönlich zu informieren. Die erniedrigende Situation gipfelte im Ausbruch einer Krankheit. Vier Wochen lang lag Raffles mit hohem Fieber und unerträglichen Kopfschmerzen im abgedunkelten Zimmer. Er durfte weder schreiben noch – wie er selbst sagt – denken. Seinen Zustand schildert er einer englischen Freundin:

Ich tue, was ich kann, um mich über meine Stimmung hinwegzubringen in der Hoffnung, daß es sogar in dieser Welt mehr Glück gibt, als wir Sterblichen ahnen. Ich erfuhr genug Leid in meiner kurzen Karriere, und immer wieder erscheint unangemeldet dieser Gast ohne meine Aufforderung. Ich scheuche ihn von meiner Tür weg und tue mein Bestes, meine Gesundheit und meine Stimmung noch ein paar Jahre zu erhalten, um wenigstens anderen zu ihrem Glück zu verhelfen. […] In diesem Moment fühle ich mich schwer und krank am Herzen. Ich könnte mich niederlegen und weinen, stundenlang weinen. Und doch weiß ich nicht, warum, außer daß ich einfach tief unglücklich bin.

Sophia ringt sich in einem Kommentar zu diesem Calcutta-Bittgang durch, Raffles' Niederlage einzugestehen:

Sir Stamford gelang es nicht, sich in seinen Bemühungen gegenüber der obersten Regierung durchzusetzen und ein sehr viel einfacheres Management der *Eastern Islands* einzuführen. Vielleicht ist es tatsächlich nicht leicht, große und alte Strukturen zu durchbrechen und der Begünstigung sowie der Macht Einhalt zu gebieten. Und doch ist es Tatsache, daß die Regierung in Penang eine schwerfällige und nutzlose Maschinerie ist. [...] Im Monat Februar 1820 bereitete sich Sir Stamford darauf vor, Calcutta zu verlassen und nach Sumatra zurückzukehren. Er hatte wenigstens die Gewißheit, sein Möglichstes an Überzeugungskraft eingesetzt und den Mächtigen die nötigen Reformen deutlich gemacht zu haben.

Anfang Februar 1820 wurde der kranke, erfolglose Raffles in Calcutta auf einer Bahre aufs Schiff getragen, nach eigener Aussage dem Tod nahe und dünn wie eine Vogelscheuche. Der Rückweg nach Bengkulu führte den rasch wieder Kräfte Tankenden diesmal entlang der Westküste Sumatras und damit – südlich der heutigen Provinz Aceh – entlang dem Gebiet der Batak-Stämme. Im geschützten Golf von Tapanuli unterbrach er die Fahrt, schon wieder obenauf und begierig, vielleicht ein Stück weit ins Landesinnere vorzudringen. Um jeden Preis wollte er diese Batak kennenlernen, über die sein Freund William Marsden 1783 Ungeheuerliches publiziert hatte – allerdings ohne persönlich mit ihnen in Kontakt gekommen zu sein.

Was Marsden zu berichten wußte, hatte er in Küstennähe gehört und aufgeschrieben. Groß war der Respekt des Forschers vor der hoch entwickelten Schriftkultur der mysteriösen Stammesangehörigen in den Bergregionen, die ihre Übeltäter zur Strafe verzehrten. Raffles hatte sich von den zum Schiff bestellten Informanten Marsdens Darstellung des ungewöhnlichen Strafvollzugs bestätigen lassen und war tief beeindruckt von den Geschichten, die er zu hören bekam. Auf die Expedition ins Innere des Batak-Lands mußte er allerdings verzichten. Aber seine Neugier war so groß, daß er beschloß, bei nächster Gelegenheit mit Sophia weit hinter die Berge zum Tobasee vorzudringen, in jenes Gebiet, in das noch kein Europäer den Fuß gesetzt hatte.

Batak-Land

Das Dorf Berastagi in der Bergregion hinter Medan, einst von den Holländern wegen seiner Kühle geschätzt, erinnert an einen Schweizer Touristenflecken. Entlang der Hauptachse – in Erinnerung an die Befreiung 1945 *Jalan Veteran* (Veteranenstraße) geheißen – reihen sich Souvenirläden, Hotels, Post, Polizei, Telefonamt, Imbißecken mit Frittenangebot. Auch ein touristisches Informationszentrum ist da. In der Holzbaracke fragen wir nach Möglichkeiten, das Batak-Gebiet zu erkunden, und bekommen den Studenten Wan zugewiesen, der uns gerne alles zeigen will. Gemeinsam ziehen wir los in einem altersschwachen Volkwagenbus und durchforschen die Hochebene.

Wan bewegt sich prinzipiell nur auf Nebenstraßen und kutschiert durch üppige Gemüse- und Obstkulturen mit Spargel, Kartoffeln, Kohl, Mais, Orangen, Passionsfrüchten, Pfefferschoten, Äpfeln, Marquisah und Blumen aller Art. Alles wächst auf den fruchtbaren Riesenflächen kunterbunt durcheinander. Das Hochplateau am Fuß breiter Vulkankegel gehört den Karo-Batak, einer der sechs großen Batak-Gruppen. Alle sechs sprechen unterschiedliche Sprachen. Und nicht nur das: Sie unterscheiden sich auch in ihren Sozialorganisationen und rituellen Zeremonien. Trotz Christianisierung gelang es den alteingesessenen Stämmen, ihren ursprünglichen Glauben in die neue Religion fest einzubinden. Ein großer Teil der mehrere Millionen zählenden Batak ist in der heutigen Provinz Nordsumatra heimisch. Wan, selbst ein Karo, erklärt stolz, daß die ertragreichen Plantagen seiner Volksgruppe nicht nur die Zweimillionenstadt Medan mit Gemüse, Früchten und Blumen versorgen, sondern daß hier mehr als genug wachse für den Export nach Kuala Lumpur und Singapur. Jeden Morgen fahren Lastwagenkonvois zur Straße von Malakka hinunter. Von dort wird die Ware mit Schnellbooten über die Meerenge gebracht.

TOTENFEST DER KARO-BATAK HEUTE

Plötzlich, während der Fahrt auf Holperwegen, hält Wan an, sitzt unbeweglich da und horcht in die Ferne. »Musik«, sagt er, als wir noch keinen Ton hören, »ein Fest irgendwo. Ihr habt Glück.« In großer Distanz gewahren wir Häuser. Wan fährt im Schrittempo darauf zu. Von weitem ein seltsamer Anblick: Eine große Menge breiter, tomatenroter Kissen scheint über dem Boden zu schweben. Beim Näherkommen werden unter den Kissen Köpfe erkennbar. Zwischen den Goldquasten, die vom mächtigen Kopfputz herabhängen, erscheinen alte und junge weibliche Gesichter, alle ausgelassen und vergnügt. Als Oberteil tragen die Frauen schwarze oder dunkelviolette Blusen. Um die Taille haben sie – unterschiedlich lang – zwei bis drei Sarongs geschlungen, goldbestickt in den Farben rot, schwarz, grün oder karmin. Die Männer tragen kunstvoll gefaltete, ebenfalls rote Kopfbedeckungen, und auch sie den Sarong über der Hose und die bestickte Schärpe über dem Rock. Etwa dreihundert Leute stehen vor dem rechteckigen Versammlungsplatz beisammen. Dieser Dorftreffpunkt ist hier – eine Rarität – noch mit Palmblatt überdacht und nicht, wie meist, unter Wellblech der brütenden Hitze ausgeliefert. Auf dem Boden liegen geflochtene Matten, an der Stirnseite sitzt die Musik: kleine Trommeln, Flöten, ein harfenförmiges Streichinstrument, der Gong, alles mit Verstärker natürlich. Wan ist nun sehr aufgeregt und erkundigt sich sofort, ob auch zwei Fremde an diesem traditionellen Totenfest der Karo-Batak teilhaben dürfen. Eine Frau tritt auf uns zu, hält uns an der Schulter fest und führt uns als Eingeladene zu ihrer Familie.

Ohne Eile begibt sich die Festgemeinde in die rundum offene Versammlungshalle und richtet sich den Betonrändern entlang auf dem Boden sitzend gemütlich ein. Eine Art Conférencier mit Mikrofon tritt auf: der Leiter des Rituals. Er gibt Anweisungen, erzählt zur Lockerung Witze, begrüßt die Anwesenden, die teilweise von weither gekommen sind. Gegenüber dem Orchester steht in der Mitte ein Tisch, mit golddurchwebten Stoffen bedeckt. Darauf liegen, in der Tischmitte ausgerichtet, fünf Totenschädel, jeder hat das traditionelle Kopftuch über die Stirn gestülpt. Die Beschwichtigung und endgültige Bestattung dieser fünf Toten ist das Ziel des Fests. Einige Zeit nach der Beerdigung werden die Verstorbenen nämlich wieder ausgegraben, ihre Schädel sorgfältig gereinigt und im Großfamilienverband ein zweites Mal beigesetzt.

Nach kurzem Musikspiel erheben sich Frauen und Männer, alte und junge. Sie umrunden zu Trommelwirbeln und Flötenklang in langsamem Schreittanz den Tisch, gedenken der Toten und begleiten sie zeremoniell in die ihnen zugehörigen Gefilde. Dem Gruppentanz folgt ein ritueller Geschenkaustausch. Alle Anwesenden überreichen einander kostbare, bunte Gewebe: Kopftücher für die Männer, Sarongs für die Frauen. Die Gaben signalisieren die Sozialstruktur der Karo-Batak, die in fünf Clans unterteilt sind. Die Heirat innerhalb eines Clans ist strikt verboten, auch wenn keine Blutsverwandtschaft nachgewiesen werden kann. Da sich die heiratswilligen Mädchen und jungen Männer nicht im eigenen Clan umsehen dürfen: wo finden sie ihre Ehepartner? Die Karo unterscheiden zwischen »frauengebenden« und »frauenempfangenden« Clangruppen. Je nach Zugehörigkeit muß die Wahl getroffen werden. Diese Zweiteilung ist auch an Äußerlichkeiten erkennbar. Beim textilen Geschenktausch etwa webt der »frauengebende« Verband andere Muster in die Sarongs und Kopftücher als die »Frauenempfänger«. Die Kleidung hat Signalwirkung. Via clankorrekte Partnerwahl ist die Fortdauer der Gemeinschaft gewährleistet. Sogar bei der Zubereitung des Festessens für diese Totenfeier wird die Teilung sichtbar. Gewisse Speisen dürfen nur die »brautgebenden«, andere nur die »brautempfangenden« Gruppen kochen. Zum Schmaus aber sitzen sie alle durcheinandergewürfelt. Lärm, Geschrei, Lachen lassen das eigene Wort kaum verstehen. Für viele der Anwesenden sind solche Totenerinnerungen der Anlaß, sich nach langer Zeit zu treffen. Als schließlich alle satt sind, wird es unvermutet sehr still. Auch die Kinder lassen ihre Spiele bleiben, geben endlich Ruhe, hören auf zu kichern. Ein junges, unverheiratetes Paar tritt in die Mitte der Feiernden, nach Clanregel heiratsfähig. Das Mädchen und der Bursche stehen sich einige Zeit reglos gegenüber, fixieren sich gegenseitig und bewegen sich dann in getragenen, fast zeitlupenartigen Bewegungen aufeinander zu: Das Leben folgt dem Tod. Oftmals, so wird uns gesagt, führe dieser Lebenstanz nach der Totenfeier tatsächlich zu einer Verbindung. Aber es müsse nicht sein.

KANNIBALISMUS

Frühe portugiesische, englische oder holländische Zeugnisse über die Batak drücken allesamt Staunen, Bewunderung, Ehrfurcht aus. Dies trotz gesicherter Kenntnis über rituellen und aus westlicher Sicht überaus grausam praktizierten Verzehr von Menschen. In verzeihender Tonlage loben frühe Reisende die hohe Kultur der Batak. Bestaunt wird die Sozialorganisation und besonders gepriesen die Schrift sowie die in Prachtbüchern aus präpariertem Rindenbast mit pflanzlicher Tinte festgehaltenen Texte. Diese Folianten sind außergewöhnliche Kunstwerke. Zwischen zwei reich geschnitzten, rechteckigen Deckeln aus Holz finden sich die geleimten Bastseiten in Leporellomanier gefaltet. Die kleinen schwarzen Buchstaben laufen einzeln in Reihen von oben nach unten und sind mit schwarzen und roten Verzierungen durchsetzt. Nebst Blumenkränzen oder Lebensbäumen beeindrucken als häufige Motive winzige Jokerfiguren mit roten, dreispitzigen Kappen auf den Köpfen. Sie sind wie zufällig über die Seiten und Seitenränder gestreut. Wie bei Kartenspielen stehen sie sich oft spiegelbildlich gegenüber. Diese Bücher als kostbare Zeugnisse der alten Schriftkultur sind derzeit im Batak-Land nicht mehr aufzuspüren, sondern müssen in westlichen Museen bewundert werden.

Indes konnte niemand von den weißen Chronisten die Aufzeichnungen lesen oder verstehen. Überdies gelangte bis Mitte des 19. Jahrhunderts kein Weißer je ins Innere des Batak-Gebiets, in die Zone der Toba-Batak rund um den gleichnamigen See, wo das Verspeisen von Rechtsbrechern oder Feinden vor allem praktiziert wurde. Kannibalengeschichten aus zweiter Hand also, den Reisenden mitgeteilt von den Batakstämmen im Küstengebiet; deshalb aber nicht unglaubwürdig. Die einhellige europäische Hochschätzung für die Menschenverzehrer ist allerdings kurios. Normalerweise in der Beurteilung des Fremden überaus herablassende Seefahrer, Forscher und Kolonisten scheinen im Fall der Batak sämtlich verunsichert. Wie kann es sein, so die Überlegung, daß ein Volk sich zwar einer Schrift bedient und Fertigkeit zeigt in der Buchkunst, jedoch gleichzeitig dem Kannibalismus frönt? Die westliche Rechnung ging im Falle der Batak nicht auf, das Fundament für leichtfertig gefaßte Vorurteile fehlte.

William Marsden hat als erster ausführlich und mit wissenschaftlichem Anspruch über die Batak berichtet. Er beurteilt sie als das in vielen Belangen originellste Volk Sumatras, in Begabung, Brauchtum und Sitten den andern Stämmen weit überlegen. Auch Marsden ist des Lobes voll über die Fähigkeit der Batak, sich schriftlich auszudrücken. Er gibt Hinweise auf ihre wahrsagenden, astrologischen und mythologischen Texte. Der Anteil an Alphabetisierten sei größer als die Zahl der Analphabeten, ja größer als die der Schreibkundigen in *»more polished parts of the world«*. Die Batak seien keine Mohammedaner, sondern verehrten drei Hauptgottheiten als Regenten des Himmels, der Luft und der Erde. Die Seele der Menschen sei unsterblich. Wer ein anständiges Leben führe, finde Platz im Himmel, die Übeltäter wanderten in große Kessel und schmorten über lodernden Feuern. Allerdings nicht in alle Ewigkeit. Wenn *Batara-guru*, der Himmelsgott, befinde, die Sünden seien abgetragen, nehme er auch die Missetäter bei sich auf.

Mit Widerstreben – so liest es sich zumindest – widmet sich Marsden schließlich dem für ihn beinahe Unaussprechlichen: dem Verspeisen von Menschen. Eigentlich sei es im Lichte der Aufklärung unwürdig, stellt er vorsichtig fest, an solchem Brauch noch festzuhalten. Aber die Widersprüche, Ungereimtheiten und Vielfältigkeiten der menschlichen Existenz seien derart offenkundig, daß eben keine Prinzipien wirklich allgemein gelten könnten. »Ich muß bestätigen«, so ringt er sich widerwillig zur Feststellung durch, »daß in Sumatra bei den Batak menschliches Fleisch gegessen wird.«

DIE TODESSTRAFE DER BATAK

Auch Raffles interessierte sich für die rigorosen Strafen bei den Batak. Sein Wunsch, zusammen mit Sophia ins Tobagebiet vorzudringen, erfüllte sich zwar nicht. Aber mit spürbarem Kitzel schrieb er alle die Todesstrafe betreffenden Berichte auf, die ihm im Küstengebiet zu Ohren gekommen waren, und leitete sie an die Herzogin von Somerset weiter. Dank Sophia ist der Text heute noch zugänglich:

Eben habe ich Tappanuli, mitten im Batak-Land gelegen, verlassen. Wenn Sie zufällig einmal in Marsdens *History of Sumatra* hineingeschaut haben, erinnern Sie sich bestimmt daran, daß die Batak Kannibalen sind.

Die Küste ist nur dünn besiedelt, aber man sagt mir, daß die Leute im Innern so zahlreich seien wie die Blätter im Urwald. Die ganze Bevölkerung beträgt ein bis zwei Millionen. […] Die Batak sind nicht bösartig, obwohl sie einander aufessen und dem Menschenfleisch mehr zugetan sind als dem Fleisch von Ochsen oder Schweinen. Die Batak sind auch keine Wilden. Sie können besser lesen und schreiben als manche Leute, die an unseren englischen Schulen unterrichtet worden sind. Auch folgen sie streng kodifiziertem, altem Recht, und dies ist auch der Grund, warum sie sich gegenseitig verzehren. Die Gesetze schreiben vor, daß für einzelne Vergehen die Todesstrafe durch Aufessen des Delinquenten bei lebendigem Leib vorgesehen ist. Dasselbe geschieht den Gefangenen in großen Kriegen zwischen den einzelnen Distrikten. Stets aber wird dem Angeklagten ein fairer Prozeß gemacht. Wenn die Klage erhoben ist, das Beweismaterial vorliegt und der Tatbestand erwiesen ist, dann folgt die Urteilsverkündung. Die Häuptlinge trinken sich zu, und dies ist gleichwertig wie bei uns die Unterschrift.

Dann vergehen zwei bis drei Tage, während derer die Leute zusammengetrommelt werden. Zum Beispiel ist es im Fall von Ehebruch nicht gestattet, das Urteil zu vollziehen, bis die ganze Familie der Frau anwesend ist und am Fest teilnehmen kann. Der Verurteilte wird dann vorgeführt und mit ausgestreckten Händen an einer Stange oder einem Baum festgebunden. Handelte es sich um Ehebruch, dann darf sich der gehörnte Ehemann als erster ein Vorzugsstück abschneiden, meist die Ohren. Es folgen nach Rang die anderen und nehmen sich den Teil ihrer Wahl. Nachdem sich alle bedient haben, tritt der Häuptling zum Gerichteten, schneidet ihm den Kopf ab und trägt ihn als Trophäe ins Dorf. Das Gehirn wird sorgfältig in einer Flasche aufbewahrt und ist nützlich gegen Zauberei.

Gegessen wird das Fleisch manchmal roh, manchmal gegrillt, stets jedoch sofort am Richtplatz. Limonellen, Salz und Pfeffer stehen als Gewürze immer bereit. Oft wird auch Reis dazu gereicht. Viele bringen Bambus mit, um das Blut separat zu trinken. Die Essenden sind ausschließlich Männer. Den Frauen ist dieser Genuß verboten. [...] Die Handflächen und Fußsohlen gelten als spezielle Delikatessen. [...] Es wird geschätzt, daß zu Friedenszeiten zirka 60 bis 100 Batak auf diese Weise verspeist werden.[...] Trotz all diesen Praktiken habe ich mich entschieden, Lady Raffles ins Batakinnere mitzunehmen und dort einen oder zwei Monate zu verbringen. Sollte man dann nichts mehr von uns hören, können Sie daraus schließen, daß wir aufgegessen wurden.

Raffles ermunterte nach seiner Rückkehr zwei junge englische Missionare, Mr. Ward und Mr. Burton, als erste Weiße zum Tobasee vorzudringen und dort das Christentum zu verkünden – ein unchristlicher Rat des bekennenden Anglikaners. Ein kurzer Bericht der beiden, von Sophia in die *Memoiren* aufgenommen, zeigt allerdings, daß sie auf halbem Weg zum See umkehren mußten. Dennoch bestätigen sie die Aufzeichnungen von Marsden und Raffles:

Wir begannen unsere Exkursion in Tappanuli und gingen nordwestlich in der Absicht, den Tobasee zu erreichen. Die Hügel waren nur dünn mit Bäumen bedeckt. Etwa 20 Meilen von der Küste entfernt hörte der Wald auf, das Land wurde eben, und wir fanden die Gegend dicht bevölkert und kultiviert. Der Distrikt Silindang erwies uns soviel Ehre, daß wir einige Tage bleiben mußten. Dreitausend Menschen, die noch nie ein weißes Gesicht gesehen hatten, empfingen uns so, wie nach unserer Kenntnis die ersten Spanier in Amerika willkommen geheißen wurden. Für Stunden hielten sie uns auf einer Erderhöhung fest und umringten uns. Ein Teil verehrte uns als Götter, alle zollten uns Respekt, und es fehlte uns an nichts. Einer Häuptlingsversammlung erklärten wir unsere Absicht. Sie hörten uns aufmerksam zu und luden Mr. Burton sogar ein, seinen Wohnsitz bei ihnen aufzuschlagen. Wir fanden die Leute ruhig und harmlos und sehr viel geordneter als vermutet. Allerdings war die Praxis des Kannibalismus überall verbreitet und häufig. Leider wurde Mr. Burton bald von heftiger Dysenterie gequält, und unsere Medikamente hatten wir aufgebraucht. Wir waren gezwungen, zurückzukehren, ohne den Tobasee erreicht zu haben.

Erst 1840 gelang es schließlich dem deutschen Arzt Franz Junghuhn, von Süden her ins Berggebiet der Batak vorzudringen. Während seines anderthalbjährigen Aufenthalts erlebte er drei solcher rituell vollzogener Todesstrafen.

Familienleben im Hügelland von Bengkulu

Pematang Balam, Taubenhügel, nannte Raffles sein Landgut in den Bergen oberhalb Bengkulus, dreizehn Meilen außerhalb der stickigen Stadt gelegen.

Wir leben hier ausschließlich auf dem Land auf unserem neuerrichteten Sitz *Pematang Balam*, der wundervoll kühl und einsam liegt. Hier messen wir mindestens sechs Grad weniger als unten am Meer. Wir haben ein äußerst nobles Schlafzimmer, 32 auf 22 Fuß mit einer Veranda rundherum und venezianischen Türen. Was unsere persönlichen Bedürfnisse betrifft, fehlt uns rein gar nichts.

Selbstgefällig erzählt Sir Stamford seiner Schwester Mary Anne vom prächtigen Grundstück, das er entdeckt habe, und schildert ihr den großzügigen Grundriß des Wohnhauses. Die Familie bezog das neue Domizil Mitte 1820, kurze Zeit nach Raffles' Rückkehr aus Calcutta und dem Batak-Gebiet. Sophia hatte kurz zuvor im Mai ihr drittes Kind zur Welt gebracht, den Sohn Marsden, Patenkind des Forschers. *Pematang Balam* war der einzige Ort, wo Sophia und ihr Mann – für eine kurze Weile wenigstens – friedlich und ungehetzt lebten.

Nun fühlte Sir Stamford, daß er auf dem politischen Feld alles in seiner Kraft Stehende unternommen hatte, um die nationalen Interessen seines Landes in den östlichen Meeren zu festigen. Deshalb fand er jetzt die Muße, sich wieder seinem kleinen Gouvernement zu widmen und Dinge zu unternehmen, die ihm besonders am Herzen lagen. Er beschloß, auf dem Land ein Haus zu bauen. Sobald die wichtigsten Zimmer fertig waren, übersiedelte er mit seiner Familie und begann, den Boden zu bestellen. Als Arbeiter dingte er Sträflinge, die er in einem eigenen Dorf ansiedelte. Dieser Rückzug, dazu das ruhige Familienleben taten seiner Gesundheit gut. Er stand um vier morgens auf, arbeitete im Garten bis zum Frühstück, dann widmete er sich bis zum Dinner seinen Studien und examinierte dann die Plantagen, begleitet von den Kindern.

Allerdings hat nicht Raffles die Traumlage entdeckt, wie er behauptet, sondern dreißig Jahre vor ihm ein englischer Kolonist namens Edward Coles. Dieser Pflanzer hatte dort bereits 1790 ein luxuriöses Haus mit großer Veranda erbaut und dem Besitz den Namen *Pematang Balam* gegeben. Coles war es auch, der rund um die Villa einen Muskatwald pflanzte. Raffles hatte offenbar Wind bekommen vom Grundstück mit dem längst verlassenen Gebäude, kaufte und renovierte die Besitzung mit der Genehmigung und dem Geld der *Company*.

Leider weiß im heutigen Bengkulu niemand mehr zu sagen, wo Raffles' Sitz gelegen hat. Irgendwo an der Paßstraße vielleicht, die von den Bergrücken Zentralsumatras steil abfallend in die Hügel mündet, die westlich den Strand des kleinen Provinzhauptorts säumen.

In *Pematang Balam* verbrachte Sophia sowohl die sorgloseste wie auch die schwärzeste Zeit ihres Lebens. In einer ungewöhnlich persönlichen Textpassage blickt sie zurück auf jene kurzen Jahre:

Dies war wohl eine der glücklichsten Perioden in Sir Stamfords Leben. Auf dem politischen Feld hatte er das erreicht, was er für sein Land als nötig erachtete [die Gründung Singapurs]. Er war beliebt bei allen, die unter seiner direkten Kontrolle standen und sich in Respekt und Zuneigung zusammenfanden. Viele waren ihm verbunden durch Gefälligkeiten, die er ihnen erwies, oder durch private Hilfestellungen, die er mit Vergnügen leistete. Bei seiner Ankunft war die Kolonie – wie andere kleine Gemeinschaften auch – in so viele Parteien gespalten, wie dort Familien lebten. Aber solche Differenzen beruhigten sich bald, heilten und mündeten in gegenseitige Unterstützung. Sowohl die Eingeborenen wie auch ihre Häuptlinge schätzten Sir Stamfords Interesse, das er ihren Arbeiten entgegenbrachte. Sie vertrauten seiner Meinung und seinem Rat.

Das Bewußtsein, geliebt zu werden, ist ein vergnügliches Glücksgefühl. Sir Stamford erkannte mit Dankbarkeit, daß ihm jeder Herzenswunsch erfüllt worden war. Seine Familie gedieh gesund und prächtig. Seine Kinder waren sein ganzer Stolz und sein ganzes Glück. Bereits hatten sie sich einige seiner wichtigen Fähigkeiten zu eigen gemacht. So ist es nicht verwunderlich, daß sie unter seiner Aufsicht sogar im zarten Alter in ihrem Kindertrakt mit zwei kleinen Tigern und einem Bären – ohne Käfige – zusammenlebten. Es war eine ergötzliche und kuriose Szene, alle zusammen spielen zu sehen: die Kinder, die Tiger, der Bär, ein blauer Bergpapagei und die Lieblingskatze. Wobei der Schnabel des Papageien der Schreck der ganzen Gesellschaft war.

Wohl wenige Gouverneure führten ein derart einfaches Leben. Wenn Sir Stamford in Bencoolen war, stand er sehr früh auf und fuhr zu seinem Vergnügen in die Dörfer, die Plantagen zu besichtigen sowie die Leute zu ermuntern. Um neun versammelte sich die Gesellschaft zum Frühstück und trennte sich danach sogleich wieder. Er schrieb, las, studierte naturwissenschaftliche Schriften, Chemie, Geologie und beaufsichtigte die Handwerker, von denen stets fünf oder sechs auf der Veranda arbeiteten. Immer waren die Kinder um ihn und begleiteten ihn bei seinen verschiedenen Tätigkeiten. So besuchten sie etwa auch sein prächtiges Vogelhaus oder die erlesene Kollektion von Tieren, die domestiziert im Haus lebten. Um vier dinierte er – selten allein, sondern zusammen mit dem ganzen Haushalt, dem er vorstand. Unmittelbar nach dem Dinner versammelten sich alle und verbrachten den Abend mit Musik und Gesprächen. Nie duldete er Vergnügungsspiele. Spät zerstreuten sich alle, und dann erfreute er sich eines Spaziergangs mit der »Herausgeberin« und genoß die wunderbare Kühle des nächtlichen Landwinds und den Mond, dessen Schönheit nur erahnen kann, wer ihn in tropischen Zonen erlebte. So klar und druchdringend sind seine Strahlen, daß viele sie wie die Sonne fürchten. Nie verging ein Tage, ohne daß alle möglichen Arten von Reptilien ins Haus gebracht wurden, auch viele Cobras. Die »Herausgeberin« erinnert sich jedoch nicht, daß dieser Zeitvertreib je in Gefährlichkeit und Alarm mündete.

Mitten in all diesen Genüssen vergaß Sir Stamford jedoch nie, daß diese Szenerie zu hell war, um ohne Wolken weiter zu dauern. Oft warnte er die »Herausgeberin« liebevoll, nicht zu erwarten, daß Gott seine Segnungen, die er über der Familie aufgehäuft hatte, endlos spende. Man müsse eben spüren, daß dieses einmal erfahrene, große Glück einen lichten Strahl über die Zukunft werfen müsse, so dunkel und qualvoll diese ausfallen möge.

KINDER, AFFEN, HUNDE, VÖGEL

Die drei Kinder Sophias – das vorläufig letzte und vierte, Ella Sophia, wurde erst im Mai 1822 geboren – genossen unter der Obhut ihrer englischen Nanny den riesigen Tummelplatz rund ums neue Haus. Leider äußert sich Sophia in den *Memoiren* kaum je persönlich über die Kinder. Zum Thema elterliche Zuwendung gibt sie stets ihrem Mann das Wort und zitiert aus seinen Briefen – stellvertretend sozusagen – Gefühle des Stolzes und der Zuneigung. Noch auf ihrem ureigensten Feld also, dem der mütterlichen Fürsorge und Wärme, läßt sie dem Mann den Vortritt. Einzig in den Briefen an die Schwägerin Mary Ann Flint freut sie sich – ganz privat sozusagen – über die Kinder, häufig in witzig-burschikosem Ton: »Mr. Cooksey [Marsden] ist zu fett, um mir zu gefallen. Er ist dick wie ein kleines Schwein. Du kannst dir nicht vorstellen, wie dieser Gauner bewundert wird. Sein Vater ist derart stolz auf ihn, daß er alles ungestraft tun kann. [...] Auch Leopold ist ein kräftiger, gesunder Schelm von schmeichelndem Wesen, so aufgeweckt und intelligent, daß es vergnüglich ist, ihn anzuschauen mit seinen flachsweißen Locken. Von morgens bis abends plappert er unaufhörlich Malaiisch und Englisch. Er und Charlotte sind unzertrennlich. Charlotte ist wirklich ein großes Mädchen geworden und so neugierig, wie eben alle großen Mädchen sind. Manchmal bin ich es müde, alle ihre Fragen zu beantworten.«

In Sophias für die Öffentlichkeit bestimmtem Text hören wir den Vater:

Meine liebe kleine Charlotte ist das engelhafteste Wesen, das mir je unter die Augen kam. Sie hat jene angeborene Grazie, die ihr im späteren Leben die Bewunderung aller eintragen wird. Sie hat ein weiches Herz und ist derart voller Güte und Liebenswürdigkeit, daß ich für sie auch fürchte in dieser gefühllosen Welt. Ihr Bruder Leopold jedoch wird sie beschützen, denn er ist rasch und kühn wie ein Löwe und außerdem wunderschön.

Trotz dauerndem Jammern und Klagen über die Provinz Bengkulu, die Sir Stamford nie anders als Verbannungsort, als zweites Elba oder Sankt Helena empfand, behagte das Landleben im bequemen Haus offensichtlich beiden Raffles. Hier fanden sie die Muße für gemeinsame zoologische, botanische und geologische Studien. Sie sammelten Tiere, Pflanzen und Gesteinsproben. Sophia entwickelte sich in allen drei Sparten zur Expertin, konservierte, inventarisierte und zeichnete. Sie half mit, die ganze Vogelwelt zu dokumentieren, erstellte Kataloge, beobachtete Sing-, Futter- und Flugverhalten und schickte die Arbeiten nach London. Die Kinder waren überall mit dabei, und für eine Weile vergaß Raffles im selbstgeschaffenen Paradies sogar seinen politischen Ehrgeiz.

Wir haben viel Behaglichkeit rund um uns her und würden es bedauern, wenn wir jetzt unser Heim aus politischen Gründen verlassen müßten. Der Garten gedeiht gut und so viele Haustiere tummeln sich hier – gezähmte und wilde Kinder, Affen, Hunde, Vögel – ein ganzes *règne animal* lebt innerhalb unserer Wände – ganz zu schweigen von den prächtigen Wäldern rund um uns. Ich habe einen wunderschönen kleinen Waldmann [Orang Utan] hier. Er ist nicht viel höher als zwei Fuß, trägt einen weißwollenen Umhang, und seine Manieren sind das Liebenswürdigste und Korrekteste, das man sich denken kann. Sein Gesicht ist schwarz, die Züge expressiv. Er hat nicht den geringsten Ansatz zu einem Schwanz, geht gerade aufgerichtet und würde, dessen bin ich sicher, schnell zum Liebling in Park Lane.

Leopold wird von allen bewundert. Charlotte spricht bereits sehr gut Englisch, aber auch Malaiisch und Hindustanisch. Es ist witzig, sie zu beobachten, wie sie je nach ihrem Gegenüber die Sprachen wechselt. Zu uns oder zu ihrer Nurse spricht sie immer Englisch, mit einem Malaien redet sie fließend malaiisch und stracks wechselt sie mit einem Bengalen zu Hindustanisch. Wenn sie mit einer Botschaft weggeschickt wird, übersetzt sie die Mitteilung je nach Herkunft des Dienstboten, an den sie gerichtet ist. Wenn wir allein sind, ißt sie stets mit uns. Das Tischtuch wird aber nicht eher zusammengefaltet, bis Master Leopold hereinstürmt und singend seinen Platz fordert. Dann wird auch Mr. Silvio, der Siamang, hereingebracht. Oft wird mir vorgeworfen, daß mich Affen mehr interessieren als meine Kinder. Aber dieser letztgenannte Gentleman ist eindeutig mein Liebling und so geistreich, daß ich hoffe, ihn zusammen mit meiner Familie nach England mitzunehmen.

Bereits 1822, nach der Geburt Ellas im Mai, dachte die Familie daran, nach England zurückzukehren. Das Klima, die fehlende Anerkennung seitens des Direktoriums der *Company* für die Singapur-Gründung, die schlechte Gesundheit beider Eltern, die Angst um das Wohl der Kinder ließen nur noch Überlegungen einer Heimfahrt zu.

Weder meine eigene noch Lady Raffles' Gesundheit ist zufriedenstellend. Das Klima hat uns zugesetzt, und ich glaube nicht, daß wir noch mehrere Jahre durchhalten. Außerdem wachsen meine lieben kleinen Schlingel rasch. Charlotte ist bereits so groß wie eine Fünfjährige. Sie interessiert sich für alles, was sie sieht, und ist uns schon eine richtige Kameradin. Spätestens in drei Jahren werden ihr Geist und ihr Körper ein kühleres Klima verlangen. Daß wir sie allein nach England schicken, wie die Leute dies hier üblicherweise tun, kommt für uns nicht in Frage. Wir gehen alle sechs zusammen. Auch Leopold wird in wenigen Jahren meiner Erziehung entwachsen sein und eine Schulung brauchen, die ich ihm nicht mehr geben kann. Mag sein, daß meine Vorgesetzten damit rechnen, daß ich noch eine Weile bleibe, aber sie kennen mich nicht. Ich habe genug Macht und Reichtum gesehen, um zu wissen, daß die auf Häuslichkeit gründende Gemütsruhe mehr Glück verspricht als die ausgefallenen Vergnügungen der Großen und Reichen.

KRANKHEITEN, LEID UND STERBEN

Mitten im Dickicht hatten sich Sophia und Sir Stamford ihre private Rückzugswelt gerodet und sie nach ihren Wunschvorstellungen eingerichtet, fernab von allen handelspolitischen Streitereien. *Pematang Balam* war ein Gutsbetrieb nach englischen Maßstäben, ein Dasein nach aristokratischem Vorbild. Sophia stand dem großen Haushalt mit einer Menge von Dienstboten vor, es blieb ihr viel Muße für Liebhabereien, für private Forschungsinteressen, die sie mit ihrem Mann teilte. Schade, daß sie in ihren Aufzeichnungen alle Hinweise auf die Alltagsgeschäfte ausklammert. Sie verliert kein Wort über die Organisation des Haushalts, die Verteilung der Arbeiten. Sie sagt nichts über die Zubereitung des Essens, die Technik des Kochens oder den

Speisezettel, über Hygiene, Kleidung und die Überlebensstrategien in der unerträglichen Hitze. Diese Lücke macht den Blick auf den normalen Tagesablauf einer Gouverneursfrau im tropischen Hinterland unmöglich. In ihren Zwischentexten vermeidet sie jede scheinbare Banalität. Auch ihren Humor versteckt sie in den *Memoiren* und schreibt manchmal kaum nachvollziehbar steif und pompös. Es scheint, als fürchte sie jede Andeutung von Wärme, als vermeide sie – die spröde Sekretärin des Ehemanns – bewußt jede Spontaneität im Kontext seiner Hagiographie.

Jäh aber fand die Idylle in den Hügeln Bengkulus ein Ende, Stück für Stück zerbrach das Glück, und zwar endgültig. Krankheit und Tod zerstörten in kurzer Zeit beider Eheleute Lebensmut. Noch angesichts der Katastrophe demonstriert Sophia Zurückhaltung, als sie im Juni 1821 zum ersten Mal den Tod eines Kindes erlebt und vom Sterben ihres Sohnes Leopold berichten muß. Wie immer, stellt sie auch jetzt Sir Stamfords Leid in den Mittelpunkt und nicht ihren eigenen Kummer.

Mehr als drei Jahre waren in Gesundheit und Glück vergangen. Und dann kam die traurige Wende. Die am meisten gepriesenen Segnungen wurden uns entzogen. Das dem Vater am nächsten stehende Kind, dessen Intelligenz und Schönheit sein ganzer Stolz waren, starb in der Blüte seiner Kindheit nach wenigen Stunden des Krankseins. Von da an bis zu Sir Stamfords Rückkehr nach England beherrschten Krankheit und Tod seine Familie. Gottes Heiliger Geist ermöglichte es ihm jedoch, diese Heimsuchungen demütig zu ertragen und sie als Prüfung seines Glaubens und nicht als Gottes Zorn zu empfinden.

Im Vordergrund steht der leidende Vater. Sophias Textstelle macht deutlich, daß ihr als gläubiger Christin sichtlich daran lag, auch nicht den flüchtigsten Gedanken an Schuld und Vergeltung zuzulassen. Der Himmel hat wohl einzig im Sinn gehabt, Sir Stamfords Glauben zu prüfen. Und wie äußert sich der geprüfte Vater? Er schreibt nach England:

Mein Herz ist nahe am Zerbrechen, und meine Energie ist erloschen. Ich habe alles verloren, worauf ich stolz war in dieser Welt. Der Schlag traf uns, als wir eine derartige Kalamität am wenigsten erwarteten. Hätten Sie ihn gesehen und gekannt, Sie wären sich klar geworden, daß seine Schönheit und Intelligenz alle anderen Kinder in diesem Alter weit überragte. Er strahlte über ihnen wie eine Sonne und erwärmte und belebte seine ganze Umwelt. Eben erst hatte ich ihn mir in ferner Zukunft als erwachsenen Mann vorgestellt, der alle Wünsche des Vaters erfüllen werde. Und nun ist nichts mehr geblieben als flache, schale Leere und Sinnlosigkeit.

Vor Leopold war in *Pematang Balam* bereits Sophias Bruder Robert gestorben, bei der Schwester auf Urlaub von seinem Regiment in Bengal. Der dritte Tote dort, kurz nach Leopold, war der Schwager Captain Harry Auber. Kaum drei Jahre zuvor hatte er – die Fregatte *Lady Raffles* befehligend – die ganze Gesellschaft von England nach Sumatra gebracht. *Pematang Balam* glich einem Lazarett, Sophia selbst pflegte die Patienten, deren Fieberanfälle in wenigen Tagen oder oft sogar Stunden zum Tod führten.

Tropische Krankheiten waren zu jener Zeit noch weitgehend unerforscht, die Beschreibungen ihrer Symptome ungenau, die

Befallenen hilflos ausgeliefert. Die Erkrankungsweise bei Malaria beispielsweise – zwar nicht eigentlich ein tropisches Leiden, weil viele Teile Europas ebenfalls betroffen waren –, wurde spät durchschaut. Obwohl die Symptome bereits in der Antike bekannt waren, wußte doch niemand, woher die Beschwerden stammten. Erst 1880 gelang der Nachweis, daß der Malariaerreger durch die Stechmücke Anopheles übertragen wird.

Zu Sophias Zeit wurde in Fällen von Tropenkrankheiten als Todesursache meist hohes Fieber, Hirnleiden (wegen der Kopfschmerzen), Dysenterie oder akute Entzündungen ohne spezielle Präzisierung angegeben. Was Medikamente oder erleichternde Maßnahmen betraf, war man auf Quecksilber, Opiumpräparate und Blutegel angewiesen.

Nach den drei Sterbefällen wurden auch Sophia und ihr Mann ernstlich krank. Beide waren am Ende ihrer Kraft, spürten kaum noch Lebenswillen und zweifelten daran, England je wiederzusehen. Einzig der Gedanke an die drei Kinder ließ sie durchhalten. Kaum fühlten sich die Eltern leidlich besser, traf es die kleine Charlotte. Raffles schreibt nach Hause:

Im Moment sind wir sehr alarmiert über unsere liebe Charlotte, die an schwerem Durchfall leidet. Sophia hat sie während dreier Tage und Nächte nicht verlassen, und unsere einzige Hoffnung besteht noch in einer Quecksilberbehandlung. Der Schock von Leopold sitzt noch tief, und wir dürfen jetzt nicht noch ein zweites Kind verlieren. Wir sind entschlossen, alle drei nach Hause zu schicken, sobald ein Schiff vorbeikommt. […] Charlotte wurde ein Opfer des Klimas, aber es geht ihr besser, und sie ist außer Gefahr. Seit Monaten ist unser Haus in ein Spital verwandelt. Ich selbst fühle mich nie länger wohl als höchstens zwölf Stunden und verbringe mehrere Tage im Monat im Bett.

Was Sophia tatsächlich fühlte, vertraute sie der Schwägerin an: »Ich war sehr krank und befinde mich immer noch in einem Zustand der Sorge und Erschöpfung, so daß ich kaum fähig bin, ein paar wenige Zeilen zu kritzeln. Charlotte geht es schlecht, und ich bin in Verzweiflung, wenn ich mir vorstelle, sie jetzt auf einem unbequemen Schiff nach Hause schicken zu müssen. Und doch ist dies die einzige Möglichkeit. Ich muß nachgeben, weil die Krankheitsattacke derart heftig war diesmal. Ein Klimawechsel ist dringend geboten. Die Nurse wird das Trio begleiten, du kannst dir vorstellen, welches Opfer ich bringe. Sie verlassen mich im Februar, und ich habe kaum Zeit, alles für die Reise vorzubereiten. Ich bin in großer Hast. Ich wollte, du könntest Ella sehen, hell wie der Morgenstern. Cooksey ist immer noch am Zahnen und nicht sehr schön, weil sehr dünn. Die arme Charlotte hat einen Vorderzahn verloren. Er ist herausgebrochen, als wir ihr die Medizin verabreichen wollten. Nun ist ihre Schönheit zerstört, gerade im Moment, wo sie so hübsch geworden ist.«

»Du kannst Dir vorstellen, welches Opfer ich bringe«: Das sind Sophias Worte. Opfer für wen? Weshalb tat sie nicht das Natürlichste der Welt und begleitete ihre Kinder persönlich nach England? Der Opfer-Satz im Brief an Mary Anne ist insofern außergewöhnlich, als es die einzige Stelle ist in Sophias schriftlichem Nachlaß, wo sie zugibt, daß die Hingabe an ihren Mann gleichzeitig auch Entbehrung bedeutete.

Am 15. Januar 1822 meldet Sir Stamford:

Diesen Morgen haben wir Charlotte beerdigt. Unser armer kleiner Sohn Marsden starb, noch nicht zwei Jahre alt, vor zehn Tagen. Innerhalb von sechs Monaten haben wir unsere drei älteren Kinder verloren. Was für eine Trauer! Über Sophias Qualen kann ich kaum sprechen. Charlotte hatte ein Alter erreicht, wo sie ihr als Begleiterin nahe stand. Unsere letzte, Ella, noch ein Säugling, werden wir nun endgültig mit der *Borneo* nach Hause schicken. Ich hatte auf dem Schiff ja bereits drei Passagen gebucht.

Nach dem Tod von Leopold entschließt sich Sophia, in einer seltsam verschlüsselt abgefaßten Erklärung ausnahmsweise auch ihr eigenes, persönliches Leid in die *Memoiren* einzuflechten. Ein einziges Mal zeigt sie als »Herausgeberin« in der dritten Person offiziell, wie es damals in ihr ausgesehen hat:

Als Beispiel für Charakter und Gefühl der Eingeborenen mag die folgende Anekdote von Interesse sein: Während die »Herausgeberin«, überwältigt vom Schmerz über den Verlust ihres Sohnes, sich außerstande sah, ihren anderen drei Kindern zu begegnen, unfähig, überhaupt das Tageslicht zu ertragen, und auf ihrer Couch vom Leid zusammengekrümmt lag, da wurde sie von einer armen, unwissenden, ungebildeten, in der Nursery beschäftigten Eingeborenen der untersten Klasse angesprochen. Und zwar in vorwurfsvollem, unvergeßlichem Ton: »Ich bin gekommen«, sagte die Frau, »weil du dich nun mehrere Tage schon in einem dunklen Raum eingeschlossen hast. Niemand wagt es, sich dir zu nähern. Schämst du dich denn nicht, so zu trauern, wenn dir doch Gott das schönste Kind gegeben hat? Haben dich denn nicht alle beneidet? Hat je einer über deinen Sohn ohne Bewunderung gesprochen? Und nun – anstatt ihn groß und von der Mühsal ausgelaugt werden zu lassen – hat ihn Gott in den Himmel und in all seine Pracht aufgenommen. Was willst du denn eigentlich mehr? Hör auf zu weinen und laß mich endlich ein Fenster aufmachen.«

Niemand in Bengkulu weiß heute zu sagen, wo die drei Raffles-Kinder begraben sind. Vermutlich im Garten von *Pematang Balam*, dem unauffindbaren einstigen Besitz der Familie.

TRAUERARBEIT

Im Februar 1822, nachdem Ella Sophia als einzige Überlebende zusammen mit ihrer Nanny den Weg nach England angetreten hatte, fanden sich Sophia und Sir Stamford allein im Haus, ohne Kinder, ohne deren Spiel und Lärmen. Raffles übernimmt die Aufgabe, beider Schmerz auszudrücken:

> Eben noch lebten wir im glücklichsten Kreis. Unsere einzige Sorge war, daß wir zu viele Kinder in die Welt setzen könnten. Nun kämpfen wir um unsere Letzte. Sich von ihr zu trennen, war für Sophia eine zusätzliche Heimsuchung, aber es schien der beste Weg, und unsere Gefühle durften wir erst in zweiter Linie berücksichtigen. [...] Wir wandern von Raum zu Raum, einsam und niedergeschlagen. Mein Herz ist krank und gebrochen. Sophia ist nicht mehr imstand, eine Feder zur Hand zu nehmen und einen Brief zu schreiben.

Bis die Eltern von der Ankunft Ellas in England hörten, dauerte es fünfzehn Monate. Fünfviertel Jahre Hangen und Bangen, ob die Fahrt ohne Zwischenfälle verlief, ob das Mädchen, ihr letztes übriggebliebenes Kind, überhaupt noch lebte. Sophia war am Ende ihrer Kraft und Geduld, als schließlich im Juni 1823 die Mitteilung eintraf, daß die Brigg *Borneo* glücklich gelandet sei. Raffles schrieb kurz an seinen Vetter, daß sie sich nach der Meldung wie neugeboren gefühlt habe.

Fast während des ganzen Lebens konnte sich Sophia auf ihre robuste körperliche und seelische Konstitution verlassen. Ihre Widerstandsfähigkeit ermöglichte ihr stets wieder die erstaunlich rasche Erholung nach zerstörerischen Erlebnissen. Auch schlimmste Verluste trug sie ohne erkennbare Bitterkeit oder Hader. So teilte sie bereits im Juli, wenige Monate nach dem großen Unheil, scheinbar gefaßt mit, daß beide, sie und Sir Stamford, wieder sie selbst geworden seien, zwar immer noch trauernd, aber doch die Gegenwart erneut genießend. Diese Gegenwart bedeutete die Wiederaufnahme des Alltags auf dem Landsitz, die Verwaltung der ausgedehnten Landwirtschaft: Zuckerrohr-, Kaffee-, Kartoffel- und Gewürzanbau, Viehwirtschaft mit englischen Importkühen, die Pflege des Gartens. Beide Raffles nahmen ihre zoologischen und botanischen Forschungsarbeiten als vertraute Tätigkeiten wieder auf. Beide sammelten, oft eigenhändig, oder sie ermunterten ihre Leute, Tiere und Pflanzen für sie zusammenzutragen. Täglich wurden Insekten, Schmetterlinge, Reptilien, Vögel oder Säugetiere an der Tür abgeliefert, darunter auch Affen, ein Tapir oder gar Nashörner. Die reiche Beute wurde sortiert, teilweise in Käfigen untergebracht oder frei im Haus gehalten. Manche Exemplare fanden den Weg in den Spiritus oder wurden ausgestopft, respektive aufgespießt, die Pflanzen getrocknet und gepreßt. Einige der tropischen Säuger waren damals in Europa noch unbekannt. Raffles spricht von einer langen Liste von Tieren, die er bisher einzig aus Berichten von Eingeborenen kannte und denen er nun in Bengkulu erstmals begegnete. Seinem zoologischen Interesse sind auch Entdeckungen zu verdanken, zum Beispiel der sumatranische Tapir oder die im Indischen Ozean heimische Gabelschwanzseekuh (Dugong), die er als erster Europäer wissenschaftlich dokumentierte.

Geplant war, daß die umfangreiche Sammlung tropischer

Fauna und Flora in England der Wissenschaft zu neuen Erkenntnissen verhelfen und die Bevölkerung im zoologischen Garten zum Staunen bringen sollte. Raffles' Interesse galt aber auch kartographischen Vermessungen. Er wußte, daß die bestehenden Karten Sumatras äußerst ungenau waren, und ihm war wichtig, die Insel endlich nach damals neuesten Erkenntnissen präzise aufzeichnen zu lassen. Das Resultat, eine Teamarbeit verschiedener Spezialisten, konnte sich sehen lassen. Diesem sorgfältig erstellten Atlas wie übrigens auch den verschiedenen lebenden Tieren und den liebevoll zusammengestellten Kisten mit den Sammlungen war später ein tragisches Schicksal bestimmt. Die Zerstörung der gesamten Habe war der letzte schwere Schlag, der Sophia und Sir Stamford vor der Heimfahrt traf.

Ausbruch nach Singapur

Vorerst aber hielt es beide Raffles nicht mehr lange in Bengkulu, die Erinnerung an die Kinder lastete zu schwer. Sir Stamford fand den Vorwand, daß er vor der Heimreise noch in Singapur nach dem Rechten sehen müsse, weil dem dort amtierenden Regenten William Farquhar nicht zu trauen sei. Die Rivalität zwischen dem einstigen »König von Malakka« – wie Farquhar seit seiner Gouverneurszeit in jener Handelsstadt geheißen wurde – und dem Gouverneur in Bengkulu war untilgbar. Raffles hatte im Sinn, mindestens ein halbes Jahr in Singapur zu bleiben, die städtebauliche Entwicklung zu kontrollieren und für den europäischen Teil der Siedlung eine Verfassung auszuarbeiten. Sein Ziel war, dem jungen Handelsplatz Gesetze Raffles'scher Prägung zu geben, bevor er die bereits prosperierende Kolonie einem Nachfolger überlassen mußte.

Mitte September 1822 schiffte sich die Partie in Bengkulu ein. Mit dabei war der jüngste Bruder Sophias, *Lieutenant* Nilson Hull, der dem Schwager als Sekretär diente. Ende des Monats erreichte die Brigg die Sunda-Enge. Raffles genießt die Vorfreude und fürchtet gleichzeitig die bevorstehende Heimreise:

Glücklich stelle ich fest, daß wir schon weit vorangekommen sind auf unserem Weg nach Singapur. Gott möge uns einen Luft- und Szenenwechsel gönnen. Wenn wir dann nach England zurückkehren, müssen wir unbedingt ein Schiff mit erhöhtem Achterdeck nehmen, weil Sophia sonst die Reise unterhalb der Luken nicht durchstehen wird. Wirklich, sie ist eine bedauernswerte Seefahrerin. Beide sind wir so schwach und einer langen Reise kaum gewachsen, daß wir uns überlegen, ob wir nicht für die Heimkehr eine *port-to-port*-Tour wählen müssen. Das hieße: Von Bencoolen nach der Île de France (Mauritius), zum Kap, St. Helena, Kapverdische Inseln, und an jedem Ort würden wir eine bis zwei Wochen zur Erholung bleiben.

Am 10. Oktober ankert das Schiff in Singapur. Sophia, emotional aufgewühlt, sucht Ruhe und Sicherheit im Gedanken an ihren Mann, dem sie zubilligt, die Segnungen der Zivilisation in jene unwirtlichen Gegenden gebracht zu haben.

Das Vergnügen, Zeugin zu sein vom großen Aufschwung einer Siedlung, die er allein geschaffen hat und in der er von Menschen jeden Rangs und jeder Klasse als Wohltäter begrüßt wurde, hob die von Schmerz niedergedrückte Gemütsverfassung. Sir Stamfords Herz weitete sich in Hoffnung und Glück, und er fühlte tiefe Freude im Bewußtsein, die Macht zu besitzen, Zivilisation und Segnungen rund um sich zu verbreiten.

Singapur gedieh als sein »beinahe einziges Kind«, wie Raffles sich ausdrückte. Er bat Gott inständig, ihm nicht auch noch diesen politischen Sprößling wegzunehmen.

STADT ZWISCHEN ALLEN WELTEN

Drei Jahre nach Abschluß des Vertrags mit dem Sultan im unbedeutenden Fischernest zählte Singapur bereits 10 000 Einwohner. Im neuen Hafen fanden sich Händler, Handwerker, Schiffsleute aus allen Ecken Südostasiens, des Nahen Ostens und Europas zusammen, die Mehrzahl jedoch Chinesen. *Babas* und *Nonyas*, das heißt in der malaiischen Kultur verankerte Chinesen, waren aus Malakka gekommen, um von hier aus ihre Handelsimperien auszudehnen. Arme oder Verfolgte erreichten den prosperierenden Ort aus den südchinesischen Provinzen Fukien, Kwangtung (Kanton) und Kwangsi auf der Flucht vor Hungersnöten oder politischen Unruhen. Bereits im Gründungsjahr 1819 hatte sich Tah Che Sang, ein reicher chinesischer Kaufmann aus Malakka, in Singapur ein großes Lagerhaus erbaut. Er amtierte nicht nur als Agent für die zahllosen chinesischen Dschunken, sondern half seinen Landsleuten auch bei der Einwanderung, gewährte Darlehen, sorgte für sie bei Krankheit und begünstigte früh das Wachstum der großen chinesischen Händlergemeinde. Vergleichbar den amerikanischen Erfolgsgeschichten vom Tellerwäscher und seinem märchenhaften Aufstieg werden in Singapur heute noch Karrieregeschichten chinesischer Erstankömmlinge erzählt, die es in wenigen Jahren zu unermeßlichem Reichtum brachten. Sie siedelten sich südlich des Singapur-Flusses an, dort, wo jetzt die wenigen bunten Überbleibsel chinesischer Häuser und Läden stehen, wo Geschäftigkeit, Fischbuden und manchmal noch Straßenopern an längst vergangene Zeiten erinnern.

Seit dem Bauboom der sechziger Jahre sind die Tage von Singapurs Oasen aus der Kolonialzeit gezählt. Eine der letzten, das weltberühmte alte Raffles-Hotel, wurde 1991 durch eine Totalrenovierung gleichsam entzaubert und den Bedürfnissen moderner Luxusreisender angepaßt. Reminiszenzen an den baufälligen

Zustand verwandeln sich in wertvolle Nostalgiebilder: Vor den Zimmern riesige Veranden mit knarrenden Holzdielen. An der Decke die weit ausholenden Arme der summenden Ventilatoren. Darunter bequeme breite Rattansofas und niedere Tische für Drinks oder Tee. Morgens nach dem Aufwachen in den seidenen Bettüchern die Erholung im saalgroßen Bad sowie später das Auffinden der unter der Tür durchgeschobenen *Straits Times*. Und wer es wagte, sich im großen Treppenhaus des Hauptgebäudes durch die Dienerschaftstüren zu stehlen, befand sich unvermittelt in einer stickig heißen, den Gästen verborgenen Welt mit zahllosen Treppen und Treppchen, die mit ihren versteckten Schwingtüren und Gängen einzig dem raschen Zufriedenstellen der Gäste diente. Von Stockwerk zu Stockwerk, vom Dach bis zu den Kellern, von Hintertreppe zu Hintertreppe war dieses Labyrinth verdrahtet mit frei hängenden, vorsintflutlichen Kabeln, die horizontal und vertikal spinnennetzartig überall den Weg versperrten.

In den *Memoiren* äußert sich der stolze Gründer des aufstrebenden Orts:

Bereits fühlen wir die Wohltat des Klimawechsels. Die Prosperität der wachsenden Kolonie ist ein Entgelt für die Dunkelheit, die wir verließen. Hier ist alles Leben und Aktivität. Es wäre schwierig, einen Ort auf der Welt zu nennen, dem eine bessere Zukunft vorausgesagt werden kann. […] Es gibt keinerlei Klagen hier über Mangel an Arbeit oder an Mietobjekten, keine Unzufriedenheit über die Steuern. Die Landpreise steigen rasch, und es ist anzunehmen, daß auch die Bevölkerung ebenso rasch wachsen wird. Dies ist das einfache, aber fast magische Resultat der Freihandelszone, die wir glücklicherweise einrichteten. […] Im Moment bin ich daran, für Singapur eine Verfassung auszuarbeiten, deren Prinzipien das Gedeihen sichern sollen. Höchste Freiheit des Handels und gleiche Rechte für alle unter der Voraussetzung von Schutz der Person und des Besitzes sind die Voraussetzungen. Ich werde keine Mühe scheuen, Gesetze und Regeln aufzustellen, die allen förderlich sind. In Java mußte ich Altes neu gestalten und damit Blödsinn und Behinderungen zweier Jahrhunderte niederländischer Fehladministration ausmerzen. Hier ist die Aufgabe einfacher, und sie ist neu. In Java mußten vor allem landwirtschaftliche Interessen geschützt werden und der Handel bloß insofern, als er mit diesen verflochten war. Im Gegnsatz dazu ist hier der Handel alles und die Landwirtschaft steckt höchstens in den Kinderschuhen. Die Menschen und ihre Tätigkeiten sind grundverschieden. Ich brauche sehr viel Rat und Anregungen. Gäbe es Lady Raffles nicht, ich wäre ohne Ratgeber. Sie bedeutet mir göttliche Vorsehung. Wenn ich je überlebe, dann nur dank ihrer Liebe und Zuneigung. Ohne diese wäre ich längst nicht mehr.

Diese Notiz schrieb Raffles im November 1822, einen Monat nach der Ankunft in Singapur. Es ist eines der wenigen Zeugnisse seiner Anerkennung von Sophias Diensten, ein Beweis auch, wie klug sie die politischen und ökonomischen Situationen einzuschätzen und ihn zu beraten wußte.

VERSCHNAUFPAUSE

Anfangs wohnten sie im Haus von Captain William Lawrence Flint und seiner Frau Mary Anne, der Schwester von Raffles. Flint amtete als vom Schwager eingesetzter *Master Attendant* und *Storekeeper*, war also Administrationsbeamter. Sophia äußert sich überglücklich, wieder mit der Freundin zusammenzusein.

Im Januar 1823 konnten sie schließlich in ein eigenes, neues Haus einziehen, einen kleinen Bungalow oben auf dem Hügel über dem Hafen. In bloß zwei Wochen war die Holzkonstruktion aufgestellt worden, die Plankenwände roh gezimmert, mit venezianischen Fensterläden versehen und einem Palmdach überdeckt. Nichts – so Raffles – übertreffe den Blick von der 100 Fuß breiten Veranda. Außerdem liege das Grundstück insofern günstig, als die Gräber der malaiischen Könige nicht weit seien. Sollte ihm etwas zustoßen, so wünsche er dort in würdiger Nachbarschaft begraben zu werden. Sophias Hauptaugenmerk lag auf der Gartengestaltung, diesmal der Zucht von Orchideen. Das rasche Gedeihen der Pflanzen überzeugte sie, daß ganz Singapur ohne große Mühe in eine botanische Traumlandschaft verwandelt werden könne.

Stolz waren die beiden Neuankömmlinge auf das Treiben unten im Hafen, auf das Kommen und Gehen der vielen Schiffe, die sie von der Terrasse aus beobachteten, auf die wachsende Zahl der Lagerhäuser als Beweis der Beliebtheit des noch jungen Warenumschlagplatzes. Sophia hat statistisches Zahlenmaterial zusammengetragen: In den ersten zweieinhalb Jahren seit Siedlungsbeginn ankerten insgesamt 2889 Schiffe vor der rasch zu Berühmtheit gelangten Insel, davon 383 in europäischem Besitz und unter europäischem Kommando. 2506 Boote gehörten Einheimischen. Raffles errechnete, daß allein die Waren der Händler, die vom indonesischen Archipel stammten, in der Anfangszeit einen Wert von fünf Millionen Dollars ausmachten. Im Jahr 1822 betrug die Gesamtfracht, Import und Export, bereits 136 689 Tonnen.

Sophia zieht Bilanz:

Sir Stamford setzte den Rahmen für Gesetze und Regeln, die Frieden und Ordnung für die ersten fünf Jahre [der Siedlung] garantieren sollten. Weder die Regierung von Bengal noch das Londoner Direktionskollegium konnten ihm diese Verantwortung abnehmen. Im Vertrauen auf seine Person wuchsen Handel und Bevölkerung rasch.

Anfang 1823 legte Raffles Verfassungsgrundlagen sowie eine Gesetzgebung für Singapur fest, ein Kataster registrierte den Land- und Hausbesitz, der Hafen wurde offiziell zur Freihandelszone erklärt. Schiffe aller Nationen durften die Anlagen zollfrei nutzen. Sklavenhaltung sowie öffentliche Glücksspiele wurden verboten und rigoros geahndet. Polizei bemühte sich um die Sicherheit und den Schutz von Personen und deren Besitz nach englischen Prinzipien, jedoch möglichst ohne die Auffassungen der verschiedenen in der Stadt vertretenen Völkerschaften zu verletzen.

Raffles versuchte die Quadratur des Kreises mit dem Entwurf einer ihm zeitgemäß erscheinenden Kolonialverwaltung. Sein Grundprinzip lautete: »Einheimische Institutionen, sofern sie religiöse Sitten, Heirat oder Erbrechte betreffen, müssen respektiert werden unter der Bedingung, daß sie mit Recht, Humanität und dem Wohlergehen der Gesellschaft übereinstimmen.« Recht, Humanität und Wohlergehen nach Auffassung der englischen Gesellschaft, versteht sich.

Nach acht Monaten Aufenthalt hatte Raffles die organisatorische Arbeit mit Blick auf seine Rückkehr nach Europa erledigt. Er wußte, daß der Abschied von »seinem Kind« nun endgültig war und daß er nie wieder nach Singapur zurückkehren würde. Zusammen mit Charles, dem vierjährigen Sohn der Schwester, bestieg die Familie am 9. Juni 1823 das Schiff *Hero of Malown* in Richtung Batavia, wo der Segler vor der Weiterfahrt nach Bengkulu Fracht zu löschen hatte. Raffles wurde im Hafen von Singapur mit großen Ehrenbezeugungen verabschiedet. Namens der Händler der Siedlung richtete John Crawfurd als Nachfolger des Regierungsverantwortlichen William Farquhar ein offizielles Schreiben an den Scheidenden, das Sophia den *Memoiren* beifügt:

Mit spezieller Befriedigung amtiere ich als Sprachrohr, um Ihnen den Dank und die Anerkennung der Händlergemeinschaft von Singapur zu überbringen, einer Körperschaft, die zum Urteil fähig ist und die Segnungen Ihrer Entscheidungen zu schätzen wußte. Es ist für mich persönlich, der ich den Vorteil hatte, viele Jahre lang Ihr Vertrauen und Ihre Freundschaft zu besitzen und unter Ihrer Führung zu dienen, kaum nötig zu betonen, wie herzlich ich mich den in dieser Adresse ausgedrückten Gefühlen anschließe. Ich möchte einzig die Gelegenheit wahrnehmen, Ihnen zu versichern, daß ich auch nach langer Trennung durch Ort und Zeit meine liebevolle Zuneigung zu Ihrer Person erneuern werde.

Nicht im salbungsvollen Pompstil des kolonialen Administrators, dafür tief aufgewühlt äußert sich Abdullah, der einstige Diener von Raffles, der in der Zwischenzeit nach Singapur übersiedelt war und den endgültigen Abschied des Stadtgründers von seinem »Kind« persönlich miterlebte: »Mr. Raffles und seine Lady fuhren zum Schiff. Hunderte von Leuten aller Rassen, ich eingeschlossen, folgten ihnen in Booten. Als sie schließlich die Schiffsseite hinaufgeklettert waren und die Crew dabei war, den Anker zu lichten, rief mich Mr. Raffles noch einmal zu sich, und ich ging mit ihm in seine Kabine, wo ich bemerkte, wie sein Gesicht gerötet war – wie wenn er eben Tränen abgewischt hätte. Er sagte zu mir, ich solle nun an Land gehen und nicht traurig sein: ›Wenn es sein soll, werden wir uns wiedersehen.‹ Nun trat die Lady dazu und gab mir 25 Dollars. ›Gib sie deinen Kindern in Malakka‹, sagte sie. Als ich das hörte, brannte mein Herz noch mehr durch diese Geste. Ich dankte ihr sehr und umklammerte in Tränen das Geld in meiner Hand. Dann stieg ich wieder in mein Boot. Bereits in einiger Distanz drehte ich mich um und sah, wie Mr. Raffles aus dem Fenster schaute. Da grüßte ich ihn noch einmal. Er hob seine Hand zu mir hin. Das war genau der Moment, als die Segel gehißt wurden und das Schiff wegglitt.«

HOLLÄNDISCHE SCHIKANE IN BATAVIA

Sophia, erneut schwanger im fünften Monat, schreibt aus Batavia nach Singapur an die zurückgebliebene Mary Anne Flint: »Wir haben diesen Ort letzten Mittwoch nach einer ermüdenden Passage von 16 Tagen erreicht. Allerdings war das Wetter schön und kühl und kompensierte die Schwierigkeiten. Ich war wie immer *banyak sakit* [sie gebraucht den malaiischen Ausdruck: sehr krank], stand kaum von der Pritsche auf, bewegte mich ausschließlich in meiner Nachthaube und kroch beim ersten Schatten des Dunkels wie eine Eule aus meinem Loch und legte mich nachts auf Deck, bis es Zeit wurde, wieder in mein Gefängnis zurückzukehren.«

Gnädig hatten die Niederländer Sophia ihres Zustands wegen erlaubt, die wenigen Tage des Aufenthalts an Land zu verbringen und sich zu erholen. Sir Stamford jedoch durfte das Schiff nicht verlassen. Er war und blieb den alten Rivalen suspekt. Sophia mokiert sich in ihrem Brief an Mary Anne: »Ich muß leider feststellen, daß unser Empfang sehr holländisch war. Gleich nach unserer Ankunft schrieb Tom an den Baron [van der Capellen, den Generalgouverneur], daß ich sehr schlecht dran sei und er erleichtert wäre, mich an Land zu wissen, während das

Schiff seine Fracht auslade. Die Antwort vom Baron kam umgehend und handschriftlich. Unsere Landung sei ihm sehr unangenehm und jede Kommunikation mit Sir S. ganz und gar unmöglich, obwohl ihm natürlich die Humanität nicht gestatte, uns abzuweisen. Nie las ich eine derart ungentlemenhafte Botschaft. Tom insistierte, daß wenigstens ich das Schiff verlassen müsse. Er selbst fand bei den Bewohnern Batavias viel Aufmerksamkeit. Unser Schiff wurde von morgens bis abends umlagert, und der Baron stand völlig allein da. Das finde ich sehr lustig, und ich hoffe, daß ihm die Ohren klingeln wegen seines ungehörigen Benehmens. Der Anblick der Stadt amüsierte mich sehr, so komplett im Widerspruch zum Klima. Die üppigen Damen spazieren mit pelzbesetzten Muffs durch die Straßen.«

Wieder beweist der Brief an die Schwägerin, daß sich die Memoiren-»Herausgeberin« mit der Briefschreiberin kaum in Einklang bringen läßt. Anders als in den Episteln, wo Witz und Selbstironie herausstechen und die Sprache mitunter unverblümt daherkommt, wählt sie für ihren *Memoiren*-Text stets den gestelzten Stil damaliger offizieller Verlautbarungen:

Sir Stamford hatte nun seine offizielle Beziehung zu Singapur abgeschlossen, dem interessantesten Objekt des späteren Teils seines Diensts im Osten. Er beabsichtigte nun, die wenigen verbleibenden Monate in Indien mit der Erledigung seiner öffentlichen und privaten Geschäfte zu verbringen. Während seines Aufenthalts in diesen Regionen hatte er sich zwanzig Jahre lang mit dem gesamten ihm zur Verfügung stehenden Aufgebot an Konzentration, Gesundheit und Kraft den Verpflichtungen der verschiedenen ihm anvertrauten Stationen hingegeben. Er kombinierte diese Pflichterfüllung, die durch spezielle Umstände verantwortungsvoller und auch schwieriger war als üblich, mit dem unermüdlichen Studium der Literatur der verschiedenen ihm erreichbaren Länder. Außerdem verfolgte er, wie wohl schon festgestellt wurde, das Studium der Chemie, der Geologie und der Naturkunde und war unentwegt damit beschäftigt, sich immer neue Wissensgebiete zu erschließen.

Endzeit in Bengkulu

Am 17. Juli 1823 erreichte das Schiff *Hero of Malown* von Java her schließlich Bengkulu nach fast drei Wochen Reisezeit. Zum Vergleich: Heute fährt sich die Strecke im Auto mühelos in fünfzehn Stunden.

Raffles plante, möglichst nur kurz auf seinem Landsitz *Pematang Balam* zu bleiben, dort seine umfangreichen Sammlungen zu packen, die Gouverneursgeschäfte abzuschließen und dann ein bequemes Schiff zu finden, das Sophia, ihn selbst sowie das erwartete Kind sicher nach England bringen werde. Es kam alles ganz anders. Die letzten Monate in Sumatra wurden für beide Raffles zum unvermuteten Inferno. Sophia und ihr Mann durchlebten die Wiederholung, wenn nicht gar eine Steigerung ihrer früheren traurigen Erfahrungen.

Ein erstes Hindernis stellte sich in den Weg, als Raffles die *Company* ersuchte, ihm für die Rückfahrt einen anständigen, großräumigen Segler bereitzustellen. Die Londoner Zentrale reagierte zögernd und gab Bescheid, daß ein solches Schiff erst Ende des Jahres zur Verfügung stehe. Der gefürchtete Aufenthalt in Bengkulu, »diesem unglückseligen Küstenstrich« – wie

Raffles den Ort nannte – zog sich deshalb überraschend in die Länge. Sophia geht in der Rückschau nicht näher auf die Gründe für die Abfahrtsverzögerung ein. Mag sein, daß die *Company* auf Raffles' Wunsch nach einem Privattransport ärgerlich reagierte wie immer, wenn er auf Spezialbehandlung pochte. Die Briefe an Mary Anne jedoch beweisen, daß Sophia die Wochen bis zur Geburt im September in großer Verängstigung und Beklemmung durchlebte: »Ich fürchte«, schreibt sie am 4. August, »daß Dich die wenigen Zeilen beunruhigten, die ich Dir beim Wegsegeln von Batavia schickte. Aber ich wollte Dir meine Leiden, die ich als gefährlich einstufte, nicht verbergen, um so mehr als ich selbst äußerst alarmiert war. Dr. Martin erklärte mir zwar, daß sich auf hoher See alles zum Bessern wende, der Grund für meinen miesen Zustand sei nur das Klima von Batavia gewesen. Ich aber war entschieden ganz anderer Meinung, und selten befand ich mich in größerer Angst. Die Passage von Batavia hierher war entsetzlich, ein steter Kampf mit dem Nordwestwind. Zum Schluß war ich derart erschöpft, daß man mich auf dem Bootsboden auf einer Matratze liegend an Land bringen mußte. Nun geht es wieder einigermaßen, und ich fühle mich sicher mit meinem kleinen Schlingel im Bauch. Ich schreibe Dir dies auf einer Couch liegend. Ich glaube, nie mehr aufstehen zu können.«

Am 18. September brachte Sophia schließlich ihr fünftes und letztes Kind zur Welt, die Tochter Flora. Sie meldet die Neuigkeit nach Singapur: »Nun habe ich auch wieder ein kleines Mädchen, und dies einen Monat vor dem errechneten Termin. Der Doktor findet hingegen, sie sei rechtzeitig angekommen. Gerade am Tag, wo sie sich meldete, habe ich ihr Nest fertig gebaut. Zufällig war der Arzt wegen Toms Kopfschmerzen im Haus. Mein liebes Baby war gestern zwei Wochen alt, schreit nie, weder tags noch nachts, und hatte noch kein bißchen Magnesium nötig. Ich stille sie voll und werde das die nächsten sechs Wochen lang weiterhin tun und sie erst nachher einer Nurse übergeben. Sie ist so fett wie ein Schweinchen, aber nicht so hübsch wie Ella. Ich war absolut sicher, einen jungen Gentleman in die Welt zu setzen, und wollte es kaum glauben, daß mir dieser Fehler unterlaufen sollte. Sonst keine Neuigkeiten. Wir gehen auf der *Fame* nach Hause. Sie erreicht Bengkulu nächsten Monat von Calcutta her.«

UNVERMUTETER ABGRUND

Das ersehnte, in Aussicht gestellte Schiff für die Heimfahrt, die *Fame*, läßt jedoch auf sich warten. Tag für Tag, Woche für Woche halten Sophia und Raffles Ausschau, werden zunehmend nervös, sind ohne Nachricht, wissen nicht, wo der Segler geblieben ist, wünschen nichts sehnlicher, als endlich wegzukommen vom verfluchten Ort. Im November erkrankt Sophia schwer. Die Erschöpfung nach der Niederkunft hatte ihr alle Kräfte geraubt. In dieser Notlage geschah das Allerschlimmste: Sie verlor auch noch ihr letztgeborenes Kind, die kleine Flora. Das Baby starb völlig unerwartet nach kurzem Fieber im Alter von zwei Monaten. Beim späteren Zusammenstellen der *Memoiren* muß die Erinnerung an jene Zeit Sophia überwältigt haben, denn sie zitiert Passagen aus Briefen ihres Mannes, die – eine seltene Ausnahme – ihre eigene Person, ihr eigenes Leiden, ihre eigene Verzweiflung ins Zentrum stellen:

Lady Raffles war kaum von der Geburt genesen, als sie heftiges Fieber bekam, das nicht mehr aufhören will. [...] Sophia erholt sich nur sehr langsam von ihrer gefährlichen Krankheit, und dieser Umstand wirft eine melancholische Düsterkeit über alles. Ob ich selbst überhaupt je nach Hause gehen werde oder nicht, weiß ich nicht. Aber ich muß Lady Raffles, falls sie denn überlebt, bei der nächsten sich bietenden Gelegenheit nach England schicken. [...] Unser liebes Kind wurde uns genommen in einem Moment, wo wir auf einen erneuten derartigen Schock nicht vorbereitet waren. Der Tod eines Kindes, das nur wenige Monate alt ist, ist etwas, das vielleicht verschmerzt werden könnte im Wissen, wie unsicher das frühe Leben ist. Aber der Tod unseres vierten und einzigen Kindes in Indien hat alle früheren Heimsuchungen wieder in Erinnerung gerufen und war beinahe zu viel für uns. Glücklicherweise ist Sophias Fieber nicht wiedergekehrt seit dem Ereignis, und alles in allem ist sie bei etwas besserer Gesundheit, aber sie hat das Haus noch nicht verlassen. Ihre Lebensgeister wie auch die meinen sind völlig gebrochen. Wir sind begierig, von diesem Leichenhaus fortzukommen, aber wir können nicht, weil die Gelegenheit fehlt. Wie oft wünschen wir, die *Fame* wäre auf direktem Weg hergesegelt und wir hätten dieses letzte Unglück vermeiden können. Aber wir haben nichts von ihr gehört, und Gott allein weiß, wann der Tag unserer Erlösung sein wird. Entweder ich gehe nun nach England oder sterbe hier in Indien.

Wie es tief drin in Sophia aussah, sagt sie Mary Anne: »Oh mit welch anderen Gefühlen, als ich mir je gedacht hätte, sehe ich nun dem Ereignis der Abfahrt entgegen. Es ist Trauer und nicht Freude, was ich spüre. Trauer, daß ich jetzt vom Ort entfernt werde, wo die Schatten meiner geliebten verstorbenen Kinder immer um mich waren, sich nie einen Moment lang meinem Blick entzogen und immer strahlend und lächelnd erschienen wie zu Lebzeiten. All diesen Luxus des Schmerzes muß ich nun lassen. Kummer und Krankheit haben mich derart niedergedrückt, daß ich kaum imstande bin, meine Hand zu heben. Der

Verlust meines lieben Babys – so strahlend vor Gesundheit und Kraft – hat mein ganzes früheres Leid wieder geweckt. Stille und Einsamkeit sind mein größter Trost. Ich glaube, die Behandlung mit vier Dutzend Blutegeln kurz nach der Geburt hat mein System derart geschwächt, daß ich mehr dem Schatten eines irdischen Geschöpfs gleiche als einem Menschen aus Fleisch und Blut. Und doch muß ich dankbar sein, und mögest Du, meine liebste Puss [Kosename für Mary Anne Flint], dieselbe Ergebenheit, dasselbe Bewußtsein von Demut empfinden in Stunden der Verzweiflung sowie auch die Sicherheit fühlen, daß solches Elend nicht ohne Sinn über Dich kommt. Ich hoffe aber, daß Dir solche Heimsuchungen zur Prüfung Deines Glaubens erspart bleiben.«

In den *Memoiren* hingegen vermerkt Sophia das erlittene Leid mit kaum interpretierbarer Distanz. Flucht in die Unnahbarkeit war wohl das einzige Linderungsmittel, den Schmerz zu ertragen. Sie erklärt:

Rückkehrend nach Bencoolen fand sich Sir Stamford mit erneuten Szenen von Krankheit und Tod konfrontiert. Seine wenigen verbliebenen Freunde fielen dem Klima zum Opfer. Gott gefiel es, seine Familie mit Krankheit zu schlagen, und es schien, als ob sein Leben durch diese Mühsal enden müsse. Es ist nicht leicht, den Zustand der Sorge während der letzten zwei Monate in Bencoolen zu beschreiben: Bereit und begierig sein, den Ort zu verlassen, an dem so viele Erdenbande zerbrachen – andererseits Stunde um Stunde zerrinnen sehen ohne Hoffnung auf Entkommen und ohne Erwartung, daß das Leben sich von Tag zu Tag verlängere.

DIE SCHIFFSKATASTROPHE

Ende Januar 1824 war es endlich soweit: Die *Fame* ankerte im Hafen von Bengkulu. »Das Schiff entsprach genau unseren Wünschen.« Während einer ganzen Woche wurde die Fracht geladen, insgesamt 122 Kisten, zusammengetragen während des sechsjährigen Aufenthalts: zoologische, botanische, geologische Sammlungen, Forschungsergebnisse aus verschiedenen Disziplinen, kartographische Vermessungen, Verwaltungsdokumente aus Bengkulu und Singapur. In großen und kleinen Käfigen wurden lebende Tiere aufs Schiff gebracht, darunter ein Tapir und seltene Vogelarten. Raffles schwebte vor, in London eine Zoologische Gesellschaft zu gründen und nach dem Vorbild des Pariser *Jardin des Plantes* einen Tiergarten anzulegen. Der Londoner Zoo im *Regent's Park* ist Zeugnis dafür, daß es ihm noch gelang, den Plan zu verwirklichen.

Am 2. Februar frühmorgens gingen Sophia und Sir Stamford an Bord, begleitet von Charles, dem kleinen Sohn von Mary Anne, den sie nach England mitnahmen. Was nun geschah, läßt Sophia ihren Mann erzählen. Raffles' Darstellung ist dank ihrer Direktheit und sprachlichen Präzision außergewöhnlich, dies auch deshalb, weil er für seine Schilderung des Schiffsbrands die journalistische Form des Dokumentarberichts wählt, er also als Schrittmacher dieser Art von Reportage gelten darf.

Es war einer der glücklichsten Tage meines Lebens. Vielleicht zu glücklich, denn am Abend kam der traurige Rückschlag. Sophia war gerade zu Bett gegangen, ich selbst erst zur Hälfte ausgezogen, als uns der Ruf »Feuer, Feuer!« aus unserer stillen Zufriedenheit riß. Fünf Minuten später stand das ganze Schiff in Flammen. Ich rannte, um festzustellen, wo der Brand ausgebrochen war, und fand heraus, daß der

Herd genau unter unserer Kabine lag. – »Herunter mit den Booten. Wo ist Sophia?« – »Da.« – »Die Kinder?« – »Auch da.« – »Ein Seil her. Laßt Lady Raffles herunter.« – »Gib sie mir herüber«, sagt einer. – »Ich übernehme sie«, antwortet der Kapitän. – »Werft das Schießpulver über Bord.« – »Wir kommen nicht dran, es befindet sich im Magazin, dem Feuer zunächst.« – »Steht weg vom Pulver. Heraus mit den Wasserfässern. Wasser! Wasser! Wo ist Sir Stamford? Komm ins Boot, Nilson! Drück weg. Drück weg. Haltet euch vom hinteren Teil des Schiffs entfernt.«

All dies passierte schneller, als ich es zu schreiben vermag. Wir ruderten weg, und in diesem Moment brachen die Flammen aus unserem Kabinenfenster, das ganze Heck brannte, die Masten und Segel fingen Feuer. Wir bewegten uns in einer Distanz, gerade weit genug entfernt, um der bevorstehenden Explosion zu entkommen. Die Flammen schlugen aus den Hauptluken, und da sahen wir den Rest der Crew mit dem Kapitän immer noch an Bord stehen. Wir ruderten zurück unter den Bug, möglichst weit weg vom Pulver. Als wir näher kamen, stellten wir fest, daß die Leute an Bord auf der anderen Seite ein Boot bestiegen. Es stieß ab. Wir winkten und fragten: »Habt ihr alle drin?« – »Ja, alle außer einem.« – »Wer ist der?‹ – »Johnson, krank in seiner Kajüte.« – »Können wir ihn holen?« – »Nein, unmöglich. Die Flammen brechen aus seiner Luke.« In diesem Augenblick rannte der arme Teufel – bereits versengt – auf Deck. »Ich hole ihn«, sagt der Kapitän. Unsere Rettungsboote standen nun nebeneinander, und wir übernahmen einige Leute aus dem überladenen Boot des Kapitäns. Der ruderte unter den Bugspriet und nahm den Kranken auf. »Seid ihr alle in Sicherheit?« – »Ja, wir haben den Mann, alle Leben gerettet. Rudert jetzt weg vom Schiff.

Sir Stamford, richten Sie Ihr Augenmerk auf diesen ein wenig sichtbaren Stern.«

Wir banden uns gegenseitig mit Seilen fest. Zum Glück hatte der Kapitän einen Kompaß dabei, aber es fehlte das Licht – außer jenem vom Feuerschein. Wir schätzten die Distanz von Bencoolen auf 50 Meilen Richtung Südwest. Weil es südlich von Bencoolen keinen Landeplatz gab, blieb einzig der Hafen. Der Kapitän übernahm die Führung, wir folgten auf Nord-Nordostkurs, so gut wir konnten. Es gab keine Chance, das Schiff nochmals zu erreichen, denn es war jetzt vom Bug bis zum Heck ein einziges Flammenmeer; die Masten lodernd, schaukelte es hin und her. »Dort fällt der hintere Mast, rudert weg, Jungs. Dort, das Schießpulver geht in die Luft.« […] Der ganze Horizont war in bläuliches Licht getaucht.

Wir alle, insgesamt 41 Personen, saßen in den zwei Booten ohne einen Tropfen Wasser oder einen Krümel Essen. Wir besaßen keinen Lappen Stoff, um uns zu schützen, außer wenigen Fetzen Kleider. Und doch dankten wir Gott für seine Güte. Die arme Sophia hatte nur gerade eine Decke um sich, keine Schuhe oder Strümpfe. Die Kinder kamen direkt aus ihren Betten. […]. Mit dem Rest meines Mantels und einem Taschentuch hielt ich Sophias Füße warm. Aus unseren Halstüchern machten wir den Kindern Gamaschen. Es begann zu regnen, zum Glück nicht für lange, wir wurden wieder trocken. Der Himmel klarte auf, die Männer ruderten unermüdlich, und niemals erhofften Sterbliche sehnsüchtiger die Dämmerung und die Sicht auf Land. Sophias zarte Gesundheit würde mehreren Tagen im Boot und der sengenden Sonne nie standhalten. Im Tageslicht dann erkannten wir die Küste und die vorgelagerte Ratteninsel. Obwohl wir zu sehr südlich standen, fühlten wir uns wie zu Hause. Etwa um acht oder neun sahen wir ein Schiff näher kommen. Sie hatten von der Küste aus die Flammen gesehen und kamen uns zu Hilfe. Zu diesem Zeitpunkt war Sophia völlig erschöpft und wurde dauernd ohnmächtig. Nachmittags um zwei landeten wir, und keine Worte können die Freude beschreiben, mit der uns die Leute begrüßten. Wenn es eines Beweises bedurft hätte, wie gut meine Administration war, dann hätte diese Begeisterung genügt. Wir bekamen eilends gefertigte Kleider, gingen um drei nachmittags zu Bett und erwachten erst am andern Morgen. Außer einigen Kratzern trugen wir keine Blessuren davon.

Der Verlust, den ich zu beklagen habe, ist enorm. Alle meine Notizen, Beobachtungen, Kollektionen, Tagebücher sind verbrannt. [...] Nicht ein einziger Fetzen Papier wurde gerettet. Was Sumatra betrifft, gingen verloren: Eine großformatige Karte, die während meiner Residenz von sechs Jahren von mir selbst, von europäischen Spezialisten und von Einheimischen konstruiert worden war, gemeinsam mit statistischen Angaben, eigenen Erinnerungen, der Geschichte der Batak und anderer Stämme, Wörterbüchern und Manuskripten der verschiedenen Sprachen. Von Borneo hatte ich eine detaillierte Geschichte geschrieben, mehr als tausend Seiten, die frühere Zeiten, aber auch den heutigen Zustand, die Bevölkerung, die Sprachen dieser lange zu Unrecht vergessenen Insel und auch das Brauchtum sowie die Regierungsformen der Dayak darstellte. Dieselbe Arbeit leistete ich für Celebes. Was Singapur angeht, ging mein Rechenschaftsbericht über die Prinzipien, nach denen der Ort gegründet wurde, zugrunde, ebenso eine Geschichte des Handels im östlichen Archipel, das rasche Wachstum der Siedlung sowie deren Chronik bis zu meinem Rücktritt. Für die Naturgeschichte ist der Verlust noch größer. Verloren sind alle Manuskripte meiner unschätzbaren Freunde Dr. Arnold und Dr. Jack, ihre hervorragenden Zeichnungen, 2000 an der Zahl, Kisten mit Pflanzen, Mineralien, Tieren. [...] Ich verlor alle Briefe meiner Freunde, alle Tiere an Bord – den lebenden Tapir, eine unbekannte Tigerart, tropische Fasane – die ganze Arche Noah – alles von den Flammen zerstört.

Auch von Sophia gibt es einen Bericht über das Unglück. Erhalten ist ihr Brief an Mary Anne Flint: »Ich kann Dir gar nicht sagen, mit welchem Widerwillen und Grauen ich jetzt an die bevorstehende Seereise denke. Eine so furchtbare Szene wie die eben erlebte werde ich nie vergessen können. Es ist mir unmöglich, auch nur eine Ahnung davon zu übermitteln. Wir hatten alle Aussicht, eine komfortable Fahrt vor uns zu haben, und erfreuten uns beim Gedanken an künftigen Frieden. Ich legte gerade mein Haupt aufs Kopfkissen und Tom stand in seinem kleinen Ankleideraum, als der Ruf ›Feuer, Feuer‹ mich zur Kabinentür rennen ließ. Bereits sah ich Flammen zur Luke hereinzüngeln. Tom lief, um festzustellen, was los sei. Die Schreie ›Feuer! Wasser!‹ hallten durchs ganze Schiff. Im nächsten Moment kam Tom zurück und sagte, es sei alles zu Ende, wir müßten untergehen. Der nächste Befehl hieß: ›Lady Raffles zu den Booten!‹ Ich hatte gerade noch Zeit, mir eine Decke überzuwerfen, Charles in ein Tuch zu wickeln und David zu fassen, dessen Kabine bereits loderte, als wir ihn aus dem Bett zogen. Wir gingen zu den Booten. Als wir die Schiffsseite hinunterkletterten, brachen Flammen aus allen Fenstern, das ganze Schiff war eine einzige Feuerwand. Der Rest der Passagiere ging auf der andern Seite zu den Booten, nach zehn Minuten hatten alle das Schiff verlassen, wir hatten nicht einmal die Möglichkeit, etwas Trinkwasser oder Essen mitzunehmen. Zum Glück hatte der Kapitän als letztes noch einen Kompaß erwischt, der uns nun alles bedeutete. Wir waren noch nicht weit weg, da entdeckte jemand, daß ein krankes Besatzungsmitglied fehlte. Die Mannschaft wollte zurückrudern und den Kollegen retten. Aber der Kapitän weigerte sich, das Leben so vieler Geretteter erneut aufs Spiel zu setzen. Masten und Takelage flogen überall herum. In diesem Moment erschien der ärmste Mann auf dem Heck und bat laut schreiend um Hilfe. Die Szene war so grauenvoll, daß man sich entschloß, ihn zu holen, und es gelang, ihn zu befreien. Die Nacht war stockdunkel, das Meer ruhig und glatt. Die Buben schliefen tief, und wir hofften, das Wetter halte sich. Als der Morgen dämmerte, wuchs unsere Angst: Hatten wir uns gegen die Strömung halten können? Oder wurden wir entweder aufs offene Meer oder südwärts abgetrieben? Beides wäre unser sicherer Tod gewesen. Als das Licht heller wurde, gewahrten wir die Umrisse der Ratteninsel. Langsam rückte die Sonne in den Zenit, die rudernden Männer waren total erschöpft und ich der Ohnmacht nahe, weil wir uns nicht vor der Hitze schützen konnten. Das Boot war so schmal, daß wir einzig den Kindern ein wenig Platz schaffen konnten. Etwa um drei nachmittags kam uns ein Schiff zu Hilfe und nahm uns auf. Wäre dieser furchtbare Unfall einen Tag später passiert oder hätte uns Gott nicht durch viele günstige Zufälle geholfen, wir hätten den schlimmsten Tod sterben müssen. Der Schock war groß, der Verlust für uns ruinös, aber wir müssen dankbar sein und am Glauben und an der Hoffnung festhalten, die uns bisher mit Heiterkeit alles Schwere ertragen ließen. Einzig die Heiterkeit ermöglicht es, die auferlegten Opfer als sinnvoll zu akzeptieren.«

Der Grund des Schiffsbrands war menschliches Versagen. Einer der Stewards hatte sich mit der Kerze in der Hand einem Cognacfaß genähert, und der Brandy entzündete sich explosiv. Das Schiff war versichert, dem Kapitän erwuchs kein Schaden. Die nicht versicherte Fracht jedoch ging aufs Konto von Raffles. Sophias Kommentar:

Ein derart schwerer Schlag hätte genügt, den Mut auch des Stärksten zu dämpfen. Aber auf Sir Stamford hatte die Katastrophe einzig die Auswirkung, daß sie ihn zu um so größerer Anstrengung anspornte. Am Morgen nach dem Verlust aller seiner während Jahren mit unermüdlichem Eifer und Mühe zusammengetragenen Sammlungen begann er sofort damit, die Karte Sumatras wieder aufzuzeichnen. Zusammen mit seinen Helfern rekonstruierte er die wissenschaftlichen Darstellungen der interessantesten seiner naturwissenschaftlichen Funde. Er schickte Leute in den Urwald aus, um erneut Tiere zu sammeln, und nie kam eine Klage über seine Lippen. Im Gegenteil: Am darauffolgenden Sonntag dankte er Gott in aller Öffentlichkeit für die Güte, daß er das Leben jener gerettet habe, die eine Zeitlang mit dem Tod konfrontiert waren und an ein Entrinnen nicht mehr glaubten. Und an dieser Stelle fühlt sich die »Herausgeberin« auch verpflichtet, das bewundernswerte Verhalten der Matrosen zu bezeugen. Als Sir Stamford als erster das Rettungsboot bestieg und man die Leute bat, ein Stück weit weg zu rudern, murrten sie leicht beim Gedanken, ihre Kameraden im Stich zu lassen. Als sie dann aber sahen, daß dadurch Platz geschaffen wurde, ein zweites Boot herunterzulassen, gaben sie ruhig nach. Auch später hörten wir kein Wort des Unmuts. Sie plackten sich in guter Stimmung, lachten sogar über den Purser und den Steward, welch letzterem sie die Schuld für das Unglück gaben. Manchmal äußerten sie auch Mitleid für die Lady und trösteten sich beim Gedanken, daß es ihnen im Grund wenig schlechter ging als ohnehin schon. Als sich das Boot der Küste näherte, dachten sie einzig daran, die Party sicher an Land zu setzen. Bloß verlangten sie vorher einen Schluck Wasser. Als ihnen vom rettenden Schiff aus ein großer Eimer heruntergereicht wurde, ist leicht verständlich, daß sie alle ihre Köpfe gleichzeitig hineinsteckten. Sie hatten 18 Stunden lang ohne Unterlaß gearbeitet, gegen den Strom und in tropischem Klima. Vielleicht kann man sich eine Idee der Gefahr machen, in der die Boote schwebten, wenn man bedenkt, daß die Ruder nicht in Halterungen steckten. Auch mußten die Männer abwechslungsweise mit ihren Daumen ein Loch im Boden zuhalten. Weil sie dabei immer wieder einschliefen, war das Boot des öftern halb voll Wasser und drohte zu sinken. Es war derart vollgestopft mit Menschen, daß während vieler Stunden niemand eine Hand oder einen Fuß bewegen konnte.

Zwei Monate später, am 8. April 1824, ging die Familie wiederum an Bord, diesmal hieß das Schiff *The Mariner*. Ein zweiter Segler, die *Lady Flora*, stand als Begleitung zur Verfügung, der Name eine schmerzliche Erinnerung an die kürzlich erst verstorbene Tochter. Am 10. April wurden die Anker gelichtet. Sophia nahm Abschied von Bengkulu; mit welchen Gefühlen, verrät sie nirgends, auch nicht in einem kurz vor der Abfahrt an Mary Anne gerichteten Brief: »Morgen werden wir erneut an Bord gehen – wir fühlen uns ziemlich gut und in erträglicher Laune. Unser Mut ist stärker, als ich dies erwartete. Die *Lady Flora* kam vorgestern erst an und wird uns begleiten, nach allen Geschehnissen ein befriedigendes Arrangement, und nun hoffen wir das Beste. Die *Mariner* gilt als gutes Schiff und ihr Kapitän als ausgezeichneter Navigator.«

»Wir fühlen uns ziemlich gut und in erträglicher Laune« ist somit Sophias letzte Durchsage aus Bengkulu. Dies vier Monate nach dem Tod der kleinen Tochter Flora, acht Wochen nach dem Schiffsunglück, dem Verlust aller Habe und dem knappen Davonkommen.

STURM AM KAP

Genau nach elf Wochen Fahrt, am 25. Juni nachmittags, landete die *Mariner* auf Sankt Helena. Nach dem Passieren des Kaps war die Reise einmal mehr schwierig geworden. Hohe Wellen schüttelten das Schiff. Die Passagiere waren außerstand, ihre Kajütenbetten zu verlassen, Wasser drang durch das Deck in die Kabinen, und der Wind pfiff derart, daß sich Sophia und ihr Mann in der engen Kajüte trotz Schreien kaum verständigen konnten. Sophia war gezwungen, sich mit Seilen an den vier Pfosten ihrer Liege anbinden zu lassen, um ein Hin- und Herrollen und damit die Unerträglichkeit ihrer Seekrankheit zu verhindern. Sie läßt Raffles erzählen:

Das Schiff lag wie ein Wrack auf dem Ozean, den Wellen und den Winden preisgegeben. Wir hatten das Gefühl, daß unsere Pilgerfahrt auf dieser Erde sich ihrem Ende zuneige.

Und fügt ihrerseits hinzu:

All jene, die eine vergleichbare Szene nie erlebten, können sich von der Wellenkraft keine Vorstellung machen. Unser Kapitän, der das Kap schon zum neunzehntenmal umrundete, erklärte, er habe noch nie etwas Ähnliches gesehen. Auch kann die »Herausgeberin« eine Nacht nie vergessen: Der Kapitän, toderschöpft, hatte nur noch den Wunsch, sich etwas niederzulegen. Doch vorher schärfte er dem Wachoffizier ein, sich genau auf die Beobachtung einer einzigen Richtung zu konzentrieren, und wenn er dort den geringsten

Punkt am Horizont erkenne, müsse er ihn sofort wecken. Es war eine furchtbare Nacht, der Himmel erschien wie ein schwerer, dichter Bogen, der jeden Augenblick zusammenzufallen und alles unter sich zu begraben drohte. Durchbrochen wurde der Bogen nur gerade an einem winzigen Punkt, wo der tiefblutrote Vollmond eine purpurne Spur in die Dunkelheit warf. Nicht lange danach wurde der Fleck am Horizont sichtbar, und noch bevor der Kapitän an Deck erschien, war der Sturm erloschen.

NOCH EINMAL SANKT HELENA

Eine Woche Ruhepause gönnten sich die Erschöpften auf der Insel, wo Napoleon drei Jahre zuvor gestorben war. Sophia erwähnt den Feldherrn nicht, der Raffles 1816 eine Audienz gewährt hatte. In einem Brief an Mary Anne vom 2. Juli 1824 erinnert sie sich nochmals ihrer durchgestandenen Sturmängste: »Ich spare meine langen Briefe für England auf. Tom geht es sehr viel besser. Seine Nervosität und die dauernden Schmerzen sind vorbei, und er leidet einzig noch an Schwäche. Ich selbst klage über nichts außer über den Mangel an Kraft, um diese schöne Landschaft zu genießen. Ich schreibe diese Zeilen an einem herrlich lodernden Kaminfeuer. Wie sehr wünsche ich, Du wärest hier. Charles litt keine Spur am furchtbaren Wetter, das wir nach dem Kap antrafen. Der Sturm war viel schlimmer, als ich dies zu beschreiben vermag, und raste mit unverminderter Stärke drei Wochen lang. Während der ganzen Zeit lag das Schiff wie ein Betrunkener vornüber zum Wasser geneigt, der Hauptmast tief unten. Sogar noch das einzig gesetzte Sturmsegel wurde zerfetzt, und die See schlug über das Rundhaus. Man sagt, es sei eine der schlimmsten Sturmzeiten überhaupt gewesen. Viele Schiffe sanken oder verloren ihr Ruder, so daß wir froh sind, es ohne Unfall geschafft zu haben.«

Auch Raffles nützt die Zeit für letzte Episteln in die Heimat, für Klagen an Freunde:

Ich kann wenig mehr sagen, als daß wir lebend und ziemlich gesund sind. Meine Kräfte sind am Ende. [...] Nachdem die Kunde vom Verlust der *Fame* ohne Zweifel England bereits vor diesem Brief erreicht hat, kann ich nur hinzufügen, daß wir zwar davongekommen sind, ich mich jedoch als Leidender fühle und mir sogar die Energien fehlen, dies Leiden zu beschreiben.

ZURÜCK IN ENGLAND

Endlich, nach 133 Tagen Fahrt, ankerte das Schiff am 20. August 1824 in Plymouth, von wo die Raffles sofort nach Cheltenham aufbrachen und dort fürs erste bei Sophias Eltern Quartier nahmen. Nach zweieinhalb Jahren sahen sie ihre Tochter Ella wieder. In den *Memoiren* läßt Sophia nur gerade an einer kurzen Stelle durchblicken, wie sehr sie sich freute. Sie zitiert zwei Briefzeilen ihres Mannes, die besagen, daß er die Postkutsche bis zur Radglut antreiben lassen mußte, dreizehn Meilen die Stunde, so groß sei Sophias Ungeduld gewesen, die Tochter endlich in die Arme zu schließen. Sie selbst äußert sich nicht über die Begegnung, wie gewohnt, wenn ihre eigenen Emotionen im Spiel sind. Erst Ende Oktober erzählt sie in einem Brief an die Schwägerin in Singapur über Ella: »Sie ist so hübsch, wie es ihre sehr perfekten und ebenmäßigen Züge und auch der intelligente Ausdruck erlauben. Sie plappert unaufhörlich, so daß Charles sie zurechtweist und sagt: ›Ella-Bella, halt die Klappe. Du redest zuviel, Miss.‹ Dies wurde im übrigen von Ella als große Beleidigung eingestuft, denn die beiden mögen sich sehr gern.«

Sophia war nun zurück in der Heimat. Nach mehr als sechs Jahren Tropenexistenz – plötzlich der englische Alltag. Wie fand sie sich zurecht? Die Antwort fehlt, weil sie den Neubeginn nicht zum Thema macht. Vor ihr lag die Organisation der kommenden Jahre: die Beantwortung der anstehenden Frage, ob Land- oder Stadtleben, ob beides, wie vereinbar, wie bezahlbar, Häusersuche, Möbeleinkauf.

Die meisten Briten, die damals in weit entfernten Zonen lebten, sehnten sich nach der Heimkehr, nach dem Wechsel der Jahreszeiten, nach Kühle und vertrauter Landschaft, nach »Erdbeeren mit frischer Sahne und allem drumherum«, wie das 1798 ein Offizier in Penang flehentlich formulierte. Wenn die Rückkehrenden dann endlich zu Hause ankamen, wurden sie von einer wahren Gier erfaßt nach gesellschaftlichem Dazugehören, nach Aufholen des Verpaßten, nach Anerkennung. Das galt in besonderem Maß für Raffles. Sofort schmiedete er Pläne, sich als Unabhängiger ins Parlament wählen zu lassen, suchte Kontakte zu Politik, Handel und Wissenschaft, schrieb Briefe, Berichte, Billette und war trotz seines schlechten Gesundheitszustands unablässig in Bewegung:

Notwendigerweise bin ich gezwungen, häufig in Gesellschaft zu gehen, und ich bin beinahe überrascht, wie ich in dieser fröhlichen Festsaison den »Krieg« durchstehen kann. Selten geht ein Tag vorbei ohne Einladung zum Dinner. Seit vielen Wochen hatte ich keine einzige Stunde der Muße. Es stimmt zwar, daß ich mich nirgends mit Haut und Haar beteilige, aber nach langer Abwesenheit in der Wildnis und im Urwald des Ostens ist alles so neu, so vielseitig und wichtig in dieser Metropole des großen Reiches, daß ich wie die Biene von Blüte zu Blüte wandere und die köstliche Nahrung der vielfältigen, mich umgebenden intellektuellen und moralischen Quellen aufnehme.

Captain Travers, der alte Weggefährte während der Jahre in Java und Bengkulu, besuchte Sophia und Sir Stamford noch in Cheltenham. Seinem Tagebuch verdanken wir zumindest die Beschreibung des Aussehens der beiden gleich nach der Ankunft: »Unglückseligerweise lag der arme Kerl [Raffles] an diesem Tag mit schrecklichem Kopfschmerz im Bett. Aber ich wurde von Lady Raffles liebenswürdigst begrüßt. Sie sah unwahrscheinlich gut aus. Ehrlich gesagt war ich überrascht von ihrem Anblick. Sie beklagte zwar einigen Gewichtsverlust, aber nie sah ich sie vorteilhafter. […] Er hingegen erschien wie ein regelrechtes Skelett mit kaum genügend Haut, um die Knochen zu bedecken. […] Von den Verlusten der *Fame* sprach er wie ein Philosoph, und wirklich schienen sie für beide wenig wichtig. Vor allem Lady Raffles sprach mit religiöser Dankbarkeit einzig davon, wie sie ihr Leben retten konnten. Ihr war der fürchterliche Sturm am Kap in schlimmerer Erinnerung.«

Tritt fassen

Die Raffles-Familie, nun komplett mit Tochter Ella und Ziehsohn Charles, benötigte als erstes einen Standort in London als Operationsbasis für ihr Oberhaupt. Welche künftigen Unternehmungen Raffles später einzufädeln gedachte, war anfangs auch ihm noch unklar. »Ich gestehe, daß mir das Bauernleben am meisten zusagt«, schreibt er in einem Brief an seinen Vetter nach der Ankunft, »ich bin eitel genug, zu behaupten, daß ich so an die 200 Morgen Land ohne weiteres bewältigen könnte. Dazu käme im Lauf der Zeit vielleicht der Posten als Friedensrichter, später sogar ein Sitz im Parlament. Mehr will ich nicht, außer natürlich in der Freizeit die Förderung der Wissenschaften pflegen entsprechend meinen bescheidenen Fähigkeiten.«

HÄUSERSUCHE

Dringlicher jedoch als das Schmieden von Zukunftsplänen war erst einmal die Tuchfühlung zur *East India Company*, die Verbesserung seines Rufs in der Zentrale und der Kampf um Geld. Der Widersacher William Farquhar, inzwischen verbittert von seinem Verwaltungsposten in Singapur nach England zurückgekehrt, hatte dem Direktorium ein ausführliches Memorandum überreicht und darin Raffles aufs Schlimmste verunglimpft, ihn einer Serie von Taten flagranten Unrechts sowie des tyrannischen Umgangs mit Untergebenen bezichtigt. Für Raffles waren diese Anschuldigungen zum jetzigen Zeitpunkt um so genierlicher, als er gleich nach der Ankunft beim *Honorable Court* Nachzahlungen angemahnt hatte, die ihm nach eigenem Bekunden aus der Zeit Javas und Bengkulus noch zustanden. Zudem erbat er die finanzielle Regelung seiner Pensionierung. Es war ihm jedoch durchaus bewußt, daß er bei manchen seiner Vorgesetzten seit langem als eigenmächtiger Querkopf galt und Farquhar somit für einige seiner Anklagepunkte offene Ohren gefunden haben mußte. Wichtig für Raffles war deshalb ein Wohnsitz in London, die Nähe zur *Company* und damit die Möglichkeit, dort jederzeit persönlich vorstellig zu werden oder sich bei gewichtigen Leuten gegen die Anwürfe zu verteidigen. Aber auch für die Einschätzung und Katalogisierung seiner Sammlungen war Raffles auf Berater und Institutionen in der Hauptstadt angewiesen. Sophia schreibt:

Sobald sich Sir Stamford in London niedergelassen hatte, begann er mit dem Sortieren der Trümmer seiner riesigen Kollektionen, die er während zwanzig Indienjahren zusammengetragen hatte. Auch wollte er seine Papiere ordnen und – solange Indien noch frisch in der Erinnerung war – all das aufzeichnen, was der Verbesserung der Menschheit im allgemeinen förderlich und dem Vorteil seines Landes im besonderen dienlich war. Leider erwies sich seine Gesundheit als derart fragil, daß er sich außerstande sah, seine Tätigkeiten nach Wunsch auszuführen. Die geringste Anstrengung von Körper oder Geist war gefolgt von tagelangem Schmerz und Übelkeit. Stets bedauerte er die verlorene Zeit, und wie wenig er für das Wohl der andern tun könne.

Als Notlösung hatte Sophia durch einen Makler ein möbliertes Haus am Piccadilly zur Miete gefunden. Die Lage war gut, nicht so der viel zu kleine Grundriß, die engen Räume. Ihrer Schwägerin teilt sie am 26. Dezember 1824 mit: »Ich bin müde vom Einkaufen, eine Tätigkeit, die mir – wie Du seit langem weißt – ohnehin nie Spaß machte. Aber nun habe ich alles für unseren persönlichen Komfort zusammengetragen und das neue Haus einigermaßen hergerichtet. Wenn wir dorthin ziehen, werden wir uns endlich einleben können, was wir bisher noch nicht schafften. Allerdings kennst auch Du das Unbehagen in möblierten Häusern für Leute wie wir, die aller weltlichen Habe verloren gingen.« Ein Hinweis auf die Mühsal der Haussuche findet sich in den *Memoiren* nicht. Die knappen Informationen zum Thema stammen einzig aus Briefen. – Was Mary Anne aus dem abgelegenen Singapur noch besonders interessierte, waren Modefragen. Was trägt man denn im eleganten London? Sophia berichtet: »Es hat sich nichts verändert im Kleiderschnitt – immer noch hohe Taillen, lange Ärmel bei jeder Gelegenheit. Die Kappen, Hüte oder Turbane sind von gigantischer Breite und sitzen wie Kronen zuoberst auf dem Kopf. Morgen- und Abendkleider sind unter dem Busen mit Bändern gebunden. Am Abend ist der Halsteil etwas tiefer geschnitten als am Morgen. Oben keinerlei Spitzen oder Einsäumung. Gegen die Kälte sind sogar die Ärmel der Abendroben mit Schafsleder gefüttert. Als Zierde dienen Tricks wie Seidenblumen oder mehrreihige Fältelungen. Das Haar wird lokkig über der Stirn getragen und mit Bändern festgehalten.«

Bereits nach wenigen Wochen, im März 1825, zogen die Raffles um, diesmal in eine bequemere Bleibe an der *Lower Grosvenor*

Penang vom Hafen aus gesehen, im Hintergrund Fort Cornwallis, 1856.
Aquarell von Captain Charles Henry Cazalet

Suffolk House, Prince of Wales-Island. Kupferstich von William Daniel, 1818
(beide aus: Sarnia Hayes Hoyt, »Old Penang«, Oxford University Press 1991)

Kampf zwischen einem Büffel und einem Tiger
Die Minangkabau im sumatranischen Hochland erzählen, daß sie vor Urzeiten von den javanischen Majapahlt-Fürsten bedrängt wurden. Die Herrschaft über das Land sollte vom Ausgang des Kampfes zwischen einem Büffel und – seitens der Javaner – einem Tiger abhängen. Der Büffel war stärker, und seither nannten sich die Sieger »Minangkabau«, d. h. »der Büffel war siegreich«.
(aus: John Bastin and Bea Brommer, »Nineteenth Century Prints and Illustrated Books of Indonesia«, Spectrum Publishers, Utrecht 1979)

Steinskulpturen der Toba-Batak
Steinerne Ahnenfiguren im
östlichen Teil der Insel Samosir (Toba-See)
(Foto: Susanne Knecht)

Frauen der Karo-Batak in ihrer traditionellen Festtracht anläßlich einer Totenzeremonie. Der Kopfputz, früher indigoblau gefärbt, ist heute tomatenrot.

(Foto: Susanne Knecht)

Highwood Hill in Hendon, London.
Hier lebte Lady Sophia seit ihrer Rückkehr im Jahre 1825.
(Foto: Susanne Knecht)

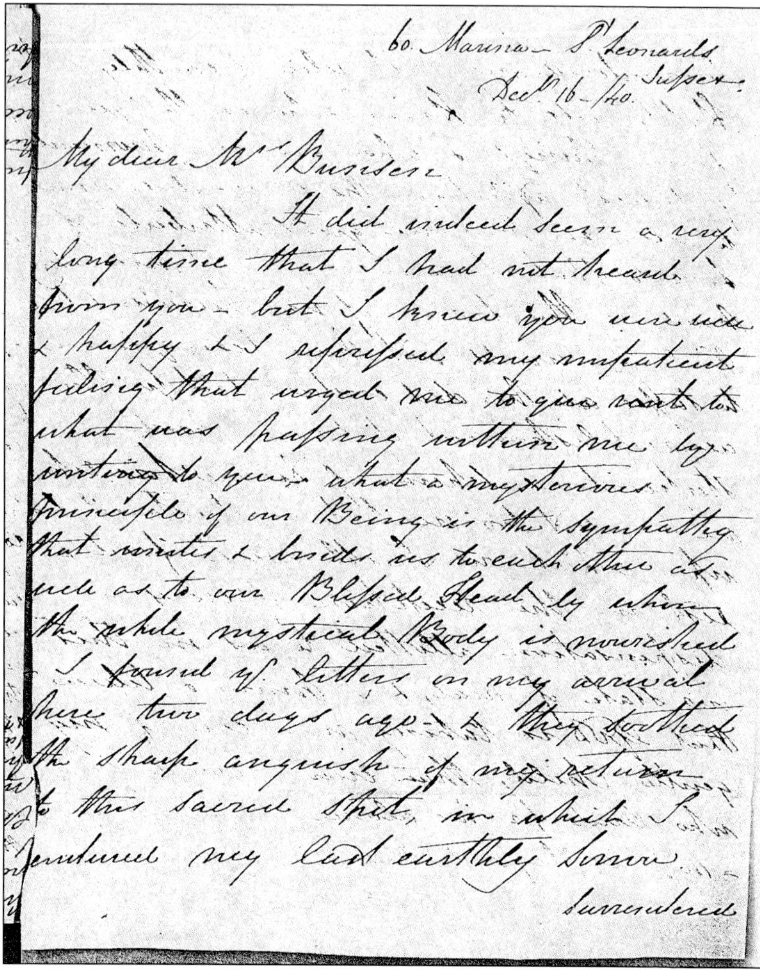

60 Marina – St Leonards
Decr 16 – 40. Sussex.

My dear Mrs Bunsen

It did indeed seem a very long time that I had not heard from you – but I knew you were well & happy & I repressed my impatient feeling that urged me to give vent to what was passing within me by writing to you – what a mysterious principle of our Being is the sympathy that unites & binds us to each other as well as to our Blessed Head by whom the whole mystical Body is nourished

I found yr letters on my arrival here two days ago – & they soothed the sharp anguish of my return to this sacred spot, in which I surrendered my last earthly Sorrow

surrendered

Auszug aus einem Brief von Lady Sophia an ihre Freundin Freifrau Frances von Bunsen, 16. Dezember 1840

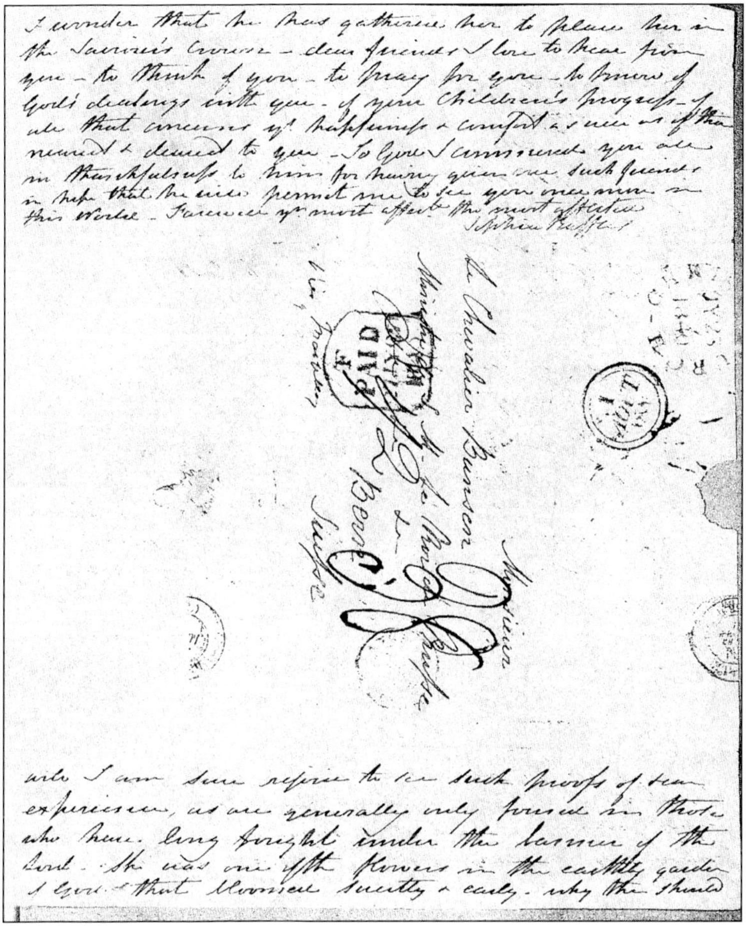

I wonder that he has gathered her to place her in the Saviour's crown – dear friend I love to hear from you – to think of you – to pray for you – to know of God's dealings with you – of your Children's progress – of all that concerns yr. happiness & comfort & well as of those nearest & dearest to you – To God I commend you all in thankfulness to him for having given me such friends & in hope that he will permit me to see you once more in this World – Farewell yr. most affect. the most affectionate

Sophia Raffles

Monsieur le Chevalier Bunsen
Ministre de S. M. le Roi de Prusse
à Berne
Suisse
via France

will I am sure rejoice to see such proofs of deep experience, as are generally only found in those who have long fought under the banner of the Lord – She was one of the flowers in the earthly garden of God – that bloomed sweetly & early – why the should

Auszug aus einem Brief von Lady Sophia an den Freiherrn von Bunsen, oben rechts firmiert Lady Sophia.

(Geheimes Staatsarchiv Preußischer Kulturbesitz)

Grabstein für Lady Sophia Raffles
St. Paul's Chapel, Mill Hill, London
(Foto: Susanne Knecht)

Street nahe der heutigen *Victoria Station.* Raffles berichtet seinem Vetter: »Ich bin glücklich, Dir mitzuteilen, daß wir nun endlich in einem neuen Haus heimisch geworden sind, für das ich einen Pachtvertrag von 30 Jahren abschloß. Es ist zwar nicht übertrieben geräumig, dafür in jeder Weise angenehmer als jenes am Piccadilly.«

HÜHNERHOF UND MILCHWIRTSCHAFT

Die Sehnsucht des gesundheitlich geplagten Raffles, die Sommermonate auf dem Land zu verbringen – *to ruralize*, wie er das nennt – drückt sich im eben zitierten Brief an den Vetter aus: »Wir verhandeln derzeit über ein Haus in Surrey, einem wunderschönen und romantischen Landstrich. Ich möchte den Vertrag aber vorerst nur auf zwei Jahre festlegen. [...] Bereits jetzt freue ich mich – mit nicht wenig Sorge zwar – auf den Mai und Juni, wo wir London zu verlassen hoffen.«

Nicht Surrey kam schließlich in die engste Wahl, sondern man entschied sich für einen Landsitz in den weiten Hügeln nördlich Londons, damals Middlesex, heute bereits zur Stadt gehörend. Hendon heißt der Ort, auf dem das Gutshaus *Highwood Hill* steht, Raffles' letzte Wohnung und Sophias jahrelanges Refugium bis zu ihrem Tod.

»Nehmen Sie sich eine Kutsche, von wo auch immer Sie in London ankommen. Falls im Westen, wählen Sie die Edgware Road bis zum Tyburn Turnpike, dem Ende der Oxford Street, und folgen dann der Straße bis Edgware acht Meilen vor der Stadt. In der Mitte des Ortes drehen Sie scharf nach rechts ab, dann sehen Sie nach drei Meilen *Highwood Hill*, unser Haus. Sie können uns von der City auch via Hampstead und Mill Hill erreichen, bloß ist dieser Weg sehr hügelig und weniger kurz als über Edgware.« Dies Raffles' Weisung an einen Freund.

Auf die Kutsche muß ich verzichten und fahre mit der Untergrundbahn bis Edgware und von da mit dem Bus zum Mill Hill-Broadway, eine der üblichen stereotypen Vororthauptstraßen in der Umgebung Londons. Rote, zweistöckige Backsteinbauten, darin Läden für alles mögliche, eine Teestube, ein Bestattungsunternehmen, eine Immobilienagentur. Dort frage ich nach Raffles' früherem Wohnsitz. Keine Ahnung, den Namen Raffles nie gehört. Vielleicht helfe die Polizei weiter, rät der Angestellte. Auf dem Stadtplan ist *Highwood Hill* vermerkt, also mache ich mich zu Fuß auf den Weg. Hügeliges Gelände, viel unbebautes Wiesenland rundherum, Einfamilienhäuser säumen die Hauptstraße. Schließlich die letzte Kurve, der Anstieg zur beherrschenden Anhöhe mit Blick weit übers Land gegen die City zu: Dies ist *Highwood Hill*. Der Verkehrslärm hier oben ist unerträglich, das Überqueren der Durchgangsstraße vor Raffles' einstigem Anwesen lebensgefährlich. Auto an Auto, Laster an Laster donnern mit Hochgeschwindigkeit über den Hügelrükken. Ich rette mich zum Pub auf dem Scheitelpunkt der Anhöhe. Die Kneipe heißt *Rising Sun*. Raffles' Vetter berichtet in seinen Erinnerungen: »Das Dorf auf dem Hügel gehörte zu gleichen Teilen Sir Stamford und seinem Nachbarn Wilberforce. Jede Hälfte hatte ihr *public house*. Raffles lachte, als er mir erklärte: ›Wilberforce besitzt die *Crown* und ich die *Rising Sun*.‹«

Der Pub wurde seit Raffles' Zeit anscheinend nie umgebaut. Im rauchigen Innern zwei dunkle Räume, einer zum Trinken, der andere zum Essen, beide voll besetzt zur Lunchzeit. Daß Raffles gleich nebenan wohnte, wissen die Wirtsleute natürlich; daß der Pub sogar einst in seinem Besitz gewesen war, ist ihnen neu.

Sophia teilt Mary Anne am 25. Juni 1825 mit: »Wir hoffen, uns bald vollständig niedergelassen zu fühlen, da wir einen kleinen Sommersitz kauften, den wir in drei Wochen beziehen wollen.

Wenn dann alles möbliert sein wird, enden unsere Mühen. Wir fühlen uns beide von Tag zu Tag kräftiger und sehnen uns, mit der Bauern- und Gartenarbeit zu beginnen.« Für das gesamte Anwesen, das Haus mitsamt 112 Morgen Land, investierte Raffles über 20000 Pfund.

Wie läßt sich diese Summe aus jetziger Sicht umrechnen? Ein Anruf bei der *United Bank of Switzerland* (UBS), Abteilung »Geschichte des Geldes«, bringt zwar keine exakte Klärung, aber doch ein wenig Licht ins Dunkel. Der Spezialist rät, die damals geläufigen Alltagskosten im einstigen Pfundwert festzustellen und ganz einfach mit entsprechenden Aufwendungen in heutiger Währung zu vergleichen. Das glückt dank einem Ermahnungsbrief von Sophia an Mary Anne, doch ja Geld zu sparen für ein späteres Leben in England. Sie spricht von hundert Pfund monatlichen Ausgaben für eine fünfköpfige Familie – inklusive Miete, Schulen, Kleider und Wein. Setzen wir voraus, daß Sophia einen wohl nicht luxuriösen, aber auch nicht ganz unbescheidenen Haushalt zur Vorlage nahm, müssen für diese hundert Pfund in jetziger Währung grob kalkuliert mindestens 8000 Schweizerfranken eingesetzt werden. In dieser Berechnung läßt sich der Kauf von *Highwood Hill* auf etwa 1,6 Millionen heutiger Schweizer Franken schätzen.

Das schlichte, wohlproportionierte, im klassizistischen Stil erbaute Haus steht weiß hinter hohen Bäumen. Eine gekieste Zufahrt führt zur säulengeschmückten Frontseite. Die hölzerne Gedenktafel rechts der Einfahrt erinnert daran, daß Sir Stamford Raffles, Gründer von Singapur, von Juni 1825 bis Juli 1826 hier lebte. Sophia, die das Haus bis zu ihrem Tod im Jahr 1858 benutzte, bleibt unerwähnt.

Auf *Highwood Hill* waren die Raffles beinahe Selbstversorger. Außer Wein und Fisch mußte nichts dazugekauft werden – wie

Sophia stolz erklärt. Sie selbst kümmerte sich um Kühe, Kälber und die Hühner. »Du kannst Dir gar nicht vorstellen, welch schöner Platz *Highwood* ist und welch phantastischen Hühnerhof und Milchbetrieb ich hier habe«, schreibt sie nach Singapur an die Schwägerin. »Ich füttere die Hühner und Truthähne jeden Tag selbst und mache Berge von Butter. Daneben ziehe ich Kälber auf, die ich dem Metzger verkaufe. Auch habe ich eine reizende Familie von Schweinen – eines davon ist eine wahre Porzellanschönheit, geradezu ein Märchenwesen. Du würdest dich riesig amüsieren, könntest Du sehen, wie Tom mich jeden Abend im eigens gekauften Parkrollstuhl durch den Garten schiebt.« Zu Sir Stamfords Aufgaben gehörten die Pflege der Felder sowie der Pferde. Die Kinder – ihre eigene Ella sowie der Neffe Charles – halfen mit, waren glückselig, das Sommerparadies schien perfekt. Sophia blickt zurück:

Für Sir Stamford waren die Vergnügen des Landlebens besonders erfreulich, ja geradezu notwendig. Als er sich endlich frei genug fühlte, seinen eigenen Garten zu pflegen, sein Land zu bebauen und seine Interessen den einfachen Dingen zuzuwenden, die ihm immer schon nahe standen, da hoffte er, jene Gesundheit und Kraft wiederzuerlangen, die ihm einzig zu seinem Glück noch fehlten. Hier gönnte er sich, die Gefühle seines Herzens ohne Einschränkung auszuleben. Es war seine Absicht – hätte Gott es nicht anders gewollt – hier an diesem vielversprechenden Ort den größten Teil seines Lebens in glücklicher Zurückgezogenheit zu verbringen.

KRANKHEIT, BANKENKOLLAPS, RACHSÜCHTIGE COMPANY

Weihnacht und Neujahr 1825/26 verbrachten die Raffles auf dem Land und zogen erst Anfang Februar, zu Beginn der gesellschaftlichen Saison, in die *Grosvenor Street*. Bis zum Mai blieben auf *Highwood Hill* die Teppiche zusammengerollt, die Möbel zusammengerückt, alles »etwas schäbig und verlassen anzusehen«, wie der Hausherr sich ausdrückt. Kaum ist Raffles zurück in der Stadt, machen sich seine Kopfschmerzen erneut und quälend bemerkbar. Das Leiden wird beinahe unerträglich. Travers, der den Freund im April zusammen mit seiner Frau Mary besucht, stellt besorgt fest, daß der Geist Raffles' zwar wach sei wie immer, aber die Rede zeitweise »schwer, dick und unartikuliert«. Trotzdem fühlt sich Raffles wohl genug, an jenem Abend zusammen mit Sophia und den beiden Getreuen aus früheren Zeiten in Covent Garden die Uraufführung von Carl Maria von Webers Oper »Oberon« zu sehen.

Etwa um dieselbe Zeit trifft aus Batavia die Hiobsbotschaft vom Zusammenbruch des Handels- und Bankhauses McQuoid ein, wo Raffles seine 16 000 im Osten gesparten Pfund investiert hatte. England wurde damals, Mitte der zwanziger Jahre, von einem wahren Domino-Effekt kollabierender Handels- und Bankhäuser überrascht. Sophia klagt am 6. Mai 1826 in einem Brief an Mary Anne: »Wir denken daran, im nächsten Jahr ins Ausland zu gehen. Hier ist alles in einem so furchtbaren Zustand: Die Leute verhungern, die Händler schließen ihre Geschäfte, die Bankiers sind äußerst besorgt, kurz: Melancholie rund um uns her.«

Aktien waren in England bereits im 18. Jahrhundert weit verbreitet. Diese Form von häufig auch kurzfristigen Krediten hatte vorerst den Zweck, industrielle Betriebe auf Touren zu bringen. Die rasch wachsende Industrialisierung brauchte immer mehr Kapital, das sicheren Gewinn versprach. In England – wie auch in den Kolonien – war zu jener Zeit die sogenannte Handelsbank als Geschäftsform gang und gäbe. Solche Finanzunternehmen suchten vielfach bei Privaten Geld, um es spekulativ einzusetzen und auf diese Weise den Firmengewinn zu steigern. In Zeiten wachsenden Bedarfs an Industrie- und Handelsprodukten liefen die Geschäfte für Bank und Investoren gut bis sehr gut. Dann aber kam der Einbruch, als zu Beginn der zwanziger Jahre einige europäische Länder und auch Nordamerika beschlossen, der englischen Industrie die Stirn zu bieten und mit Schutzzöllen den eigenen Absatz anzukurbeln. Damit geriet die britische Konkurrenz vor allem im Sektor Textilien in eine Zwangslage. Leidtragende waren alle, vom Bankier zum privaten Kapitalgeber, vom Händler zum beschäftigungslosen Industriearbeiter. Die Auswirkungen führten, wie Sophia in ihrem Brief vermerkt, bereits 1826 zu bitteren Konsequenzen.

Mit dem Vermögensverlust in Südostasien waren die Finanzsorgen der Familie Raffles erst am Anfang. Schwerer wog die Unsicherheit über die Höhe der Nachzahlungen und Pensionsgelder, die die *Company* zu leisten bereit war. Tausend Pfund Rente im Jahr (zirka 80 000 Schweizer Franken) schienen Raffles nach zwanzig Dienstjahren in verantwortlichen Positionen angemessen. Gleich nach der Ankunft hatte er einen ausführlichen Rapport geschrieben, um seine Ansprüche zu rechtfertigen. Auf die offizielle Antwort des Direktoriums mußte er jedoch länger als ein Jahr warten. Sophia und Raffles sahen dem Entscheid mit Bangen entgegen. Wegen der spürbaren Geheimniskrämerei einzelner Direktoren machten sie sich auf das Schlimmste gefaßt. Als ihnen der Bescheid des Direktoriums dann endlich im April 1826 überbracht wurde, traf sie das Ausmaß der Verletzung unvorbereitet. Die Beurteilung von Raffles' Forderungen fiel verheerend aus. Statt Guthaben oder Pensionsgelder zu gewähren, wurden dem einstigen Gouverneur hohe

Schulden vorgerechnet, die er der *Company* umgehend zurückzahlen sollte. Insgesamt hatte er für frühere, nach Meinung des Direktoriums nicht genehmigte Ausgaben aus der Zeit seiner verschiedenen Verwaltungsposten den Betrag von 22272 Pfund auszugleichen, fünf Prozent Zins miteingerechnet. Das waren zweitausend Pfund mehr, als das Anwesen *Highwood Hill* gekostet hatte. Zu allem erlittenen Elend gesellte sich jetzt der drohende finanzielle Ruin.

Raffles mit seinem Dickschädel und seinem Ehrgeiz entsprach bestimmt nicht dem Bild des London genehmen Kolonialbeamten. Das finanzielle Verdammungsurteil, gesprochen von den Vorgesetzten, scheint dennoch unverhältnismäßig. Wie reagierte der Gedemütigte auf das Verdikt? Raffles antwortete dem Direktorium in einem umfangreichen Verteidigungsschreiben. Auf jede einzelne Geldforderung geht er ein und sucht die Ausgaben zu rechtfertigen. Ohne Erfolg, die *Company* blieb unnachgiebig.

Einer der Abschnitte in Raffles' weitschweifigem Schriftstück lohnt das Zitat. Sein Inhalt betrifft indirekt Sophia und bestätigt Sir Stamfords hemmungslose Egozentrik, wenn er mit dem Kopf durch die Wand persönliche Ziele verfolgte. Die Rede ist von seiner unrühmlichen Amtsenthebung als Gouverneur von Java und dem nachfolgenden, finanziell aufwendigen Heimaturlaub, dessen Kosten im nachhinein von der Londoner Zentrale nicht voll übernommen wurden. Raffles' Einwand gegen die Kürzung lautet wörtlich: »Hätte man mir damals erlaubt, im Amt zu bleiben bis zur Übergabe der Insel an die Holländer, und dann ermöglicht, direkt von Java aus nach Bengkulu zu gehen – mir wäre erspart geblieben, zwei der wichtigsten Jahre meines Lebens in England zu verlieren.«

Einmal abgesehen vom kläglichen Versuch, die javanischen Fehlleistungen und den erzwungenen Abgang von der Insel aus zehnjähriger Distanz zu beschönigen, hat Raffles während der bejammerten verlorenen Zeit immerhin Sophia kennengelernt und geheiratet. Ohne ihre Unterstützung hätte er den trostlosen Posten in Südwestsumatra nie durchgehalten. Gemeinsam mit seiner zweiten Frau hat er seine wissenschaftlichen Interessen verfolgt, ganz zu schweigen von ihrer planerischen Hilfe bei der Gründung von Singapur. Ihren *Memoiren* verdankt Raffles den Platz in der Nachwelt und ihrer unerschütterlichen Loyalität sogar noch die Marmorstatue in der *Westminster Abbey*. Die Demütigung durch den zitierten Rechtfertigungsversuch für die Geldverschwendung im Heimaturlaub scheint Sophia klaglos ertragen zu haben.

SOPHIAS SCHWERSTER VERLUST

Ende Mai 1826 entrann die Familie dem ermüdenden und ungeordneten Leben in der Stadt und zog wieder aufs Land, nach *Highwood Hill*. Am 15. Juni schreibt Raffles seinem Vetter: »Wir leiden ein wenig unter der Hitze, aber dafür können wir bereits in dieser Woche mit der Heuernte beginnen und beklagen uns nicht. *Highwood* zeigt sich von der besten Seite.« Knapp drei Wochen später, am 5. Juli morgens um sechs, fand Sophia ihren Mann tot am Fuß der Treppe. In Travers' Tagebuch ist das Sterben exakt referiert: »Der arme Kerl stand um fünf auf und war um sechs bereits ein Leichnam. Er wurde auf der Treppe sitzend gefunden, nachdem das Leben bereits aus ihm entflohen war. Der Arzt Sir Everard Home, ihm sehr verbunden, kam sofort nach *Highwood*, und unter seiner Aufsicht wurde der Körper geöffnet. Homes Obduktionsbericht beweist, wie wenig man sich auf die Diagnosen der besten Mediziner verlassen kann. Während Jahren habe ich die Leiden meines Freunds miterlebt, und wenn immer man einen Arzt rief, ob in Indien oder in Europa, keiner nahm die Schmerzen im Kopf ernst. Immer suchte man den Krankheitsherd im Magen oder in der Leber. Nach der Autopsie weiß man nun, daß Magen und Leber in jeder Hinsicht gesund waren, während der Grund des Leidens im Kopf gefunden wurde. Wäre Raffles nicht gestorben, er hätte mit bald einsetzender Verblödung rechnen müssen, eine Tatsache, die uns Freunde mit seinem frühen Tod versöhnte. Er war schließlich erst 45 Jahre alt.«

Nach heutigen medizinischen Erkenntnissen litt Raffles an einem angeborenen Aneurysma, das heißt: der Ausweitung eines arteriellen Gefäßes im Hirn, das dem Druck nicht standhält und schließlich durchbricht. Für diese Beurteilung spricht auch der von Home entdeckte Befund, daß der hintere, rechte Teil des Stirnbeins doppelt so dick war wie der linke. Der Knochen hatte sich im Lauf der Zeit unter dem Druck des erweiterten Gefäßes verstärkt.

Sophia trauert:

Die zwei Jahre, die Sir Stamford in England verbrachte, waren rasch vorbei, denn wer beachtet schon die Tage des Glücks? Es war stets seine Hoffnung, daß er genug gelitten habe und seine Seele dadurch gereinigt sei. Er darf nun in aller Bescheidenheit erwarten, daß ihm die vielen Plagen, die er zeitlebens erdulden mußte, die Gnade Gottes sichern. Sie bereiteten ihn vor auf eine Welt, wo es keinen Kummer und kein Seufzen mehr gibt. [...] Der Tod hat zugeschlagen, das Silberseil am Rad ist zerrissen. Bis zuletzt hat er seine Fröhlichkeit, den heiteren Geist und die Warmherzigkeit bewahrt. Seine Phantasie war gegen Ende reicher denn je, obwohl er die Hoffnung in dieser Welt aufgeben mußte. Er gab sich mit dem Augenblick zufrieden und betete jeweils für dessen Fortsetzung. Daß diese Gebete nicht erhört wurden, war letztlich sein Gewinn. Bis zum Ende ging er gewöhnlichen Vergnügungen aus dem Weg. Der Genuß, Freunde zu sehen, von denen er lange getrennt war, der Reiz gesellschaftlichen Lebens, das Interesse an Literatur und Wissenschaft, die Besserstellung des Menschen und – über allem – die Wohltat des Familienlebens, das alles zusammen beschäftigte seinen Geist. Sein Herz war voll Zufriedenheit. Und endlich konnte er sich hier zur Ruhe setzen, wie er sich dies lange schon gewünscht hatte. Mitten in all den weltlichen Kostbarkeiten, im Schoß der Familie und nach einem bewegten Leben wurde er unerwartet vor den Thron Gottes gerufen, am Tag vor der Vollendung seines 45. Jahrs.

Kirche und Friedhof von Hendon liegen wenig außerhalb des langgestreckten Orts in einsamer Stille. Rechts vor dem Tor, das zu den Gräbern führt, steht das winzige, strohbedeckte Haus des Küsters. Auch nach mehrfachem Bimmeln der Hausglocke meldet sich niemand. Links neben dem eckig-gedrungenen Kirchturm ein hübsches Backsteinhaus, das Lokalmuseum. »Geschlossen« steht an der Tür. Hinten im Garten eine offene Tür. Sie führt zum Waschraum, wo der junge Kurator gerade dabei ist, Kinderkleider zum Trocknen an die Leine zu hängen. Auf die Frage nach Raffles' Grab seine Antwort: »Das ist eine ganz und gar unerfreuliche Geschichte.« Er holt einen abgegriffenen Band aus den achtziger Jahren des letzten Jahrhunderts. Dort drin steht, warum es Raffles verwehrt wurde, auf dem Friedhof von Hendon seine letzte Ruhe zu finden. Der Grund hört sich grotesk an: Der damalige Pfarrer von Hendon war schlecht zu sprechen sowohl auf Raffles wie auch auf dessen Nachbarn auf *Highwood Hill*, William Wilberforce. Beide, vor allem aber Wilberforce, hatten sich aktiv engagiert im Kampf gegen den Sklavenhandel. Der Geistliche, Besitzer ausgedehnter Plantagen in Westindien, sah keinen Grund, dort auf seine billigen Arbeitskräfte zu verzichten, und betrachtete deshalb Raffles und Wilberforce als Bedrohung. Wie es der Kirchenmann allerdings zuwege brachte, Raffles vom Friedhof zu verbannen, weiß niemand mehr. Sicher ist, daß der Pfarrer zu seinen Lebzeiten im Gotteshaus nicht einmal eine Erinnerungstafel für den berühmten Überseebürger gestattete. Diese wurde erst 1887 von der Familie im Kirchenschiff angebracht. Wo aber lagen Raffles' Gebeine? Der Kurator verweist auf Wurtzburgs Raffles-Biographie. Dort ist erwähnt, daß anläßlich einer 1914 durchgeführten Kirchenrenovation im Kellergewölbe unter dem Hauptraum ein Sarg entdeckt wurde. Er trug Raffles' Namen. Nach der Restaurierung sind die sterblichen Überreste des Gründers von Singapur offenbar im wieder versiegelten Gewölbe verblieben.

Totenehrung

Raffles war kaum tot, als sich die *Company* an William Hull, Sophias Bruder, wandte mit der Forderung nach einer Aufstellung aller vorhandenen Vermögenswerte der Schwester zum Zweck der Schuldeintreibung. Hulls sprachlich schwerfällige Antwort wirft ungewollt auch ein Licht auf die Lebensart des Ehepaars Raffles. Zuerst beziffert William Sophias anstehende Rechnungen auf 6000 Pfund – anders als die *Company*, die dafür nur gerade 1700 Pfund eingesetzt hatte. Dem Direktorium möge die Summe vielleicht hoch vorkommen, meint Hull, aber zu bedenken sei, daß zwei Häuser möbliert werden mußten, und zwar handle es sich um sehr schönes Mobiliar. Dann seien Kaleschen vorhanden – »und ich spreche im Plural«, so Hull wörtlich – ausgestattet mit edlen Tropenhölzern. Aus demselben Material wurden Stühle und Tische von ungewöhnlicher Größe gefertigt sowie Tiere teuer ausgestopft und montiert. Nicht zu vergessen die hohen Kosten für die Beerdigung, die noch nicht einmal bis ins Detail vorgelegt werden könnten. Hull erklärt in zornigem Ton, daß Sophia nichts unternommen habe, die Zahlen zu schönen. Die *Company* müsse sich nun gedulden, denn die Schwester brauche Zeit, *Highwood Hill* zu verkaufen, um danach die Schulden zu zahlen. – Trotz dieser Verpflichtungen scheint die finanzielle Lage der Witwe allerdings nie hoffnungslos gewesen zu sein, wie ihre späteren Lebensumstände zeigen.

Sophia schrieb ihrerseits an den Vorsitzenden des Direktoriums: »Natürlich bin ich darum besorgt, die an Sir Stamford Raffles gestellten Forderungen sobald als möglich in Ordnung zu bringen. Nachdem Ihre Ansprüche auf meinen Besitz offengelegt sind, Sir, möchte ich Ihnen nach Darlegung meiner Vermögensverhältnisse kundtun, daß ich nicht imstande bin, mehr als 10 000 Pfund zu übernehmen. Deshalb offeriere ich der *Company* 6000 Pfund, die jetzt noch in Bengal liegen, zusammen mit indischen Wertpapieren, die 2450 Pfund ausmachen sowie englischen Staatsanleihen für 1150 Pfund. Es bleibt somit ein Rest von 500 bis 600 Pfund übrig, den ich nach Erhalt der ersten Erträge begleichen werde. Ich entschuldige mich, wenn ich Ihre Güte über die Maßen beanspruchen sollte, aber ich hoffe, daß dadurch die Sache bald beendigt sein wird.« Das Direktorium akzeptierte Sophias Vorschlag der reduzierten Rückzahlung, ein gegenseitiges Übereinkommen wurde aufgesetzt und unterzeichnet, und damit war die häßliche Sache erledigt.

MEMOIREN ALS REBELLION

Keineswegs erloschen war Sophias Zorn auf die *East India Company*, deren beleidigendes Verhalten sie für den frühen Tod von Raffles mitverantwortlich machte. Sie sann auf Vergeltung und plante ihre Gegenwehr in sublimer Form: Sie stellte die Politik der *Company* an den Pranger. Der Entschluß, das Leben ihres Mannes zu dokumentieren, stand in engem Zusammenhang mit dem Wunsch, die *Company* öffentlich anzuklagen.

Nur neun Jahre lang hatte Sophias Ehe gedauert. Während dieser Zeit mußte sie alle Anfeindungen mittragen, denen ihr

Mann ausgesetzt war. Sie ging auf ihre Weise mit berechtigten Vorwürfen und verleumderischen Attacken um. Ohne Raffles je in Frage zu stellen, war sie dennoch vertraut mit den schillernden Facetten seines Wesens, mit seiner Maßlosigkeit und Eitelkeit ebenso wie mit seiner mitreißenden Energie, dank der er einige seiner hochgesteckten Ziele tatsächlich erreichte. Sie kannte seine schwärmerische Begeisterung und die kurz darauf folgenden depressiven Zustände. Von Beginn an sagte sie uneingeschränkt ja zu Raffles. Dies nicht allein deshalb, weil ihr – wie die Briefe der Ledigen beweisen – die völlige Hingabe an den Ehemann prinzipiell selbstverständlich schien. Ihre vorbehaltlose Solidarität könnte auch als Dankbarkeit interpretiert werden, daß er sie, spät für die Gepflogenheiten der damaligen Zeit, aus dem Einerlei Cheltenhams und dem Eingesperrtsein im Familienverband herausgeführt hatte. Zuerst in die gleißende Gesellschaftswelt Londons, die ihr ganz offensichtlich zusagte, dann nach Sumatra und Singapur, wo sie ihre intellektuellen Fähigkeiten, ihre Freude am Abenteuer und auch ihre Lust aufs Wagnis entdeckte. Gemeinsam durchlebten sie das Gedeihen ihrer fünf Kinder und die zersetzende Trauer nach vier grausamen Todesfällen. Sophia durchlitt die in ihre neun Ehejahre verpackten Katastrophen ohne Klage.

Mit der Rücksichtslosigkeit und kleinlichen Rachsucht von Raffles' Vorgesetzten war nun aber ihre Schmerzgrenze überschritten, sie holte zum Gegenschlag aus. Jetzt, nach Raffles' Tod, wollte sie seine Rehabilitation um jeden Preis. Sie entschied sich, die Wegstrecken seiner kolonialen Karriere nachzuzeichnen zum Zweck der Glorifizierung einer ungewöhnlichen Existenz sowie der Demütigung seiner Widersacher. Sie bewies einmal mehr, daß sie aus unvorstellbarer Niedergeschlagenheit hoch aufgerichtet herauszutreten die Kraft hatte.

DEMONTAGE DER COMPANY

In ungewohnt heftigem Ton gelingt ihr die Demontage der *Company* in den Schlußpassagen der *Memoiren.* Dort versucht sie, Raffles' koloniale Verwaltungsentscheidungen, die er oft gegen die Londoner Befehle durchsetzte, in hellstes Licht zu rükken. Mit ihrer Verteidigung seiner Gouverneurstätigkeit gelang ihr gleichzeitig die knappe Skizzierung der Vorstellung, wie Kolonien seiner Meinung nach zu bewirtschaften seien, und gibt ein Bild von Sir Stamfords Gedanken über gewinnbringenden Überseebesitz. Daß die *Company* den Kolonisierten ihre Gesetze aufzwang, störte Raffles zwar nie. Daß das Direktorium jedoch von der Londoner Zentrale aus gleichzeitig den gesamten Handel zu kontrollieren trachtete und zudem in Ostindien als Legislative wie auch als Exekutive auftrat, sah er als gefährliche Machtbündelung, als Beschränkung privater Initiative und damit als Schmälerung des individuellen kaufmännischen Handlungsspielraums. Hatte die *Company* bei der Gründung anno 1600 noch ausschließlich die einigermaßen gewaltlose Kontrolle des gewinnversprechenden Gewürzmarkts im Visier, sah sich die Organisation bald veranlaßt, ihre Ziele mit eigenen Truppen und selbsternannter Regierungsgewalt zu erzwingen. Die Handelsgesellschaft wurde gleichsam zum Staat, der auch den Handel für sich pachten wollte und freies Unternehmertum gängelte. Als Verfechter eben des freien Handels wandte sich Raffles gegen den stets wachsenden Londoner Dirigismus. Er war der Meinung, die Zentrale solle sich in erster Linie um handelserleichternde Gesetze und deren Durchsetzung vor Ort kümmern, und als ihr Entgelt seien gewinnbringende Steuern einzutreiben. Sophia erläutert Raffles' Ideen:

Während meiner ganzen Erzählung muß klar geworden sein, daß Sir Stamford vom ersten Moment seiner offiziellen

Tätigkeit an sowie vorgängig und während der Javaexpedition gezwungen war, in eigener Verantwortung zu handeln. Es gibt nur wenige Beispiele, wo seine Vorgesetzten ihm die Gefälligkeit erwiesen, die von ihm verfolgten Ziele im selben Licht zu sehen wie er. Mangels Vorschriften aus London, die er zwar stets wieder inständig und erfolglos erbat, oder wegen des Ausbleibens von Antworten auf seine häufigen Anfragen mußte er, den Verlauf der Geschehnisse beobachtend und abwägend, notgedrungen selbst entscheiden. Und wenn schließlich während seiner Administration der Insel Java und später Bencoolens wie auch anläßlich der wichtigen Gründung Singapurs die Direktoren sich doch noch einmischten, dann nur, um Widerstand anzumelden und andere als die getroffenen Maßnahmen durchzusetzen. Meist war es jedoch wegen ihrer selbstverschuldeten Verzögerungen zu spät, den Vorschlägen noch Folge zu leisten. Mag sein, daß ihre Handlungsweisen eher einer Unkenntnis der Fakten zuzuschreiben sind als der Absicht, jenen Menschen ungerecht und harsch zu behandeln, dessen Leistungen und Verdienste von vielen des Direktoriums ohne Zweifel geschätzt wurden. […]

Während der zweiten Periode von Sir Stamfords Dienst im Osten, seiner Gouverneurszeit in Bencoolen, war er in einer ähnlich mißlichen Lage. Jede Tat, die seinem Land generell zu nützen versprach und außerdem die Interessen der ihm direkt Untergebenen förderte, paßte nicht ins Schema der Monopolprinzipien, auf denen die *East India Company* ihre Politik aufgebaut hatte.

Sir Stamford war der festen Überzeugung, daß während der Frühzeit unserer Kontakte zu Indien die Zusammenarbeit von Händler und Gesetzgeber [gemeint sind die von der *East India Company* festgeschriebenen Gesetze] ohne Verletzung der Interessen unseres Landes durchaus möglich war. Aber es sei eine kurzsichtige Politik gewesen, daß die *Company* zunehmend Widerstreben zeigte, die wachsende Konkurrenz [im Handelsbereich] anzuerkennen und vormals ihr allein gehörende Gewinne auch zu teilen. Die *Company* sollte den Privathändler nicht konkurrenzieren. Deshalb würde es ihr zu Ehre und Vorteil gereichen, wenn sie sich auf diesem Feld zurückzöge und ihren Auftrag beschränkte auf Gesetzgebung und Regierung. Dadurch könnte sie den Handel generell fördern und alle Hindernisse beseitigen, die sich dem Geschäft in den Weg stellen. Die Einkünfte ließen sich real vergrößern, und der Unterstützung der Öffentlichkeit wäre die *Company* gewiß.

Sir Stamford, als Diener der *Company*, war natürlich verpflichtet, ihre merkwürdigen Firmeninteressen zu unterstützen. Aber er blickte weiter als nur gerade auf den Profit, der ihr aus dem Handel zukam. Er wußte genau, daß keine Regierung florieren kann ohne gleichzeitige Besserstellung der Regierten. Daß die *Company* die Früchte von Sir Stamford nicht zu ernten bereit war, kann ihm wahrlich nicht vorgeworfen werden.

Das *Memoiren*-Projekt stellte Sophia vor eine schwer zu lösende Aufgabe. Dies schon deshalb, weil sie Raffles' Leben nur zum Teil aus eigener Anschauung kannte. Über seine ersten und entscheidenden zehn Jahre in Südostasien, über die Aufenthalte in Penang, Malakka und Java, war sie einzig aus zweiter Hand orientiert und, nach ihrer profunden Kenntnis zu schließen, nur dank umfangreicher Rückfragen und Quellenstudien imstand, den Ereignissen gerecht zu werden. Daß sie dabei Raffles' erste Frau nicht erwähnt, ist unschön. In einem ihrer Briefe vor der Heirat an die künftige Schwägerin Mary Anne Flint ließe sich allenfalls ein Grund für die Mißachtung finden: »Wäre ich eine

Ehefrau, ich könnte nie versprechen, nicht eifersüchtig zu sein. Vielleicht bist du so gut und teilst mir mit, ob es denn möglich ist, einen Mann über alles zu lieben, so wie man einen Ehemann eben lieben muß, ohne das Gefühl der Zähigkeit und Beharrlichkeit.« – Mit Beharrlichkeit formte Sophia ihren Ehemann zum Vorbild des britischen Pioniers und stellte ihn als untadeligen kolonialen Sachwalter aufs Podest. Alles, was diesem Ruf abträglich war, ließ sie unerwähnt. So wohl auch Olivia Mariamne.

Die zweite Etappe von Raffles' Berufsleben begann in England nach seiner Gouverneurszeit in Java, und von da an war Sophia mit dabei. Für die Dokumentation der Jahre 1817–1824 stellte sich jedoch erneut ein Hindernis in den Weg: Alle Papiere mitsamt den Briefen, Zeichnungen, Karten waren im Feuer der *Fame* verbrannt. Travers, der treue Freund, notiert im Januar 1828 in seinem Tagebuch: »Lady Raffles schrieb mir Anfang des Monats einen liebenswürdigen Brief und teilte mir ihre Absicht mit, das Leben von Sir Stamford zu publizieren. Sie ersuchte mich, sie mit all meiner Kraft zu unterstützen, was ich gerne tat. Und so begann ich, meine Erinnerungen an den beklagenswerten Freund zu skizzieren von der Zeit an, als wir uns in Penang kennenlernten, bis zu unseren respektiven Heiraten in England. Es war eine schwer zu bewältigende Anforderung, weil ich nicht recht wußte, was von meiner Kenntnis der Person ich beim Schreiben für einen andern betonen und was ich auslassen sollte. Hätte ich Raffles' Charakter für mich selbst skizzieren müssen, wäre die Sache einfacher gewesen. Aber ich war zufrieden, daß ich etwas beitragen konnte zu einem Werk, das mich sehr interessiert. Die Erinnerungen an einen solchen Menschen sind es wert, aufgezeichnet zu werden.« Später im Jahr war Travers dann Gast bei Sophia in *Highwood Hill* und gab ihr Ratschläge für die Dokumentation.

Sophia Raffles hatte sich in den Kopf gesetzt, erstmals in der Geschichte der *East India Company* die verschiedenen Aktionsebenen des britischen Handelsimperiums zu durchleuchten. Sie hat die Struktur des mächtigen Konzerns offengelegt, und zwar aus der Sicht von verschiedensten Akteuren in grundverschiedenen Positionen. Mit dieser Methode gelang es ihr, Organisation, Geschäftsprinzipien und Unternehmenskultur der halbglobal operierenden Gesellschaft von der Basis bis zur Spitze aufzuzeigen. Es gelang ihr außerdem – unbeabsichtigt – die Darstellung der Verhaltensmuster kolonialer Spitzenbeamter sowohl im Umgang miteinander als auch mit ihren eingeborenen Untergebenen. Als weiteres Verdienst hat sie ihren Lesern die Existenz sumatranischer Menschen zur Kenntnis gebracht und als erste aus eigener Anschauung über die Minangkabau im Bergland Zentralsumatras oder über das Brauchtum der Bewohner auf der Pasehmah-Hochebene im südlichen Teil der Insel berichtet. Diese Informationen sind seltene Zeugnisse über frühe Begegnungen von Europäern mit der alteingesessenen Bevölkerung.

Sophias Buch erschien in erster Auflage 1830 beim Verlag John Murray in London. Die Druckkosten mußte sie selbst tragen. In der Einleitung teilt sie Absicht und Ziel der beiden Bände mit:

Die hier folgenden *Memoiren* von Sir Stamford Raffles sollen in groben Umrissen das öffentliche Leben eines Mannes nachzeichnen, der an Posten mit nicht alltäglicher Verantwortung geschickt wurde und diese mit nicht alltäglicher Festigkeit, Talent und Erfolg meisterte. Seine Anstrengungen, die Ehre dieses Landes, das Glück der ihm unterstellten Menschen und letztlich den Nutzen seiner Arbeitgeber zu mehren, können nur gebührend gewürdigt werden in Kenntnis der eigenartigen Schwierigkeiten, gegen die er ankämpfen mußte. Diese Schwierigkeiten können nicht einzeln dargestellt werden, ohne auch über Individuen nachzudenken, von denen viele bereits gestorben sind. In diesem Zusammenhang hat die »Herausgeberin« einige Umstände ausgelassen, die seine Gedanken und seine Grundsätze ernstlich zerstört haben, andere hat sie nur gerade gestreift. Den Mühen und Sorgen seiner öffentlichen Pflichten opferte er am Ende sein Leben.

Der Verlust aller Papiere, mit denen er nach seiner letzten Regierungszeit in die Heimat zurückkehren wollte und die anläßlich des schrecklichen Schiffsbrands zerstört worden waren, fügte sich zu den übrigen Schwierigkeiten, Genaues über sein offizielles Leben aufzuzeichnen. Wegen dieses Schiffsbruchs fiel die Autorenaufgabe schließlich der »Herausgeberin« zu, die diesen Dienst gerne dem viel Fähigeren überlassen hätte. [...] Sie hatte aber das Glück, während seiner letzten Administration in Indien beinahe alle beschriebenen Szenen miterlebt zu haben und auch vertraut zu sein mit den früheren Ereignissen.

Pflichtgefühl gegenüber ihrem Mann war die erste Erwägung der »Herausgeberin«. Und wenn sie – einige Dinge beim Namen nennend – den Anschein erweckt, öffentliche Autoritäten zu rügen, dann nur, um seinen Charakter zu rechtfertigen und zu stützen. Es sollte evident sein, daß sie sich bemühte, jenes wenn immer möglich zu vermeiden. [...]

Die »Herausgeberin« möchte nicht schließen, ohne ihrer Hoffnung Ausdruck zu geben, daß die Motive, die sie dazu führten, die *Memoiren* zusammenzustellen (vor allem der Wunsch, dem Gedächtnis ihres Mannes Gerechtigkeit widerfahren zu lassen sowie die Möglichkeit, beizutragen zur Information der Öffentlichkeit über wichtige nationale

Themen), den Versuch rechtfertigen und ihr jene Nachsicht garantieren, derer sie so sehr bedarf.

Die Publikation fand wohlwollende Aufnahme bei Presse und Publikum. Einzig der verbitterte Rivale Farquhar schrieb einen geharnischten Brief an den *London Courier* und meldete, daß die Gründung Singapurs ihm selbst und nicht Raffles zu verdanken sei. Sonst allseitiges Lob für Sophias Buch. Diese Genugtuung reichte ihr aber noch nicht. Sie suchte nach weiteren Möglichkeiten, ihrem Helden Unsterblichkeit zu verschaffen, und bestellte als Krönung der Verehrung noch im Erscheinungsjahr der *Memoiren* ein marmornes Bildnis des Ehemanns – für 1500 Pfund, die Quittung ist erhalten. Dank guter Beziehungen des Bildhauers gelang es Sophia, das Werk in der Berühmtengalerie der Westminster Abbey zu plazieren.

Besucherscharen aus aller Welt ziehen heute an Sir Stamford Raffles vorbei, meist ohne einen Blick auf den sitzenden Mann mit sinnend auf die Hand gestütztem Kopf zu werfen, geschweige denn die Inschrift auf dem Sockel zu lesen, die Sophia verfaßt und in Stein gehauen der Nachwelt überliefert hat. Ihr Stolz auf den Toten kannte keine Grenzen:

> SIR THOMAS STAMFORD RAFFLES, [...] SELECTED AT AN EARLY AGE TO CONDUCT THE GOVERNMENT OF THE BRITISH CONQUESTS IN THE INDIAN OCEAN BY WISDOM, VIGOR AND PHILANTHROPY. HE RAISED JAVA TO HAPPINESS AND PROSPERITY UNKNOWN UNDER FORMER RULERS. [...] HE SECURED TO THE BRITISH FLAG THE MARITIME FREEDOM OF THE EASTERN SEAS. ARDENTLY ATTACHED TO SCIENCE HE LABOURED SUCCESSFULLY TO ADD TO THE KNOWLEDGE AND ENRICH THE MUSEUMS OF HIS NATIVE LAND. IN PROMOTING THE WELFARE OF THE

PEOPLE COMMITTED TO HIS CHARGE HE SOUGHT THE GOOD OF HIS COUNTRY AND THE GLORY OF GOD.

Sir Thomas Raffles […] wurde schon in jungen Jahren ausersehen, die Regierungsgeschäfte der britischen Eroberungen im Indischen Ozean mit Weisheit, Kraft und Menschenliebe zu leiten. Er führte Java zu Glück und Blüte, unbekannt unter früheren Beherrschern. […] Er sicherte der britischen Flagge die Freiheit in den Gewässern der östlichen Meere. Leidenschaftlich der Wissenschaft verpflichtet, mühte er sich mit Erfolg, die Kenntnis zu mehren und die Museen seiner Heimat zu bereichern. Indem er das Wohlergehen förderte für die ihm anvertrauten Menschen, suchte er das Gute für sein Land und die Ehre Gottes.

Detektivarbeit

Sophia Raffles, ihre Tochter Ella und der Neffe Charles verschwanden buchstäblich von der Bildfläche, nachdem die Witwe Sir Stamford mit Gedenkbuch und Statue unsterblich gemacht hatte. Die Suche nach Hinweisen, wo und wie sie ihr Leben weiterführten, nach Unterlagen aus dem Familien- oder Freundeskreis erwies sich als verzwickt. Gesichert war einzig, daß Sophia ihren Sitz *Highwood Hill* nicht etwa verkauft, sondern vorerst vermietet hatte und mit den Kindern auf den Kontinent gegangen war. Aber in welches Land? John Bastin, Historiker und Verfasser der erwähnten Skizze über Sophias Ehe, nennt als Ziel die Schweiz und spricht von Genf als der Stadt, die ihr immer gefallen habe. Genf war seit den napoleonischen Kriegen beliebter Zufluchtsort betuchter Engländer. Dort konnte sich die Witwe passenden Umgang erhoffen. Die *British Library* gibt via *online-link* kärglichste Nachricht über Sophia. Nach Sir Stamfords Ableben findet sie noch als Schuldnerin der *Company* Erwähnung, und ihr Sterbedatum ist vermerkt. Sie hat nach Raffles' Tod aber noch 32 Jahre lang gelebt. Wie und wo hat sie dieses Leben verbracht?

Im Lesesaal des Genfer Staatsarchivs liegen vier dicke Bände bereit. Es sind die Akten der Fremdenpolizei aus den Jahren 1830–1835. Jede Ankunft in der Republik Genf ist säuberlich erfaßt. Der Name *Raffles Mylady* erscheint viermal: 1831, 1832 und zweimal 1833. Die kurzen Notizen besagen, daß ihr nach Hinterlegung des Passes die Aufenthaltsgenehmigung erteilt wurde. Einmal kam sie von Mailand her nach Genf, einmal von Bern, zwei der Eintragungen geben keinen Herkunftsort an. Als Sophias Begleitung ist entweder ihre Tochter oder einfach ihre Gefolgschaft, »*sa suite*«, genannt. Wer diese Personen waren, wie lange die Lady jeweils blieb, steht nicht vermerkt.

Da taucht 1833 unverhofft und aus unerwarteter Ecke Hilfe auf, nämlich aus Rom. Ein Brief aus der Vatikanstadt mit dem Datum 5. März 1833 löst das Rätsel der abhanden gekommenen Sophia wenigstens ansatzweise:

»Dieser Winter hat uns viel gesellschaftliches Vergnügen gebracht. Lady Raffles, die Witwe des Gouverneurs von Java, gehört zu unseren neuen Bekannten. Sie ist nicht eine von jenen vielen, die man kurz sieht und dann sofort wieder vergißt. Der Eindruck, den ihr Wesen, ihre Haltung und ihre Gespräche hinterlassen, lassen uns sicher sein oder vermuten, wie gut und richtig alles ist, was man ihr zuschreibt. Sie brachte uns einen Brief mit von Mme. de Staël, die sie in Genf lange und gut kannte. Sie hat ein Kind, ein Mädchen von zwölf Jahren, der Überrest einer großen Familie, die in Java dem Klima zum Opfer fiel.«

Absenderin der Meldung ist die gebürtige Engländerin Frances Waddington, verheiratet mit dem preußischen Legationsrat beim Heiligen Stuhl, Freiherrn Carl Josias von Bunsen. Die Mitteilung der Freifrau von Bunsen ist in zweifacher Hinsicht aufschlußreich: einmal als Hinweis auf Sophias Verbleib, dann als Indiz, daß sie ihre Kolonialerfahrung im nachhinein nach Java verlegte, wohl weil die Insel vom Prestige her den besseren

Hintergrund abgab als Bengkulu, der niemandem bekannte Ort am Rand der Welt.

FUND IM BERLINER GEHEIMEN STAATSARCHIV

Wie Frances von Bunsen mitteilt, hat die Schwiegertochter der berühmten Literatin Germaine de Staël, die Genferin Adelaïde de Staël-Vernet, die Römer Begegnung veranlaßt. Auf beiden Seiten wurde die neue Bekanntschaft sichtlich begrüßt. Alle drei, Sophia und die beiden Bunsen, empfanden Zuneigung auf den ersten Blick, und es entstand eine Nähe, die nicht nur über Jahre dauern sollte, sondern für Sophia die einzige freundschaftliche Wärme ihres späteren Lebens war. In Tagebuchnotizen und Briefen der Bunsens an ihre zahlreiche Familie finden sich regelmäßig Hinweise auf die enge Bindung zu Sophia. Der kritische Carl von Bunsen war beeindruckt von »Lady Raffles' umfassender Intelligenz«. Frances von Bunsen überliefert in ihren Berichten wegweisende Nachrichten über Sophias Witwenexistenz. Sie erzählt von gegenseitigen Besuchen, gemeinsamen Reisen und – später dann – von längeren Aufenthalten der Bunsenfamilie bei Sophia in *Highwood Hill*.

Der zentrale Gewinn dieser Freundschaft aus heutiger Sicht ist die Chance, Sophia auch nach dem Tod ihres Mannes noch zu beobachten. So ist ihre zwanghafte Besorgnis, Sir Stamford rechtfertigen und sich selbst verleugnen zu müssen, sogar während der Witwenjahre deutlich wahrnehmbar. Maßgeblich jedoch für die Beurteilung der späteren Lebenszeit der fast unzugänglichen Frau ist etwas ganz anderes, nämlich die Erkenntnis, daß sich Sophias seelische Verfassung mit zunehmendem Alter dramatisch verschlechterte. Sie bezahlte den Preis für ihre jahrelang demonstrativ zur Schau gestellte Unbeugsamkeit. Als sie schließlich auch noch ihr letztes Kind, die Tochter Ella, verlor, sandte sie unüberhörbare Signale tiefer Verzweiflung aus. An

Carl und Frances von Bunsen sind Sophias einzig erhaltene, unverstellte Schreiben gerichtet, Briefe aus den Jahren 1833–1848, die bisher nicht veröffentlicht wurden. Es sind bestürzende Zeugnisse eines Menschen, der nach gehäuften Schlägen nach und nach die Kraft verlor und innerlich zerbrach.

Berlin-Dahlem: *Geheimes Staatsarchiv Preußischer Kulturbesitz.* Dort ist das Familienarchiv des Freiherrn von Bunsen aufbewahrt. Dort lagern auch zwei schmale Bändchen – eines in weinrotes Leinen gebunden – mit der Aufschrift: »Briefe Sophia Raffles«. Vermutlich hat Frances von Bunsen nach Sophias Tod die Schriftstücke zusammengestellt und binden lassen. Sicher ist, daß seitdem niemand mehr daran interessiert war. Das hauchdünne, fleckige Papier ist teilweise gefaltet und mit der Buchmitte vernäht, sodaß die Lektüre ohne Beschädigung der Dokumente einzig aus total verdrehten Blickwinkeln möglich ist. Die Seiten sind eng beschrieben, oft fast unleserlich. Ihr Inhalt erzählt von Sophias schrittweisem Gang ins Dunkel menschlicher Verzweiflung.

Soll oder darf das vertrauliche Material publik gemacht werden? Die berechtigte Frage bejaht sich in diesem Fall. Sophia Raffles steht zu Unrecht im Schatten ihres Mannes. Zudem wurde sie nicht nur von dessen Familie, sondern auch von den Londoner Direktoren der *East India Company* fahrlässig unterschätzt. Unbegreiflich ist die Vernachlässigung, das Totschweigen der kühnen Gouverneursfrau durch die Nachwelt. Fünf Biographen – darunter eine Frau – und eine Vielzahl von Historikern setzten sich seit Ende des 19. Jahrhunderts eingehend mit Raffles' Taten auseinander. Von Sophia ist allenfalls am Rand und meist gönnerhaft herabwürdigend die Rede. Sie wird gelobt für ihre Fleißarbeit, die *Memoiren*, und dafür getadelt, daß sie darin nichts Vertrauliches über sich selbst preisgibt – als ob der

Text nicht durchsetzt wäre mit persönlichsten Informationen. Die *Memoiren* sind zwar als Quelle geschätzt, die Autorin hingegen wird ihrer Zurückhaltung wegen zur Frau ohne Eigenschaften degradiert. Sophia hat aber ein Recht auf Anerkennung ihrer ungewöhnlichen Leistung. Ihr Verdienst als Anspornerin und Beraterin ihres Mannes, als Entdeckerin und Forscherin war mit schwerem Leid bezahlt. Ihre Verbindung mit Raffles bedeutete gleichzeitig auch die Verflechtung mit dem Jammer, den sie mit ihm und durch ihn erlebte, und der schließlich ihr seelisches Dunkel provozierte. Dieses Fazit darf nicht verschwiegen werden.

DAS DIPLOMATENPAAR VON BUNSEN

Christian Carl Josias, Freiherr von Bunsen, vom preußischen König für seine Verdienste geadelt, war eine vielfarbige Gelehrten- und Politikerfigur: Orientalist, Erforscher der isländischen Sprache, theologisch versiert und Diplomat. Als Berliner Gesandter beim Vatikan arbeitete er in jungen Jahren schon in Rom, lernte dort die Engländerin Frances Waddington kennen und heiratete sie 1817. Gewandt auf dem gesellschaftlichen Parkett, beliebt bei der römischen Aristokratie, in Künstler- und Gelehrtenkreisen geschätzt und vertraut mit dem Klerus, führten die Bunsens in der Metropole des alten Kirchenstaats bis 1838 ein Leben im Brennpunkt des kulturellen Geschehens. Ihr Sommerhaus in den Albanerbergen und ihre Winterresidenz auf dem Kapitol waren Treffpunkte der in Rom residierenden oder durchreisenden europäischen Intelligenz. Nach seinem Dienst in Rom war von Bunsen Gesandter Preußens in Bern und später in London.

Sophia, im Winter 1832/33 in Bunsens Kreis aufgenommen, dankt Carl und Frances für den herzlichen Empfang: »Ich kann Ihnen gar nicht sagen, wie stolz ich auf Ihre Freundschaft bin und wie sehr ich auch Ihr gegenseitiges Glück wahrnehme, das eines im andern findet. Ach, es geschieht nicht häufig, daß es denen, die dieses Glück zu genießen wissen, auch gestattet ist, es auf lange Zeit festzuhalten. Möge es für Sie bleiben, so lange es dem Himmlischen Vater gefällt.« Sie fühlte sich offensichtlich wohl im Römer Diplomatenhaushalt, das Wesen des Hausherrn erinnerte sie spontan an Raffles: »Weil ich glaube, daß auch Sie sich für die östliche Literatur interessieren, werden Sie mich gewiß entschuldigen, wenn ich Ihnen das Werk eines Mannes anbiete [gemeint ist Raffles' Buch *History of Java*], der – wäre er nicht in den Kreis der Heiligen gerufen worden – Ihre Gesellschaft bestimmt geschätzt hätte. […] Sie sind der einzige Mensch, den ich kenne, der dieselbe Kombination von Qualität und Fähigkeit besitzt wie er, dessen Bild immer vor mir stehen wird. […] Dieses Gefühl beherrscht mich in Ihrer Gegenwart so stark, daß ich mich gezwungen sehe, Ihnen den einzigen Gegenstand, den ich besitze, darzubringen, um zwei gleichfühlende Geister miteinander bekannt zu machen.«

Als Sophia die Bunsens kennenlernte, war sie rastlos auf Reisen. Mit den beiden Kindern Ella und Charles lebte sie abwechselnd in Genf, Paris und Rom und richtete sich jeweils für längere Zeit in Pensionen oder möblierten Wohnungen ein. Die Vermietung von *Highwood Hill* aus Geldknappheit – wie sie selbst einmal die Heimatferne begründet – reicht jedoch nicht zur Erklärung der raschen Ortswechsel. Wären einzig Spargründe das Motiv zur Aufgabe des Wohnsitzes gewesen, hätte sie bei ihrer eigenen Familie in England Zuflucht gesucht. Die Lebenskosten in den Hauptstädten Europas waren auch damals hoch. Wohl eher floh sie die quälenden Erinnerungen. Doch Flucht aus Rücksicht auf den eigenen Schmerz hätte Sophia nie eingestanden. Daß sie Ellas Erziehung im Ausland den letzten Schliff geben wollte, wie sie den Bunsens mitteilt, schien ihr als Argument vertretbar.

Mädchen, so sagt sie, müßten zwar früh schon zu einem Leben der häuslichen Pflicht erzogen werden, aber die Kenntnis des Geschehens in den kulturellen Zentren sei ebenso wichtig. Um dieses Ziel zu erreichen, bemühte sie sich in den eleganten Metropolen des Kontinents um Nähe zu den Einflußreichen und Wohlgeborenen, ein Umgang, den sie immer schon geschätzt hatte. Was die Entwicklung der Kinder betrifft, lohnte sich das Nomadendasein: »Meinen lieben Begleitern geht es gut, sie haben in jeder Beziehung Fortschritte gemacht. Ich habe allen Grund, ihnen dankbar zu sein, obwohl ich fühle, daß meine Mühe meinen Wünschen hinterherhinkt, alle Gaben zu fördern, die Gott ihnen schenkte, und sie zu echten und gläubigen Dienern des Kreuzes zu machen.« Dann folgt unvermittelt der Nachsatz: »Trotz seiner unermeßlichen Gnade, wie schrecklich kann die Gerechtigkeit Gottes sein!«

Zwei Themen ziehen sich einem roten Faden gleich durch Sophias späte Korrespondenz: ihre Gottesfurcht, die sich im Verlauf der Jahre zu einer fast krankhaft-naiven Gläubigkeit steigert, und die fortschreitende Schwermut. An die Bunsens schreibt sie 1834 nach Rom: »Ich danke meinem himmlischen Vater für das Interesse, das er in Ihnen für mich erweckt hat, es ist ein weiterer Beweis für sein zärtliches Mitgefühl und ein zusätzliches Glied in der Kette der Liebe, die uns Christen bindet und die so lange halten wird, bis Christus wiederkommt und die Geretteten um sich versammelt. Solche Zukunftsversprechen machen unsere Wüstenwelt wie eine Rose erblühen, sogar für ein gebrochenes und tieftrauriges Herz wie meines.«

DIE »KÖNIGIN DES OSTENS« IN HIGHWOOD HILL

Nach vier Jahren kehrte Sophia um 1835 – das genaue Datum ist nicht bekannt – wieder nach *Highwood Hill* zurück. »Ich habe keine Zeit, Dir Lady Raffles in Highwood so, wie ich wünschte, zu beschreiben – es ist die frühere Königin des Ostens mitten unter ihren Reliquien und umgeben von den Überbleibseln ihrer Stellung. Ihre javanischen Musikinstrumente (Messingplatten u. s. w.) besitzen keine Quart oder Septime, sonst aber unsere Scala. Massive Stücke Silbergeschirr zeigen, was aus dem Schiffbruch gerettet wurde. Inmitten ihrer Sammlungen bewegt sie sich königlich, und so einfach, so ernst und so lebhaft, so geistvoll und so voll Güte. Ich fühlte die Wahrheit der schon so oft gemachten Erfahrung, daß man jeden in seinem eigenen Hause sehen sollte.« Dies die Schilderung der Hausfrau in *Highwood Hill* durch Carl von Bunsen nach einem Besuch im Jahr 1838. Die Textstelle bringt erneut eine »Schummelei« Sophias an den Tag: Anläßlich der Schiffskatastrophe vor der Küste Sumatras, wo laut ihrer eigenen Aussage jeder nur gerade mit dem nackten Leben davonkam, wurde mit Sicherheit kein massives Silbergeschirr gerettet. Solche Preziosen hatte Raffles 1816 nach London gebracht, als seine Gouverneurszeit in Java zu Ende war. Raffles hatte während der Regierungszeit auf der Insel nicht nur Silberzeug gesammelt, sondern ebenso altjavanische und chinesische Bronzen, Münzen, Möbel, buddhistische Statuen und ethnographische Gegenstände – ein ganzes Sammelsurium. Seine Schiffsfracht damals wog dreißig Tonnen: »alles östliche Kuriositäten und Schätze in zweihundert riesige Ballen verpackt«, wie Raffles' Vetter 1816 bei der Ankunft in London berichtet.

»Wir verbrachten fünf Tage bei Lady Raffles. Von ihrer Höhe aus blickt sie über grüne Hügel und schöne Baumgruppen auf Waldflächen und Ackerfelder. Sie sind begrenzt durch die Anhöhe, auf der Harrow liegt, dessen Kirchturm sichtbar ist. Wir hatten wunderschönes Wetter, und all die Tage, die wir in ihrer Gesellschaft zubrachten, waren ganz einfach ideal. [...] Ich wollte, Du könntest sehen, mit welcher Würde, Ruhe und Heiterkeit Lady Raffles ihr Haus, den Tagesablauf und die Gespräche beherrscht. Sie vertieft noch den ersten Eindruck, den sie macht. Je mehr ich die Möglichkeit habe, sie von allen Seiten her zu betrachten, desto perfekter ist ihre Wirkung aus Anmut und Würde. Ella ist liebenswürdig und hat einen schönen Kopf.« Dies meldete Frances von Bunsen am 2. Juli 1839 ihrer Mutter.

Nach außen demonstrierte Sophia Disziplin. Hinter der Ruhe und Heiterkeit lauerte die Angst. Seltsam, daß offenbar weder Frances noch Carl von Bunsen sich jemals darum bemühten, die Selbstkontrolle der vertrauten Freundin zu hinterfragen, obwohl doch fast in jedem ihrer Briefe das Wort *anxiety* auftaucht. Sophia fühlt sich erdrückt von der Angst, eingeschnürt durch Beklemmung und hofft, sie werde endlich davon erlöst. Sie beschreibt, wie sie Gott bittet, ihr die Bangnis zu nehmen. Aber: »Ich bemühe mich nach Kräften, Tag für Tag in völliger Abhängigkeit von meinem himmlischen Vater zu leben. Er wird mich dorthin führen, wo er will, daß ich bin, und ich verbiete mir jeden rebellischen Gedanken. Einzig durch Qualen wird unser Glaube gefestigt.« Deutlich spürt sie, zurück in England, auch den Einfluß des düsteren Wetters auf ihr seelisches Befinden: »Während des Winters fühle ich mich komplett auf mich selbst zurückgeworfen. Der äußere Druck der Atmosphäre läßt mich die Last des eigenen Körpers kaum mehr tragen. Ich kenne nichts Schmerzlicheres, als das Gefühl dieses Gewichts, das den besseren Teil meiner selbst blockiert und niederhält.«

Ihre steten Begleiter sind die Toten: »Jetzt, wo ich getrennt bin von denen, die mich mit ihrer Zuneigung und Liebenswürdigkeit fröhlich stimmten und mir seinerzeit die Trennung von meinen Eltern und Geschwistern leicht machten, jetzt ist es mein größtes Vergnügen, für sie zu beten. Ich weiß, daß ich mit ihnen vereint sein werde in der besten aller Welten. Auch wenn die Zeit unsere Leben auseinandergerissen hat, so wird uns die Ewigkeit in der Anwesenheit Gottes mehr zu geben haben, als sich der Mensch je vorstellen kann. […] Unter einem neuen Himmel und auf einer neuen Erde sollen alle Tränen getrocknet werden. Es wird kein Tod mehr sein, und Gott gibt uns Licht und wird immer bei uns bleiben.«

DIE TOCHTER STIRBT

Über die Beziehung der Mutter zu ihrem letzten überlebenden Kind, zur Tochter Ella, geben die Briefe wenig Auskunft. Frances von Bunsen bezeichnet das Mädchen als »ungewöhnlich ernst für ihre Jugend, aber sehr hübsch«. Sophia erwähnt sie selten, einmal kurz 1837: »Meine liebe Ella wird im Mai 16. Nicht nur entwickeln sich ihr Geist und ihr Charakter sehr gut, auch bildet sie sich täglich weiter. Zwar weiß sie, daß Bildung das Werk eines Moments ist und spürt, daß nur religiöses Streben die Mühe eines gesegneten Lebens lohnt.«

Früh im Jahr 1840 verlobte sich Ella als Neunzehnjährige mit dem Pfarrer John Sumner, Sohn des Bischofs von Winchester. Die Verbindung war ohne Zweifel nach Sophias Geschmack, stand doch die künftige Schwiegerfamilie beruflich gleich zweifach im Dienst Gottes. In den Briefen findet sich keine Andeutung von Genugtuung, kein Eingeständnis der Freude. Kurz nach der Verlobung wird Ella unerwartet schwer krank. Jetzt allerdings verbirgt Sophia ihre Gefühle nicht. Angesichts der ihr nur allzu vertrauten Katastrophensituation scheut sie sich nicht, ihre innerste Erregung preiszugeben. Sie schreibt den Freunden am 8. April: »Eben erhielt ich Ihre Worte der Zuneigung. Ich sehnte mich nach Ihrem Mitgefühl und Ihren Gebeten. Ich wache nun schon die siebte Nacht in furchtbarer Angst über meinem letzten Schatz auf Erden, Angst, die nur eine verwitwete Mutter um ihr einziges verbliebenes Kind fühlen kann. Es ist ein bitterer Kummer, den ich nicht vorhersehen konnte und der mich deshalb um so mehr erschüttert. Zwar versichern uns zwei Ärzte, daß sich die schlimmsten Symptome zurückbildeten, aber der Husten ist noch nicht gestillt, und davon hängen Leben oder Tod ab. Ella ist nur noch ein Skelett, und nicht ein Tautropfen ihres früheren blühenden Wesens ist übriggeblieben. Mehr als einmal während dieser Züchtigung dachte ich, daß Gott Liebe ist, und ich weiß, daß er mir wenn immer möglich das Schlimmste ersparen will. Aber falls er diesen Gegenstand meiner zärtlichen Hingabe zu sich nehmen möchte, wie viel glücklicher als je auf Erden wird sie unter den Gesegneten sein. Ich versuche, meine Gedanken auf den Glanz zu richten, der sie erwartet. Aber obwohl mein Geist willig ist, bin ich doch im Fleisch sehr schwach. Mysteriös ist diese Rechtsprechung.«

Ella starb am 5. Mai 1840, einer Mitteilung von Frances von Bunsen zufolge »an den Folgen eines gerissenen Blutgefässes«. Falls die Information korrekt ist, wäre als Todesursache eine vom Vater ererbte Gefäßschwäche denkbar. Realistischer ist die Annahme einer akut ausgebrochenen Tuberkulose. Die genaue Diagnose ist unbekannt. Sophia brachte es nicht über sich, ihren Freunden den Tod persönlich mitzuteilen. Sie bat den Neffen Charles, die Nachricht zu übermitteln. Er schreibt:

»Bevor diese Meldung Sie erreicht, werden Sie die schlimme Botschaft schon gehört haben. Die arme Ella atmete am 5. Mai ein letztes Mal nach dreimonatiger Krankheit, während der sie wenig litt. Letzten Donnerstag trat plötzlich eine Verschlechterung ein, die Krämpfe kamen wieder und machten sie kraftlos. Es war beeindruckend, wie sie wohl hören konnte, daß keine Hoffnung mehr bestand, aber kein Schatten ging über ihr liebliches Antlitz. Alles war still in ihr und außerhalb von ihr. Sie sprach nicht viel während der Krankheit, aber ihre letzten Worte bewiesen ein zärtliches Erbarmen für die zurückbleibende Mutter: ›Mutter, Mutter, wo ist sie denn?‹ In welch furchtbarer Situation befindet sich nun meine liebe Tante! Alle ihre Kinder hat sie verloren, und es bleibt nichts mehr, sie an diese Welt zu binden. Ihr einziges Vergnügen ist, neben dem Sarg zu sitzen. Aber das wird morgen ein Ende haben, wenn wir Ellas Körper, diesem lieblichen Tabernakel, das auf Erden ihren Geist umfing, die letzte Ehre erweisen. Wenn ich auf meine Tante blicke, wie sie neben dem Sarg sitzt und weint, so ist diese Szene marternd und herzerweichend bis zum Extrem.«

Einen Monat später erst meldete sich Sophia selbst zu Wort: »Was soll ich Ihnen sagen? Wie soll ich ausdrücken, was für ein armes verlassenes Ding ich bin? Die letzte Saite im Akkord der Liebe ist gerissen, und ich bin übriggeblieben, allein in einer Welt zu wandern, die mich nicht mehr interessiert. Während noch ein Wesen da war, zu dessen Glück ich beitragen konnte, hatte das Leben einigen Wert. Aber jetzt sind alle Energien, die ich auf mein schönes Kind bündelte, nutzlos und wertlos geworden. Gott liebte sie so sehr, daß er sie zu sich nahm. Es hilft mir, die Mutter von Heiligen und Engeln zu sein und einen Gott und Erlöser zu haben, der mit mir und für mich weint. Aber dazu mußte ich mich dieser dunklen und mysteriösen Rechtsprechung eines Gottes beugen, der, obwohl er heimsucht, die Liebe ist. Meine Seele ist wie ein Zweig zur Erde niedergedrückt. Ich trauere um mein Kind, ich sehne mich, sie zurückzubekommen. Ich bringe es nicht fertig, sie in ihrer jetzigen Seligkeit zu betrachten, zertrümmert am Busen ihres Erretters. Ich sehe nichts als ihre irdische Erscheinung und höre nichts als ihren dauernden Ruf: Mutter, Mutter. Sie haben schon recht: Seit ihrer Kindheit habe ich sie Gott zugedacht, und während ihrer Krankheit betete ich, daß ihr der Todeskampf erspart bleibe. Das wurde mir gewährt. Sie ging von mir ohne einen Seufzer, und ich sah allein ihren Geist erlöst. Nun wußte ich, daß ich meinen letzten Schmerz ausgestanden hatte. Gott hat große Dinge getan für mich und war sehr zärtlich. Ich kann ihm immer noch trauen. Keinen Moment lang hat er seinen Frieden von mir genommen, und immer noch sage ich: Alles ist gut. Verzeihen Sie mir diesen unzusammenhängenden Brief. Wenn ich zu schreiben versuche, fehlen mir die Worte. Mein Jammer läßt nur noch Tränen zu. Ich danke für Ihre Zuneigung. Könnte ich mit Ihnen sein jetzt, wäre es wohl ein Trost. Aber ich bin körperlich so erschöpft und seelisch so tief unten, daß ich mich nicht vom Platz rühren kann. Die Zukunft ist blank. Ich gehe dahin, wo Gott will. Es dauert nicht mehr lange, bis er mich rufen wird. Ich werde sehen, daß der arme Sumner nun wieder zu seiner Gemeinde zurückgeht. Es war ein schwerer Schlag für ihn. Lebt wohl, liebe Freunde, vergebt mir, wenn ich nicht weiterschreiben kann. Mein Herz ist mit Euch, aber ach, es ist ein gebrochenes Herz.«

WEITERLEBEN

Im Juli 1840, zwei Monate nach Ellas Tod, fand Sophia erneut die Kraft, sich den Freunden mitzuteilen. Ihre Sätze geben Einblick in die verworrene Seele: »Ich habe mich derart in mir selbst verfangen, daß ich alle Hoffnung aufgeben muß. Hätte ich Sie diesen Sommer gesehen, wäre ich der Versuchung erlegen, mich Ihrem weitherzigen Mitleid hinzugeben, das zwar mit Gottes Geist in Einklang stehen mag, aber doch den Wünschen des Individuums verpflichtet ist. Deshalb scheue ich mich vor solchen gutgemeinten Tröstungen, die völlig verschieden sind von dem, was Gott meinem verwundeten Wesen gibt. Nie heißt er mich, nicht zu trauern. Im Gegenteil: Er heiligt meine Einsamkeit und meine Verzweiflung und macht sie zur Quelle eines höheren geistigen Lebens. […] Ich habe das feste Gefühl, daß mein kluger und geliebter Mann, umgeben von all seinen Kindern, in fröhlicher Gemeinschaft sein glückliches Zuhause im Himmel genießt, während ich einsam wandere und noch nicht in diesen Kreis eintreten darf. Aber sie sehnen sich danach, daß ich komme. Dann wird die Nacht ausgelöscht sein und der Tag anbrechen.«

Sophias Religiosität steigert sich in eine verzweifelte Todessehnsucht. Sie hofft einzig noch auf den Erlöser. Weihnachten 1840 schreibt sie: »Ich fand Ihre Briefe vor, und sie milderten meine scharfe Angst vor der Rückkehr an den geheiligten Ort, wo ich meinen letzten irdischen Schmerz und den letzten Rest meines irdischen Glücks ihm, dem Gott aller Dinge, hingab. In Momenten schwersten Leids hat er sich mir in seiner Güte offenbart. Ich kann meinen schmerzenden Kopf in den Schoß meines Erlösers legen und fühlen, daß er es nicht auf sich genommen hätte, derart zu leiden, wäre da nicht ein großartiges Konzept der Liebe dahinter gestanden, das wir in unserer Schwäche bloß nicht verstehen können.«

Ein knappes Jahr nach Ellas Tod versucht Sophia ein weiteres Mal, ihrer Trauer mit Aktivität zu begegnen: Reiseaktivität. Aufbruch nach schwerem Erlebnis war für sie nie Ausbruch, sondern Verarbeiten in der Fremde. Im Februar 1841 erläutert sie Frances Bunsen ihren Plan, zusammen mit Charles und einer Zofe den Rhein hinauf zu fahren und die Freunde in Bern zu besuchen. »Das Mitgefühl ermuntert den traurigen Pilger. Die Zärtlichkeit gießt Balsam auf die blutenden Wunden eines zu Tode betrübten Herzens, das alles verloren hat. Ich beeile mich, Ihnen meine Reisepläne mitzuteilen. Mein Ziel ist, Sie sowie meine Genfer Freunde zu besuchen. Es wäre mir ein großer Trost, unter Ihrem Dach zu wohnen.« Dank einem Erzählbrief von Frances Bunsen an ihren Mann ist bekannt, daß Sophia die Fahrt tatsächlich auch unternommen hat. Gemeinsam machten die Damen einen Ausflug in die Innerschweiz, reisten von Luzern nach Flüelen und mieteten dort eine Kutsche für einen Abstecher nach Andermatt: »Du kannst Dir unsere Freude am See, den Bergen, Felsen und Wäldern nicht vorstellen«, schreibt Frances Bunsen. »Die feierliche Stille von Andermatt, die Blumen, die grasbedeckten Abhänge, der ruhige Fluß waren nicht weniger eindrucksvoll als Deine häufigen Schiller-Zitate über diese Landschaft. Du kannst Dir denken, daß Lady Raffles' Begleitung mir unschätzbares Vergnügen und Erbauung bedeutet. Sie ist eine erstaunliche Person. Je länger ich sie kenne, desto mehr bewundere ich sie.«

Als Carl Bunsen im November 1841 vom preußischen König zum Botschafter am Hof von St. James ernannt wird und die Freunde in London Quartier nehmen, versiegen die Briefe nach und nach, weil sich nun häufig die Gelegenheit zu persönlichen Kontakten ergibt. Von Sophia sind bloß noch kleinere Zettel erhalten, Hinweise auf geplante Einkäufe oder Verabredungen, Bemerkungen über gemeinsame Bekannte. Dank Frances Bunsens Botschaften an ihre Familie finden sich dennoch einzelne der Londoner Begegnungen registriert. Noch hat sich Sophia trotz ihrem Seelendunkel von der Außenwelt nicht vollständig zurückgezogen. 1843 zum Beispiel verbrachte sie den Weihnachtsabend mit der Bunsenfamilie: »Sophia gibt uns stets wieder neuen Grund für unseren hohen Respekt. Sie ist voller Liebe für jene, die ganz oben auf der Lebenswelle schwimmen, während sie selbst abgeschnitten ist von den Ihren und stets daran erinnert wird, daß alle, die sie liebte, im Grab sind. Sie ist jederzeit bereit, ihnen nachzufolgen, und nur durch eine eigenartige Verfügung gezwungen, noch hier zu wandern.« Im Mai 1847 erzählt Frances Bunsen ihrer Mutter, daß ein Großteil der Familie in *Highwood Hill* zu Besuch weilte und Lady Raffles' Haushalt enorm beweglich sei: »Drin befanden sich als Gäste mein Mann, ich selbst, zwei Söhne, drei Töchter, eine Schwiegertochter und zwei Begleitdamen.« Sophia hatte sichtlich die Kraft und auch die Möglichkeit, zehn Personen zu beherbergen.

Nach dem Jahr 1848 finden sich von Sophia keine schriftlichen Zeugnisse mehr im Berliner Bunsenarchiv. Auch in den Briefen von Carl und Frances Bunsen taucht ihr Name nicht mehr auf – bis zum Dezember 1858, Sophias Sterbedatum. Auskunft über ihre letzten Jahre gibt es nicht – außer einer befremdlichen und zusammenhanglosen Information des Biographen von Frances Bunsen, die besagt, daß Sophia anderthalb Jahre vor ihrem Tod feierlich den Wunsch kundgetan habe, die Korrespondenz mit den Freunden nun zu beenden. Sie sei zum Schreiben nicht mehr imstand. Dieser letzte Brief ist verloren und das Ende der Freundschaft nur als Vermutung deutbar, daß Sophias seelische Krankheit so weit fortgeschritten war, daß ihr Kontakte unmöglich wurden. Sie trat zurück in den ersehnten Schatten und in die Anspruchslosigkeit der heillos Leidenden.

Am 20. Dezember 1858 schreibt Frances Bunsen aus Nizza an ihre Schwiegertochter Elizabeth: »Dein Brief mit der bewegenden Nachricht vom erlösenden Tod der lieben Lady Raffles hat uns eben erreicht. Wir sind mit Dir einig und danken Gott für das Ende dieser jahrelangen Existenz einer lebenden Toten. Zufällig waren wir an ihrem Sterbedatum in Genf. Es war ein glücklicher Tag unter Freunden, und ich dachte viel an sie und hoffte, daß ihr Kummer sich nicht noch ins nächste Jahr ausdehne. Dennoch verschwindet mit ihr eine Menge von freundschaftlicher Teilnahme und Erfahrungen über eine lange Zeitspanne hinweg. Und das alles gehört nun der Vergangenheit an! – der reichen Vergangenheit, unserem einzig wirklichen Besitz.«

EIN GRAB IN MILL HILL

Windiges und regnerisches englisches Juniwetter, eiskalt. Der Taxifahrer im Londoner Vorort Mill Hill kann sich an diesem nassen Tag über mangelnde Arbeit nicht beklagen und hört sich deshalb ungnädig den Wunsch an, nach dem Friedhof der St. Paul's Church gefahren zu werden. Eine Kirche dieses Namens gebe es nicht in der Umgebung, bescheidet er barsch. Auch fehle ihm die Zeit, Nachforschungen anzustellen. Also steige ich wieder aus und ermittle auf eigene Faust. In einem Strickladen werde ich fündig. Doch, diese Kirche befinde sich etwas außerhalb des Orts auf einem Hügel.

Das unscheinbare, mausgrau gestrichene Gotteshaus steht wenig anziehend neben mehreren Grundschulbaracken. Der Haupteingang ist geschlossen, über der Tür das Datum 1844. Rechts führt ein niedriges Gatter zum Friedhof, einer ungepflegten, aber nicht uneinladenden kleinen Parklandschaft. Die Grabsteine, ungeordnet und weit verstreut, sind unter Brennesseln und hohen Grasbüscheln verborgen. In der Tiefe begrenzen alte Buchen und Tannen mit Ästen, die bis zum Boden reichen, diese merkwürdige Totenlichtung. Nur mit Mühe lassen sich unter wuchernden Pflanzen die Kirchhofwege erahnen. Es scheint, als sei seit Jahren niemand mehr zu Besuch gewesen. Längs der hinteren Kirchenmauer türmt sich Müll, unter anderem ein weggeworfener Eisschrank. Hier also liegt Sophia begraben. Aber wo? Sorgfältig müssen die Nesseln auseinandergebogen und vertrocknete Flechten aus den Ritzen der eingravierten Buchstaben herausgekratzt werden. Das Gefühl, die Toten zu stören, läßt sich nicht vermeiden. Schließlich finde ich die Verstorbenen des Jahres 1858 nahe der Abfallhalde. Und da ist auch ihr Grab – der Stein tief in die nasse Erde eingesunken: eine verwitterte Kalkplatte, am Kopfende mit einem Kreuz verziert. Die Buchstaben des Namens ›Sophia Raffles-Hull‹ lassen sich knapp noch entziffern. Darunter die unvollständigen Worte *member*, *died*, *year*, der Rest ist verblaßt und Zusammenhänge sind nicht rekonstruierbar. Schade, daß ich keine Blumen mitgebracht habe. Warum eigentlich nicht?

TREFFPUNKTE MIT DER VERTRAUTEN UNVERTRAUTEN

Die einzigen »persönlichen« Begegnungen mit Sophia Raffles vermitteln die *Memoiren*, ihre wenigen erhaltenen Briefe und das Grab. An diesen drei Treffpunkten läßt sie sich festhalten. Dort gibt sie Anworten auf Fragen zu ihrer Person, ihrem Charakter, zu ihrer Stellung im Umfeld des Ehemannes und sogar zu ihrer Beurteilung durch die Nachwelt.

Zwischen den Zeilen versteckt Sophia in den *Memoiren*-Bänden erstaunlich präzise Informationen über sich selbst. Vor allem aber ist der Text ein Beweis für ihre Klarsicht und die Fähigkeit, den verwickelten kolonialen Stoff überschaubar auszubreiten. Was die Schilderung komplexer geschichtlicher Fakten betrifft, so wäre es um 1830 keinem Mitglied der damals ausschließlich männlichen Historikerzunft eingefallen, in vergleichbar vielschichtiger und fesselnder Weise – die Ereignisse und Personen mittels verschiedener Zeugnisse immer wieder verklammernd – Zusammenhänge freizulegen. Sie hat auf dem ihr fremden Feld der Geschichtsschreibung eine bis dahin unbekannte Form der wissenschaftlichen Dokumentation erfunden.

In ihren Botschaften an die Schwägerin Mary Anne Flint und das Ehepaar von Bunsen zeigt sich Sophia von der persönlichsten Seite und ohne stilistische Gespreiztheit. Vor allem in den Episteln an Mary Anne beschreibt sie ihre Eindrücke und Empfindungen frei von der Leber weg, burschikos-humoristisch.

Sophias Briefe an diese einzigen drei nahen Freunde decken den Zeitraum von 1816–1848 ab und lassen es zu, ihr 32 Jahre lang über die Schulter zu sehen. Zuerst der jungen, noch unverheirateten Frau, beschützt von der Großfamilie, wo sie ihren Träumen und Illusionen ungehindert nachhängen durfte. Dann der couragierten Abenteurerin, Kolonistin, Mutter und – allem voran – Partnerin des unberechenbaren Eiferers Raffles. Schließlich der Zerstörten, die derart viel Leid aufgebürdet bekam, daß sie in ihren späteren Jahren daran zerbrach.

Sophias ungepflegtes, verwittertes und überwachsenes Grab erzählt eine weitere Geschichte, nämlich die von der Gleichgültigkeit, mit der man ihr heute noch begegnet.

Alle Nachforschungen führten mich zwangsläufig zur Frage: Wie läßt sich Sophias Negativbild erklären? Mutmaßungen: Als Ursache denkbar sind tiefliegende, kollektive Emotionen, ihre Ausgrenzung ist die Folge gesellschaftlicher Vorurteile. Vorurteile gegenüber einer Frau von unvorteilhaftem Äußeren, die sich nicht – wie erwartet – lautlos verkriecht, sondern obstinat einigen Lärm verursacht, störenden Lärm.

Im Gegensatz zu Sophia nämlich findet Olivia, Raffles' erste Frau, bei allen Biographen neugierige, fast begehrliche Aufmerksamkeit. Sogar in der jüngsten Reiseliteratur über Indonesien wird sie erwähnt: als herausragende Partnerin des einstigen Gouverneurs in Java.

Zur Erinnerung: Olivia galt in ihrer Jugend als bildschöne Halbtscherkessin, und sie war bekannt als Gefährtin namhafter Männer. Kurz: Sie gehörte zum Stand der Kurtisanen. Gebildete Kurtisanen genossen seit jeher einen Sonderstatus und konnten mit Anerkennung, ja heimlicher Verehrung und Bewunderung seitens der Gesellschaft rechnen. Lord Minto, der Generalgouverneur von Calcutta, hatte die bereits vierzigjährige Mrs. Olivia Raffles 1811 in Malakka getroffen. Sein Urteil: Sie sei eine große Dame mit schwarzen Augen, früher in Indien verheiratet und eine Schönheit, an welche der Poet Thomas Moore viele seiner

Liebesgedichte gerichtet habe. Minto war entzückt. Allerdings sei hier der Genauigkeit halber noch eine ausscherende Meinung zitiert. Rüde beschreibt ein englischer Matrose 1808 in Penang die 37jährige Olivia: Raffles' Frau sei ein ältliches Wesen in ziemlich abstrusen Kleidern. Wohl habe ein Barde sie besungen, »aber welches Mißverhältnis deckt der poetische Höhenflug auf«. Begeistert hingegen erinnert sich der malaiische Diener Abdullah: »Sie war keine gewöhnliche Frau, sondern in puncto Position und Verantwortung ihrem Mann ebenbürtig. Sie bewegte sich mit Anstand, Höflichkeit und viel Anmut. Es war ihr ein Vergnügen, die malaiische Sprache zu lernen. Ihr Mann hielt sich immer an ihr Urteil. Wenn ihr etwas gefiel, so gefiel es auch ihm.« – Klassische Eigenschaften und Verhaltensweisen von Kurtisanen. Daß auch Sophia fließend Malaiisch sprach und Raffles nach eigenem Bekunden ihren Rat suchte, fand ich nirgends hervorgehoben.

Außerdem gelang es Olivia, als Javas *First Lady* glänzend Hof zu halten und viele Vorurteile gegen die Engländer aus dem Weg zu räumen. Hoch gelobt von Raffles' Mitarbeitern wurden in der Residenz »ihr persönlicher Charme, ihr süßes, liebenswürdiges und aufrichtiges Wesen«. Sie sei es, die in Umgangs- und Kleiderfragen den Maßstab setze, und sie werde schon dieser hohen Qualitäten wegen fraglos als Erste Dame des Landes anerkannt. – Das gesellschaftliche Wirkungsfeld rund um den Gouverneurssitz im javanischen Buitenzorg war zweifellos die angemessene und unbestrittene Operationsbasis der »süßen und liebenswürdigen« Olivia.

Zu Sophia hingegen paßten die zeitlos beliebten, kollektiven Wunschvorstellungen in keiner Weise. Statt süß war sie verwegen, statt liebenswürdig scharfsinnig und scharfzüngig. Mit keinem Raster übereinstimmend, verunsicherte sie ihre Umgebung. So folgte ihr wohl nicht zufällig seit Beginn ihrer Ehe die üble

Nachrede, sie habe als Mauerblümchen fortgeschrittenen Alters noch ein halbwegs taugliches Tropenheim gesucht und gefunden. Raffles selbst gab solchen Vermutungen Nahrung, als er kundtat, daß weder Rang, Vermögen noch Schönheit ihn zur Heirat veranlaßt hätten. Auch sei die Erwählte bereits dreißig, ihm aber sehr zugetan. Ebenso herablassend äußerte sich Raffles' Freund Travers über Sophia: »Ich finde sie liebenswert, vernünftig, sympathisch, wenn auch nicht hübsch, so doch von guter Figur.« Allen aus Raffles' Kreis war die kluge, unhübsche Abenteurerin, der die Mutterrolle sichtlich schwerfiel, suspekt. Schließlich profilierte sie sich, zu ihrem Nachteil selbstverständlich, mit einer ungewöhnlichen Dokumentation über die kolonialen Taten Raffles' und die – ihrer Meinung nach – grundfalsche Politik der *East India Company*. Mit diesem Geschichtswerk brachte sie auch noch die Nachwelt gegen sich auf. Weil dem Text – obschon von einer Frau geschrieben – in puncto Quellentreue wenig vorzuwerfen ist, bemängelten spätere Raffles-Interpreten nicht etwa ihre bisweilen anfechtbaren Auslegungen, sondern in erster Linie ihr Ausklammern der schönen, ins Ordnungsschema passenden Olivia. In zweiter Linie wird genörgelt über das angebliche Fehlen jeder persönlichen Information. Alles zusammengefaßt: Ihr wird postum der widersinnige Vorwurf gemacht, sie sei – typisch weiblich – eifersüchtig, lasse jedoch – auffallend unweiblich – die von ihr erwartete Gefühlssubjektivität vermissen. Offenbar Anlaß genug, sie verständnislos in die Ecke zu stellen und mit Nichtbeachtung zu strafen, sie totzuschweigen.

Nach Raffles' Tod sprach niemand mehr von Sophia. Wenige nahmen die grausame Einsamkeit ihres späteren Lebens wahr. Ihr Vermächtnis, die *Memoiren*, dient bis heute vielen als Arbeitsgrundlage. Niemand hat sich die Mühe genommen, das Werk seiner kompositorischen Einmaligkeit wegen zu würdigen.

Bücher zum Weiterlesen

Anstelle einer Liste der gesamten von mir benutzten Literatur sollen hier nur gerade jene Bücher Erwähnung finden, die mit meinem Text unmittelbar verflochten sind und die sich stellenweise auch zitiert finden. Vielleicht regen einzelne der Titel – nach Themen gebündelt kurz vorgestellt – zur weiteren Lektüre an.

SOPHIA RAFFLES

Sie publizierte die Studie über das Leben ihres Mannes in erster und zweiter Ausgabe: *Memoir of the Life and Public Services of Sir Thomas Stamford Raffles*. (London 1830 und 1835). Für meinen Text benutzte ich die Ausgabe von 1835. (Reprint Oxford University Press, Singapore 1991).

Die Hochzeitsreise führte Sophia und Sir Stamford auf den Kontinent. Wie damals üblich, unternahm das Paar die Tour im Familienverband. So war auch Raffles' Vetter, ein Pfarrer, mit von der Partie. Dank seinen täglichen, später publizierten Briefen an die daheimgebliebene Frau ahnen wir wenigstens, was

Sophia erlebt und gesehen hat, denn sie selbst gibt über die Fahrt keine Auskunft. Thomas Raffles: *Letters During a Tour through some Parts of France, Savoy, Switzerland and the Netherlands in the Summer of 1817. Third Edition.* (Liverpool 1820).

Über ihre Ehezeit in Ostasien informiert ein kurzer Text von John Bastin, dem erfahrensten heutigen Kenner britischer Kolonialgeschichte in Malaysia und Spezialist der Raffles-Foschung: *Sophia Raffles,* in: John Gullick, *Adventurous Women in South-East Asia. Six Lives.* (Oxford University Press, Kuala Lumpur 1995).

Einblick in den letzten Abschnitt von Sophias Leben war möglich dank einer Suchaktion nach ihren Briefen an die Freunde Frances und Carl Josias von Bunsen, das Diplomatenpaar, mit dem Sophia über viele Jahre verbunden war. Man besuchte sich gegenseitig oder unternahm gemeinsam Reisen. Wer Frances Bunsen war, wie und wo sie lebte, in welchem Umfeld sich also Sophia im späteren Leben wohlfühlte, läßt sich nachlesen in der Biographie von Augustus J.C. Hare: *Freifrau von Bunsen. Ein Lebensbild aus ihren Briefen. Deutsche Ausgabe.* (Gotha 1883). Weitere, allerdings spärliche Informationen über Sophia Raffles hat Frances Bunsen in der Biographie ihres Mannes weitergegeben. Frances Baroness Bunsen: *A Memoir of Baron Bunsen, drawn chiefly from Family Papers, by His Widow. 2 volumes.* (London 1868).

THOMAS STAMFORD RAFFLES

Wer mehr wissen möchte über Lebensumstände und Taten von Sir Thomas Stamford Raffles, besorge sich mit Vorteil das Werk von C.W. Wurtzburg: *Raffles of the Eastern Isles.* (Oxford University Press, Kuala Lumpur 1990). Wurtzburg, der in Cambridge klassische Philologie studiert hatte, ging 1920 als Geschäftsmann nach Singapur. Wie im Fernen Osten üblich, trat er mit 50 in den Ruhestand und nutzte die gewonnene Zeit, alle nur irgendwie erreichbaren Quellen, Dokumente und Informationen über Raffles zusammenzutragen und das Material zu einem breitgefächerten Zeitbild zu verarbeiten. Eine erste Auflage erschien nach Wurtzburgs Tod 1954 in London. Oxford University Press, Kuala Lumpur, druckte den Text nach. Leider tritt aber Lady Raffles auch bei Wurtzburg kaum in Erscheinung.

Die vier weiteren Raffles-Biographien sind: Demetrius Boulger: *The Life of Sir Stamford Raffles*. (London 1897). Emily Hahn: *Raffles of Singapore*. (New York 1946). Maurice Collis: *Raffles*. (London 1966). Nigel Barley: *Der Löwe von Singapur*. Aus dem Englischen von Elke Hosfeld. (Stuttgart 1996).

EAST INDIA COMPANY

Weniger eindeutig als bei den Lebensläufen von Raffles lassen sich Lektüreratschläge zum Thema *East India Company* erteilen. Die Geschichte der berühmten Handelsgesellschaft findet sich erwartungsgemäß in einer Vielzahl von Publikationen und unter verschiedenen Aspekten dokumentiert. Farbig, witzig, auf neuestem Stand und leicht lesbar dargestellt werden Aufstieg und Fall des Imperiums vom Asienhistoriker John Keay: *The Honorable Company. A History of the English East India Company*. (Harper Collins Paperback Edition, London 1993). Meine Schilderungen des kommerziellen Abenteuers *East India Company* basieren in der Hauptsache auf Keays Text.

GESCHICHTE DES SEEHANDELS NACH FERNOST

Der Seehandel von West nach Fernost und umgekehrt reicht weit zurück in die Zeit vor Christi Geburt. Informationen zum Güteraustausch via Indischen Ozean in der Römerzeit gibt das

Buch von Innes J. Miller: *The Spice Trade of the Roman Empire*. (Oxford 1969). Über die Reichsgeschichte der Srivijaya-Fürsten und frühe Seefahrten der Malaien berichtet O.W. Wolters: *History, Culture, and Region in South East Asian Perspectives*. (Singapore 1982). Ebenfalls einen Rückblick auf die Sultansherrschaft in Palembang geben Ashin Das Gupta and M.N. Pearson(ed.): *India and the Indian Ocean 1500–1800*. (Calcutta, Oxford University Press 1987).

HOCHSEEFAHRTEN VOR 200 JAHREN

Die alten Segler aus der Zeit von Sophia Raffles' Hochseefahrten faszinieren noch heute. Schiffsbau und Bordalltag sind auch in jüngeren Publikationen gut belegt. Empfehlenswert ist der anschaulich bebilderte Band von Jean Sutton: *Lords of the East. The East India Company and its Ships*. (London 1981). Die Autorin porträtiert nicht nur die einzelnen Schiffe, als wären es gewichtige Persönlichkeiten, sie schildert auch das Leben an Bord, die Mühsal der Unterbringung, die Angst vor Krankheit und Tod, den Koller von Passagieren und Besatzung während monatelanger Fahrten, die Arroganz und Gewinnsucht der Kapitäne – eine informative Lektüre für kreuzfahrtverwöhnte Zeitgenossinnen und Zeitgenossen.

LONDON ANNO 1817

Sophia heiratete Thomas Stamford Raffles in London 1817. Wie sah die Hauptstadt des Imperiums damals aus? Anwort auf stadtplanerische, architektonische, politische und gesellschaftspolitische Fragen gibt der Band von Celina Fox (ed.): *London – World City 1800–1840*. (Yale University Press, in Association with the Museum of London, New Haven 1992).

SUMATRA EINST

Aus europäischer Sicht war Sumatra um 1800 ein beinahe blinder Fleck auf der Landkarte. Zwei Autoren bringen jedoch etwas Licht ins Dunkel. Eine frühe zuverlässige Beschreibung der Insel mit ihren Bewohnern, der Flora und der Fauna stammt vom Iren William Marsden: *The History of Sumatra.* Das Buch erschien in erster Auflage 1783. (Reprint Oxford University Press, Kuala Lumpur 1966). Marsden, der später zu Raffles' engen Freunden zählte, war 1771 mit 16 Jahren als Schreiber der *East India Company* nach Bengkulu gekommen und blieb acht Jahre lang. Im Auftrag der Londoner *Royal Society* durchforschte er große Teile des damals weithin unbekannten Gebiets und dokumentierte als erster die Kultur der Batak-Stämme. Der Text wirkt aus jetziger Sicht noch erstaunlich frisch und ist spannend zu lesen. – Ein zweiter Autor, der sich auf das Leben in der einstigen englischen Randkolonie Bengkulu konzentriert, ist John Bastin. Sein Buch hat den Titel: *The British in West Sumatra 1685–1825.* (University of Malaya Press, Kuala Lumpur 1965). Bastin vermischt gekonnt Historie mit Anekdoten und zeichnet ein farbiges Bild wechselnder kolonialer Fortüne unter widrigsten klimatischen Bedingungen. – Noch ein dritter Autor muß hier als Sumatra-Informant genannt werden, obwohl er die Insel erst 40 Jahre nach Raffles' Tod besuchte. Es ist Alfred Russel Wallace, der Freund von Charles Darwin. Wallace reiste von Singapur her mit dem Schiff nach Palembang und von dort zu Land Richtung Bengkulu. Sein Text heißt in der deutschen Übersetzung: *Der Malayische Archipel. Reiseerlebnisse über Land und Leute.* (Braunschweig 1869).

DIE MINANGKABAU

Sophia Raffles beschreibt in den *Memoiren* erstmals in der Literatur einzelne Aspekte der Minangkabau-Kultur. Über die Minangkabau und ihre matrilineare Familienstruktur sind in den vergangenen Jahrzehnten verschiedene ethnologische Fachpublikationen erschienen. Auf zwei, eine holländische und eine amerikanische, möchte ich speziell hinweisen. Josselin de Jong Patrick E.: *Minangkabau and Negri Sembilan. Socio-political Structure in Indonesia. Third Impression.* (Den Haag 1980). Und von Tsuyashi Kato: *Matriliny and Migration: Evolving Minangkabau Traditions in Indonesia.* (Cornell University Press, Ithaka-New York 1982).

Personenregister

Die Titelfigur, Lady Sophia Raffles, und ihr Mann, Sir Thomas Stamford Raffles, finden sich im Register nicht aufgeführt.

Ortsregister

Lebensbilder

bei eva

Albert Memmi
Die Salzsäule
Autobiographischer Roman mit einem Vorwort von Albert Camus
Aus dem Französischen übersetzt von Gerhard M. Neumann
Broschur, 366 Seiten

Pietro Citati
Katherine Mansfield
Ein kurzes Leben
Aus dem Italienischen übersetzt von Dora Winkler
Gebunden mit Schutzumschlag, 124 Seiten

György Dalos
Olga – Pasternaks letzte Liebe
Fast ein Roman
mit zahlreichen Abbildungen
Gebunden mit Schutzumschlag, 220 Seiten

György Dalos
Der Gast aus der Zukunft
Anna Achmatowa und Sir Isaiah Berlin
Eine Liebesgeschichte
Gebunden mit Schutzumschlag, 235 Seiten

Ursula El-Akramy
Transit Moskau
Margarete Steffin und Maria Osten
mit zahlreichen Abbildungen
Gebunden mit Schutzumschlag, 408 Seiten

Radek Sikorski
Das polnische Haus
Die Geschichte meines Landes
Aus dem Englischen von Anne Middelhoek
Gebunden mit Schutzumschlag, 378 Seiten

Ursula Rütten
Im unwegsamen Gelände – Paul Parin
Erzähltes Leben
mit Fotos und Materialien
Gebunden mit Schutzumschlag, 405 Seiten

Claude Francis/Fernande Gontier
Colette
Aus dem Französischen übersetzt von Linda Gränz
mit zahlreichen Abbildungen
Gebunden mit Schutzumschlag, 580 Seiten

Dominique Marny
Die Schönen Cocteaus
Aus dem Französischen übersetzt von Bettina Schäfer
mit zahlreichen Abbildungen
Gebunden mit Schutzumschlag, 250 Seiten

Gisela von Wysocki
Die Fröste der Freiheit
Aufbruchsphantasien
Erweiterte Neuauflage
Mit einem Nachwort der Verfasserin
Broschur, ca. 200 Seiten

Gisela von Wysocki
Peter Altenberg
Bilder und Geschichten des befreiten Lebens
Gebunden mit Schutzumschlag, 171 Seiten

Wolfgang Held
Manches geht in Nacht verloren
Die Geschichte von Clara und Robert Schumann
mit zahlreichen Abbildungen
Gebunden mit Schutzumschlag, 255 Seiten

EUROPÄISCHE VERLAGSANSTALT · HAMBURG

Duographien

Doppelbiographien bei eva

Klaus Schröter
Heinrich und Thomas Mann
151 Seiten

Alan Posener
Stalin und Roosevelt
145 Seiten

Jürgen Haupt
Gottfried Benn und Johannes R. Becher
150 Seiten

Reinhold Neumann-Hoditz
Iwan der Schreckliche und Peter der Große
135 Seiten

Jürgen Miermeister
Ernst Bloch und Rudi Dutschke
191 Seiten

Mauro Ponzi
Pier Paolo Pasolini und Rainer Werner Fassbinder
185 Seiten

Uwe Schultz
Michel de Montaigne und Henri Quatre
192 Seiten

Nikolaus de Palézieux
Wassily Kandinsky und Arnold Schönberg
128 Seiten

Wilhelm Salber
Sigmund und Anna Freud
158 Seiten

Charlotte Ueckert
Margarete Susman und Else Lasker-Schüler
160 Seiten

Alle Bände mit Abbildungen und Faksimiles

EUROPÄISCHE VERLAGSANSTALT · HAMBURG

Reiseroute von Lady Sophia Raffles und Susanne Knecht